长春海关年鉴

2022

《长春海关年鉴（2022）》编纂委员会——编著

中国海关出版社有限公司
·北京·

图书在版编目（CIP）数据

长春海关年鉴.2022/《长春海关年鉴（2022）》编纂委员会编著.—北京：中国海关出版社有限公司，2023.3

（中国海关史料丛书）

ISBN 978-7-5175-0664-5

Ⅰ.①长… Ⅱ.①长… Ⅲ.①海关—长春—2022—年鉴 Ⅳ.①F752.55-54

中国国家版本馆CIP数据核字（2023）第046364号

长春海关年鉴（2022）

CHANGCHUN HAIGUAN NIANJIAN（2022）

作　　者：《长春海关年鉴（2022）》编纂委员会	
责任编辑：邹　蒙	
助理编辑：黄华宁	
出版发行：中国海关出版社有限公司	
社　　址：北京市朝阳区东四环南路甲1号	邮政编码：100023
编 辑 部：01065194242-7530（电话）	
发 行 部：01065194221/4238/4246/5127（电话）	
社办书店：01065195616（电话）	
https://weidian.com/?userid=319526934（网址）	
印　　刷：北京新华印刷有限公司	经　　销：新华书店
开　　本：889mm×1194mm　1/16	
印　　张：20.75	字　　数：370千字
版　　次：2023年3月第1版	
印　　次：2023年3月第1次印刷	
书　　号：ISBN 978-7-5175-0664-5	
定　　价：210.00元	

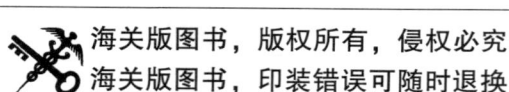

《长春海关年鉴（2022）》编纂委员会

主 任 委 员　　董　岩　俞晓丹

副主任委员　　张　赞　谢　兵　裴宏林　石建平　张　君
　　　　　　　李晋生　郭子文　张　东

编纂委员会委员　（按姓氏笔画排序）
　　　　　　　丁　波　于严冬　马冬东　王　旭　成　谦
　　　　　　　朱耀春　关学伟　杨　冬　杨怀宁　李若琦
　　　　　　　李　霞　邹怀启　宋远航　林　革　郑昌宝
　　　　　　　赵中燚　赵长生　赵　敏　徐敬华　黄军生
　　　　　　　黄　浩　崔雪峰　曾　平　甄　理　蔡　洁

《长春海关年鉴（2022）》编辑部

总　　　编　　石建平

副　总　编　　孙晓东

执 行 主 编　　张　靖

执行副主编　　李雪婷　陈　彪

编辑部成员　　王文彧　金江水　徐德时　胡天骄　解　飞
　　　　　　　李冠宇　韩永革　张　健　李艳丰　陈　枫
　　　　　　　王　珣　张树文　王　琪　林　晔　于海东
　　　　　　　周　浩　张　宪　王　为　孔德鑫　宗　义
　　　　　　　高　薇　吕海东　虞海涛　邢玉红　赵津瑶
　　　　　　　张丽娜　孙野平　徐　磊　迟云鹏　王　禹
　　　　　　　万　璐　闫敬伟　费红伟　索兴华　刘清顺
　　　　　　　于　雷　夏铁群　刘　楠　宋唯源　秦冬青
　　　　　　　吴雨佳　刘剑峰　李　莹　张　荣　李琳琳
　　　　　　　王文哲　丁　凯　赵晓东　张　瑜　吴连鹏

于 涛	吴 剑	张 洋	成 谦	王 尧
张光远	李雨杭	朱奕亭	张 林	别 帜
李梦迪	韩淮佳	付 颖	宋长志	任玉峰
于慧姝	何 磊	王洪岩	王桐槟	王云坤
王孝强	单炜鑫	秦卫国	姜 雪	王俊刚
王 楠	孟繁娜	杨语群	乔 健	杨雯斌
罗公军	寇雨晴	杜建民	乔建广	高世军
郑清旭				

编辑说明

一、本年鉴以习近平新时代中国特色社会主义思想为指导，遵循辩证唯物主义和历史唯物主义原则，力求全面客观系统记录长春海关2021年度工作发展历程。

二、本年鉴记述时限为2021年1月1日至12月31日。

三、本年鉴记述内容包括长春海关各项工作，以各业务条线工作为主体进行记述，辅以记述各隶属海关、事业单位工作。

四、本年鉴除卷首图片、编辑说明外，设置10个类目，分别为特载、专记、政治建设、业务建设、政务及后勤保障、隶属海关、直属事业单位、人物荣誉、大事记和海关统计资料。

五、本年鉴资料来源于长春海关各部门及所属隶属海关、事业单位提供的材料，均经考证核实，一般不注明出处。

目 录

海关专题图片 …………………… 1

第一篇 特 载

长春海关概况 …………………………… 3
在2021年长春海关工作会议上的讲话 …… 4
在2021年长春海关全面从严治党工作
　会议上的讲话 ………………………… 20

第二篇 专 记

长春海关庆祝中国共产党成立100周年和
　党史学习教育 ………………………… 31
长春海关学习贯彻党的十九届六中全会
　精神 …………………………………… 35
长春海关助力乡村振兴工作 …………… 37
长春海关筑牢口岸防线统筹新冠肺炎疫情
　防控工作 ……………………………… 39
长春海关促进外贸稳增长工作 ………… 42
长春海关打击走私重点专项工作 ……… 45

第三篇 政治建设

党建工作 ………………………………… 51

概况 ……………………………………… 51
思想文化宣传 …………………………… 51
　党史学习教育 ………………………… 51
　理论学习 ……………………………… 51
　精神文明创建 ………………………… 52
　思想教育阵地建设 …………………… 52
基层组织建设 …………………………… 52
　加强组织体系建设 …………………… 52
　基层党组织基础建设 ………………… 52
　培树党建品牌 ………………………… 53
　压实党建主体责任 …………………… 53
党风廉政建设 …………………………… 54
　全面从严治党 ………………………… 54
　纪律作风建设 ………………………… 54
　廉政文化教育 ………………………… 54
群团工作 ………………………………… 55
　群团组织建设 ………………………… 55
　青年理论学习 ………………………… 55
　群众性文化活动 ……………………… 55
　关心关爱干部职工 …………………… 56

队伍管理 ………………………………… 57

概况 ……………………………………… 57
干部人事管理 …………………………… 57
　领导班子建设 ………………………… 57
　执法一线队伍建设 …………………… 57
　机构编制管理 ………………………… 57
　关衔评授 ……………………………… 58
　干部考核管理 ………………………… 58

优秀年轻干部培养 …………… 58
　　正向激励 …………………… 59
　　干部管理监督 ……………… 59
　　公务员招录 ………………… 59
离退休干部管理 ………………… 60
　　思想政治建设 ……………… 60
　　基层党组织建设 …………… 60
　　管理服务工作 ……………… 61
　　开展文化活动 ……………… 61
教育培训 ………………………… 62
　　分级分类施训 ……………… 62
　　政治理论专题培训 ………… 62
　　新冠肺炎疫情防控培训 …… 62
　　教育培训管理 ……………… 63
纪检监察及巡察工作 …………… 64
　概况 ………………………… 64
　监督检查 …………………… 64
　　政治监督 …………………… 64
　　新冠肺炎疫情防控监督 …… 64
　　日常监督 …………………… 65
　　构建立体监督格局 ………… 65
　执纪问责 …………………… 65
　　执纪审查和问责 …………… 65
　　纠"四风"树新风 ………… 66
　　"现场监管与外勤执法权力寻租"
　　　专项整治 ………………… 66
　巡察工作 …………………… 66
　　坚守政治巡察定位 ………… 66
　　巡察工作规范化建设 ……… 67
　　巡察队伍建设 ……………… 67
督察内审 ………………………… 68

　概况 ………………………… 68
　督察监督 …………………… 68
　　重大决策部署专项督察 …… 68
　　督察清单 …………………… 68
　审计监督 …………………… 69
　　配合总署审计 ……………… 69
　　关区经济责任审计 ………… 69
　　审计工作机制 ……………… 69
　内控建设 …………………… 69
　　内控前置审核 ……………… 69
　　内控岗位清单 ……………… 70
　　内控评价 …………………… 70
　　海关内部控制与监督子系统
　　　应用 ……………………… 70
　执法评估 …………………… 70
　　专题执法评估 ……………… 70
　　执法评估模式 ……………… 70

第四篇　业务建设

法治建设 ………………………… 75
　概况 ………………………… 75
　法规管理 …………………… 75
　　参与立法工作 ……………… 75
　　制度体系建设 ……………… 76
　复议应诉 …………………… 76
　　推行行政执法"三项制度" …… 76
　　践行"枫桥经验" ………… 76
　法治宣传和法制协调 ……… 76

学习宣传贯彻习近平法治思想 … 76
　　实施"八五"普法规划 ………… 77
　　"证照分离"改革 ……………… 77
　　民事法律事务 …………………… 78
业务改革与发展 ……………………… 79
　概况 ………………………………… 79
　业务改革协调 ……………………… 79
　　综合业务协调 …………………… 79
　　梳理岗位清单 …………………… 79
　　"双随机、一公开"改革专项
　　　工作 …………………………… 79
　　检验检疫监管模式改革 ………… 80
　　防范通关业务改革衍生风险 …… 80
　通关运行管理 ……………………… 80
　　通关业务改革 …………………… 80
　　压缩货物整体通关时间 ………… 80
　贸易管制与技术规范 ……………… 81
　　落实贸易管制措施 ……………… 81
　　规范标准管理 …………………… 81
　知识产权海关保护 ………………… 81
　　知识产权海关保护专项行动 …… 81
　　知识产权保护交流合作 ………… 82
海关特殊监管区域管理 ……………… 83
　概况 ………………………………… 83
　综合保税区发展 …………………… 84
　　落实国务院政策举措 …………… 84
　　复制推广自贸试验区试点经验 … 84
　特殊监管区域发展 ………………… 84
　　助力综合保税区企业复工复产 … 84
　　支持自贸试验区申建 …………… 84
风险管理 ……………………………… 86

　概况 ………………………………… 86
　风险信息与大数据应用 …………… 86
　　风险信息情报 …………………… 86
　　风险预警 ………………………… 86
　　大数据应用 ……………………… 87
　风险处置与联防联控 ……………… 87
　　风险分析处置 …………………… 87
　　口岸风险联合防控 ……………… 87
关税收征管 …………………………… 88
　概况 ………………………………… 88
　关税技术 …………………………… 88
　　税则税政 ………………………… 88
　　商品归类与减免税管理 ………… 88
　　原产地管理 ……………………… 88
　关税征管 …………………………… 89
　　税收征管 ………………………… 89
　　税收风险防控 …………………… 89
卫生检疫 ……………………………… 90
　概况 ………………………………… 90
　口岸疫情防控 ……………………… 90
　　健全防控制度 …………………… 90
　　传染病疫情防控 ………………… 91
　　新冠肺炎疫情监测 ……………… 91
　　新冠肺炎疫情风险评估研判 …… 91
　　北京冬奥会备降保障 …………… 91
　　多维度防控 ……………………… 91
　　个人安全防护工作 ……………… 92
　　联防联控工作 …………………… 92
　　专业队伍能力提升 ……………… 92
　口岸公共卫生安全 ………………… 93
　　口岸卫生监督 …………………… 93

口岸公共卫生核心能力建设 …… 93	开展"国门守护"行动 ………… 102
国际旅行卫生保健中心能力	出口检验检疫 ………………… 102
建设 ………………………… 93	强化出口食品安全监管 ……… 102
特殊物品卫生检疫监管 ………… 94	助力地方经济发展 …………… 102
生物安全宣传 …………………… 94	商品检验 ………………………… 104
国际旅行健康宣教 ……………… 94	概况 ……………………………… 104
动植物检疫 ………………………… 95	进口商品检验监管 ……………… 104
概况 ……………………………… 95	进口高风险非冷链集装箱货物
进出境动物检疫 ………………… 95	口岸环节新冠病毒检测和预防性
新冠肺炎疫情与动物疫情防控 … 95	消毒监督 ………………… 104
进境陆生动物检疫 ……………… 96	进口矿产品检验监管 ………… 105
进境水生动物检疫 ……………… 96	进口液化气检验监管 ………… 105
出境水生动物检疫 ……………… 96	服务地方经济发展 …………… 105
进出境植物检疫 ………………… 97	出口商品检验监管 ……………… 106
外来入侵物种口岸防控 ………… 97	出口危险品及其包装检验
国门生物安全监测 ……………… 97	监管 ……………………… 106
检疫处理监管 …………………… 97	优化检验监管流程 …………… 106
扩大粮食进口 …………………… 98	岗位练兵活动 ………………… 106
支持稻草出口 …………………… 98	进出口商品质量安全风险
安全风险监控 …………………… 98	监测 ……………………… 107
动植物检疫岗位资质管理 ……… 99	口岸监管 ………………………… 108
进出口食品安全 …………………… 100	概述 ……………………………… 108
概况 ……………………………… 100	口岸物流监管 …………………… 108
进口检验检疫 …………………… 100	进出境运输工具监管 ………… 108
进口冷链食品新冠肺炎疫情	进境客运航空器终末消毒
防控 ……………………… 100	监督 ……………………… 108
进口冷链食品核酸监测和预防性	口岸货物监管 …………………… 108
消毒工作 ………………… 100	货物口岸检查 ………………… 108
个人安全防护工作 …………… 101	口岸货物新冠病毒防控 ……… 109
强化能力提升 ………………… 101	支持中欧班列发展 …………… 109
参与全省物防工作 …………… 101	行邮及跨境电商监管 …………… 109

- 进出境旅客和寄递渠道卫生
  检疫 …… 109
- 快件邮件及行李物品监管 …… 109
- 跨境电商监管 …… 110

口岸安全 …… 110
- 口岸监管环节反恐 …… 110
- 场所场地监管 …… 110
- 安全生产管理 …… 110

口岸运行监控指挥 …… 111
- 重大任务专项监控 …… 111
- 业务运行指挥体系建设 …… 111

智慧监管 …… 111
- 智能审图 …… 111
- 监管设备保障 …… 111

支持服务地方经济 …… 112
- 服务中国—东北亚博览会 …… 112
- 促进边境贸易发展 …… 112

政策研究与统计 …… 113
概况 …… 113
政策研究和发展规划 …… 113
- 政策研究 …… 113
- 落实《"十四五"海关发展
  规划》 …… 113
- 长春海关学会 …… 114

统计分析 …… 114
- 数据分析 …… 114
- 全球贸易监测分析工作 …… 114

统计数据质量管控 …… 114
- 统计调查 …… 114
- 贸易统计 …… 115
- 业务统计 …… 115

统计数据安全管理 …… 115
- 统计数据运用和管理 …… 115
- 统计服务 …… 115

企业管理和稽查 …… 116
概况 …… 116
企业信用管理和资质管理 …… 116
- 信用管理 …… 116
- 资质管理 …… 116

加工贸易和保税监管 …… 117
- 加工贸易 …… 117
- 保税监管 …… 117

后续监管和属地查检 …… 117
- 稽查工作 …… 117
- 核查工作 …… 117
- 属地查检 …… 118

查缉走私 …… 119
概况 …… 119
打击涉税走私 …… 119
- 打击"水客"走私 …… 119
- 打击重点商品走私 …… 119
- 打击骗取出口退税 …… 119

打击非涉税走私 …… 120
- 打击涉毒走私 …… 120
- 打击涉枪走私 …… 120
- 打击"洋垃圾"走私 …… 120
- 打击象牙等濒危物种及其制品
  走私 …… 120
- 打击防疫物资、疫苗非法
  出境 …… 120

智慧缉私 …… 120
- 司法鉴定中心 …… 120

公安大数据应用 …………………… 120
缉私保障 …………………………… 121
刑事法制建设 …………………………… 121
完善法制机制 ……………………… 121
建立联系配合机制 ………………… 121
执法合作与综合治理 …………………… 121
跨关区案件协查 …………………… 121
"战区"联动 ………………………… 122
深化警种合成作战 ………………… 122
国际执法协作 ……………………… 122
行政处罚与打私宣传 …………………… 122
行政处罚案件 ……………………… 122
行政法制工作 ……………………… 122
打私宣传 …………………………… 122

第五篇　政务及后勤保障

政务管理 ………………………………… 127
概况 …………………………………… 127
督查督办 ……………………………… 127
创新督办模式 ……………………… 127
形势分析及工作督查例会 ………… 128
政务值班 ……………………………… 128
总值班室建设 ……………………… 128
快速反应机制建设 ………………… 128
回应社会诉求 ……………………… 128
公文管理和机要档案 ………………… 128
公文管理 …………………………… 128
保密管理 …………………………… 129

档案管理 …………………………… 129
信息宣传 ……………………………… 129
信息工作 …………………………… 129
新闻宣传 …………………………… 129
政务公开 ……………………………… 129
政府信息公开 ……………………… 129
海关12360热线 …………………… 130
对外合作 ……………………………… 130
国际合作 …………………………… 130
"三智"工作 ………………………… 130
边境会晤 …………………………… 130
机关内部新冠肺炎疫情防控 ………… 131
内部新冠肺炎疫情防控 …………… 131
常态化防控机制 …………………… 131

财务管理 ………………………………… 132
概况 …………………………………… 132
预算管理 ……………………………… 132
部门预算编制 ……………………… 132
部门预算批复及公开 ……………… 133
预算绩效管理 ……………………… 133
建立"过紧日子"长效机制 …… 133
新冠肺炎疫情防控保障 …………… 133
预算执行 …………………………… 134
"135预算执行工作法" …………… 134
决算管理 ……………………………… 134
部门决算编报 ……………………… 134
部门决算批复及公开 ……………… 134
国库集中支付管理 …………………… 134
银行账户管理 ……………………… 134
资金支付动态监管 ………………… 135
涉案财物管理 ………………………… 135

建立走私冻品移交处置工作
机制 …………………………… 135
建立非法入境固体废物移交
处理工作机制 ………………… 135
涉案财物处置与安全管理 ……… 135
企事业单位财务管理 …………………… 136
国企改革及集体所有制企业
改制 …………………………… 136
促进企事业单位提质增效 ……… 136
检验检疫降费 …………………… 136
基建管理 ………………………………… 136
基建项目管理 …………………… 136
艰苦地区边关生活设施保障 …… 137
政府采购 ………………………………… 137
海关政府采购管理 ……………… 137
应急装备配置 …………………… 137
财务综合管理 …………………………… 138
智慧财务 ………………………… 138
税费财务管理 …………………… 138
资产管理 ………………………… 138
财务监督 ………………………………… 138
监控与监督 ……………………… 138
内控机制建设 …………………… 139
科技应用 ………………………………… 140
概况 ……………………………………… 140
信息化建设 ……………………………… 140
新冠肺炎疫情防控保障 ………… 140
网络安全管理 …………………… 141
信息安全管理 …………………… 141
信息化系统优化升级 …………… 141
实验室建设 ……………………………… 141

实验室技术保障能力建设 ……… 141
新冠病毒核酸检测 ……………… 142
实验室安全管理 ………………… 142
科研管理 ………………………………… 142
项目管理 ………………………… 142
科技创新引导 …………………… 142

第六篇　隶属海关

长春龙嘉机场海关 ……………………… 147
概况 ……………………………… 147
党的建设 ………………………… 147
新冠肺炎疫情防控 ……………… 148
税收征管 ………………………… 149
检验检疫 ………………………… 149
监管业务 ………………………… 149
查缉走私 ………………………… 150
优化口岸营商环境 ……………… 150
政务管理 ………………………… 150
财务和后勤保障 ………………… 151
安全生产 ………………………… 151
队伍建设 ………………………… 151
长春邮局海关 …………………………… 153
概况 ……………………………… 153
党建工作 ………………………… 153
"我为群众办实事"实践
活动 …………………………… 153
专项整治 ………………………… 153
新冠肺炎疫情防控 ……………… 154

监管业务	154	海关特殊监管区域管理	166
查缉走私	154	后续核查	167
科技发展	155	查缉走私	167
内控机制建设	155	政务管理	167
长春绿园海关	156	财务和后勤保障	167
概况	156	**吉林海关**	168
党建工作	156	概况	168
新冠肺炎疫情防控	157	党的建设	168
保税核批	157	税收征管	169
减免税核批	158	检验检疫	170
企业管理	158	监管业务	170
非贸核批	158	查缉走私	170
检验检疫审批	159	营商环境	170
"国门利剑2021"专项行动	159	政务管理	171
政务管理	159	财务和后勤保障	171
财务和后勤保障	160	新冠肺炎疫情防控工作	171
课题和政策研究	160	安全生产工作	172
内控机制建设	160	精神文明创建	172
专项整治	161	队伍管理	172
队伍建设	161	**四平海关**	173
长春兴隆海关	162	概况	173
概况	162	党的建设	173
党的建设	162	新冠肺炎疫情防控	174
党史学习教育	162	法治建设	174
安全生产	163	风险管理	174
清廉海关建设	163	检验检疫	174
新冠肺炎疫情防控	164	监管业务	175
税收征管	164	服务对外开放	175
国门生物安全防控	165	政务管理	175
监管业务	165	财务及后勤保障	176
服务发展	165	内控机制建设	176

队伍建设 …………………………… 176
辽源海关 ………………………………… 177
　　概况 ………………………………… 177
　　党的建设 …………………………… 177
　　新冠肺炎疫情防控 ………………… 177
　　检验检疫 …………………………… 178
　　安全生产 …………………………… 178
　　优化服务 …………………………… 178
　　队伍管理 …………………………… 179
通化海关 ………………………………… 180
　　概况 ………………………………… 180
　　党的建设 …………………………… 180
　　新冠肺炎疫情防控 ………………… 180
　　风险管理 …………………………… 181
　　税收征管 …………………………… 181
　　检验检疫 …………………………… 181
　　监管业务 …………………………… 182
　　企业管理、稽核查和统计
　　　工作 ……………………………… 182
　　优化营商环境 ……………………… 182
　　查缉走私 …………………………… 183
　　政务和后勤保障 …………………… 183
　　队伍管理 …………………………… 183
白山海关 ………………………………… 184
　　概况 ………………………………… 184
　　党的建设 …………………………… 184
　　新冠肺炎疫情防控 ………………… 185
　　法治建设 …………………………… 185
　　国门生物安全 ……………………… 185
　　监管业务 …………………………… 186
　　服务地方发展 ……………………… 186

　　查缉走私 …………………………… 187
　　政务管理 …………………………… 187
　　财务管理 …………………………… 187
　　队伍建设 …………………………… 187
长白海关 ………………………………… 189
　　概况 ………………………………… 189
　　党的建设 …………………………… 189
　　新冠肺炎疫情防控 ………………… 189
　　法治建设 …………………………… 190
　　风险管理 …………………………… 190
　　税收征管 …………………………… 190
　　检验检疫 …………………………… 190
　　监管业务 …………………………… 190
　　服务地方经济发展 ………………… 191
　　优化营商环境 ……………………… 191
　　海关统计 …………………………… 191
　　查缉走私 …………………………… 191
　　政务管理 …………………………… 192
　　科技发展 …………………………… 192
　　队伍建设 …………………………… 192
松原海关 ………………………………… 194
　　概况 ………………………………… 194
　　党的建设 …………………………… 194
　　新冠肺炎疫情防控 ………………… 195
　　检验检疫 …………………………… 196
　　企业管理和核查 …………………… 196
　　服务外贸 …………………………… 196
　　安全生产 …………………………… 196
　　政务管理 …………………………… 197
　　巡察审计整改 ……………………… 197
　　队伍建设 …………………………… 197

白城海关 …… 198
概况 …… 198
党的建设 …… 198
庆祝建党百年 …… 199
新冠肺炎疫情防控 …… 200
法治建设 …… 200
税收征管 …… 200
海关统计 …… 201
企业管理和核查 …… 201
监管与服务 …… 201
财务及后勤保障 …… 202
巡察审计整改 …… 202
队伍建设 …… 203

延吉海关 …… 204
概况 …… 204
党的建设 …… 204
新冠肺炎疫情防控 …… 205
法治建设 …… 206
风险管理 …… 206
税收征管 …… 206
卫生检疫 …… 207
动植物检疫 …… 207
食品检验检疫 …… 207
商品检验 …… 208
监管业务 …… 208
服务地方发展 …… 209
海关统计 …… 209
企业管理和稽查 …… 209
查缉走私 …… 210
政务管理 …… 210
知识产权海关保护 …… 210
财务和后勤保障 …… 211
科技发展 …… 211
内控机制建设 …… 211
队伍建设 …… 211

图们海关 …… 213
概况 …… 213
党的建设 …… 213
助力乡村振兴 …… 214
风险管理 …… 214
新冠肺炎疫情防控 …… 214
优化服务 …… 215
队伍建设 …… 215

珲春海关 …… 216
概况 …… 216
党的建设 …… 216
新冠肺炎疫情防控 …… 217
税收征管 …… 217
检验检疫 …… 218
综合业务 …… 218
海关特殊监管区域管理 …… 218
安全生产 …… 219
海关统计 …… 219
企业管理与核查 …… 219
查缉走私 …… 220
政务管理 …… 220
财务管理 …… 220
队伍管理 …… 221

长白山海关 …… 222
概况 …… 222
党的建设 …… 222
"12360"工作法 …… 223

新冠肺炎疫情防控 …………………… 223
安全生产 ………………………………… 224
检验检疫 ………………………………… 224
查缉走私 ………………………………… 224
政务和综合保障 ………………………… 224
巡察审计整改 …………………………… 225
队伍管理 ………………………………… 225
优化营商环境 …………………………… 225
精神文明创建 …………………………… 225

第七篇　直属事业单位

中国电子口岸数据中心长春分中心 ……… 229
　　概况 …………………………………… 229
　　党建工作 ……………………………… 229
　　巡察整改 ……………………………… 230
　　新冠肺炎疫情防控 …………………… 230
　　电子口岸业务 ………………………… 231
　　网络安全 ……………………………… 231
　　政务和科技服务保障 ………………… 232
　　志愿服务 ……………………………… 232
　　"关银一KEY通"项目 ……………… 232
　　队伍建设 ……………………………… 232
长春海关后勤管理中心 …………………… 233
　　概况 …………………………………… 233
　　党的建设 ……………………………… 233
　　新冠肺炎疫情防控 …………………… 234
　　服务保障 ……………………………… 235
　　所属企业脱钩及人员安置 …………… 235

　　队伍建设 ……………………………… 235
长春海关技术中心 ………………………… 237
　　概况 …………………………………… 237
　　党的建设 ……………………………… 238
　　廉政建设 ……………………………… 238
　　生物安全 ……………………………… 239
　　动植物检疫 …………………………… 239
　　商品检验和固体废物属性鉴别 ……… 239
　　食品检验检疫 ………………………… 239
　　实验室能力建设 ……………………… 240
　　安全生产 ……………………………… 240
　　市场经营 ……………………………… 240
　　政务管理 ……………………………… 240
　　科技发展 ……………………………… 240
　　队伍建设 ……………………………… 241
吉林国际旅行卫生保健中心（长春海关
　口岸门诊部） …………………………… 242
　　概况 …………………………………… 242
　　党建工作 ……………………………… 242
　　新冠肺炎疫情防控 …………………… 243
　　提升检测能力水平 …………………… 243
　　队伍建设 ……………………………… 244

第八篇　人物荣誉

2021年获评省部级及以上表彰集体、
　人员名录 ………………………………… 247
长春海关首次荣获"光荣在党50年"
　纪念章名单 ……………………………… 248

2021年国务院"授衔令"（二级关务监督
及以上） …………………………… 249
2021年获得海关扎根艰苦地区边关工作
金质荣誉章人员名录 ………………… 250

第九篇　大事记

2021年长春海关大事记 ……………… 253

第十篇　海关统计资料

2021年吉林省各地区进出口总值表 …… 265
2021年吉林省对主要国家（地区）
进出口总值表 ………………………… 267

2021年吉林省各贸易方式进出口
总值表 ………………………………… 270
2021年吉林省出口主要商品量值表 …… 271
2021年吉林省进口主要商品量值表 …… 277
2021年吉林省贸易方式和企业性质
出口总值表 …………………………… 281
2021年吉林省贸易方式和企业性质
进口总值表 …………………………… 284
2021年吉林省运输方式进出口总值表 ……
………………………………………… 288

"中国海关史料丛书"编委会

"中国海关史料丛书"编委会 ………… 289

海关专题图片

领导活动

◀ 2021年2月4日，长春海关召开2021年度长春海关全面从严治党工作会议

2021年2月10日，长春海关党委 ▶ 视频慰问隶属海关就地过年干部职工

◀ 2021年1月4日，长春海关党委参观长春海关扶贫成果展

2021年5月13日,关长董岩(左一)到中韩(长春)国际合作示范区调研

2021年7月29日,关长董岩(左二)实地查看"边关五小"建设

2021年10月11日,关长董岩(右一)赴通化海关开展工作调研

◀ 2021年6月17日,政治部主任张赞参加国门税务党建一体化暨服务"一带一路"助力珲春海洋经济发展系列活动

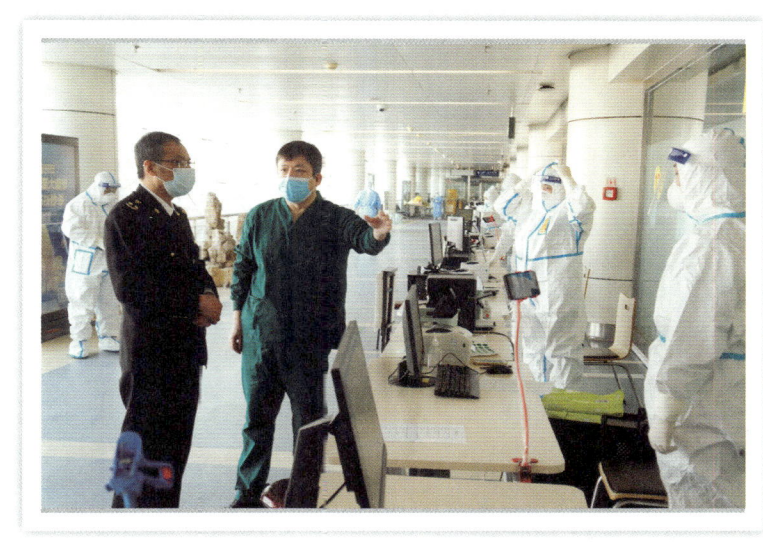

2021年2月9日,政治部主任张赞到龙嘉机场海关慰问一线关员 ▶

◀ 2021年6月22日,副关长谏兵参加白山海关"全国文明单位"摆牌仪式

2021年9月30日,副关长谢兵参加国航长春—法兰克福客运航线开航仪式

◀ 2021年12月7日,缉私局局长裴宏林(左二)到长春警察博物馆调研

2021年7月1日,缉私局举办庆祝中国共产党成立100周年活动

◀ 2021年12月9日，副关长石建平参加长春兴隆综合保税区二期项目验收纪要签署仪式

2021年9月3日，副关长石建平 ▶
到长白山海关调研

◀ 2021年9月26日，副关长张君到第十三届中国—东北亚博览会现场调研

2021年7月29日，副关长张君 ▶ 在辽源海关调研

◀ 2021年4月9日，纪检组组长李晋生到吉林海关保税物流中心调研

2021年4月13日，纪检组组长 ▶ 李晋生到长白口岸调研

党的建设

2021年1月26日,长春海关召开关党委民主生活会

◀2021年7月22日,长春海关举办党史学习教育专题读书班

2021年6月18日,关长董岩参加主题党日活动,为党员讲述英烈事迹

◀ 2021年6月24日,关长董岩讲党课

2021年6月30日,关长董岩为老干部授"光荣在党50年"纪念章 ▶

◀ 2021年3月30日,长春海关参观四平英烈事迹展览馆

2021年5月26日,长春海关与审计署驻长春特派办联合开展党日活动 ▶

◀ 2021年12月3日,长春海关关员参加吉林省直机关学习知识竞赛

疫情防控

2021年1月15日,延吉 ▶
海关关员开展入境航班监管

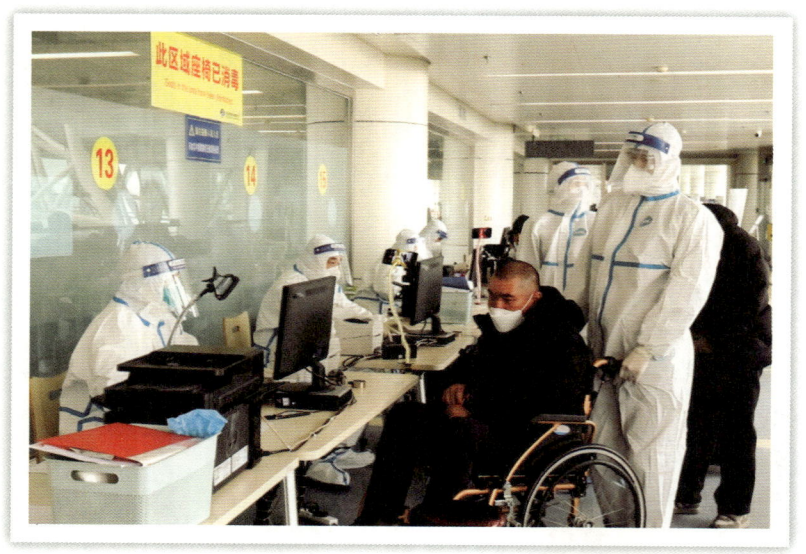

◀ 2021年2月1日,长春龙嘉
机场海关关员帮助有困难旅客接受
流行病学调查

2021年3月8日,长春龙嘉机场海关关员对旅客开展流行病学调查

2021年3月24日,长春龙嘉机场海关关员登临检疫,对旅客开展测温工作

2021年3月28日,珲春海关关员对现场采集的进口冷链食品外包装样品进行消毒处理

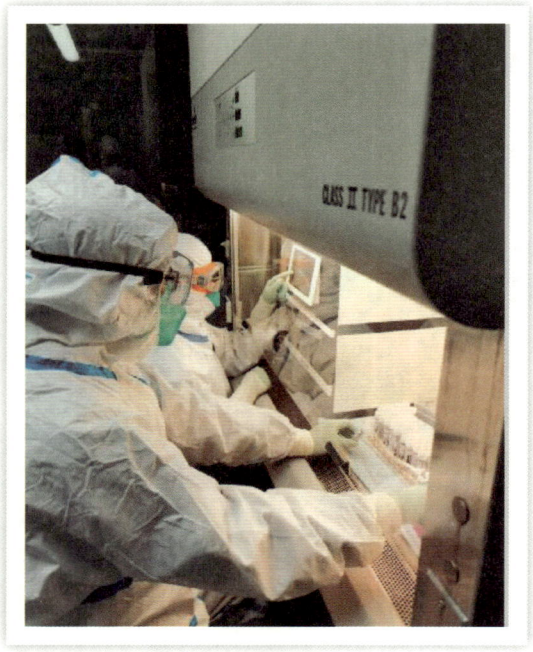

◀ 2021年5月16日，长春海关保健中心实验室检测人员开展新冠病毒检测工作

2021年9月14日，长春龙嘉 ▶
机场海关开展远程申报

◀ 2021年12月6日，通化海关与集安出入境边防检查站开展口岸疫情防控培训工作

业务建设

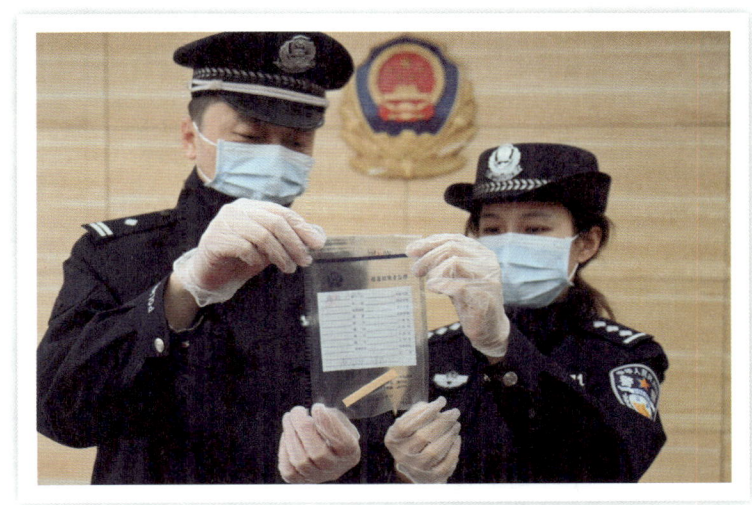

2021年3月16日,长春海关缉私局破获一起走私LSD"邮票"毒品进境案件

2021年3月19日,长春海关召开"RCEP政策解读及前景展望"新闻发布会

2021年4月16日,松原海关关员在长岭县隔离场对进境丹麦种猪进行检疫监管

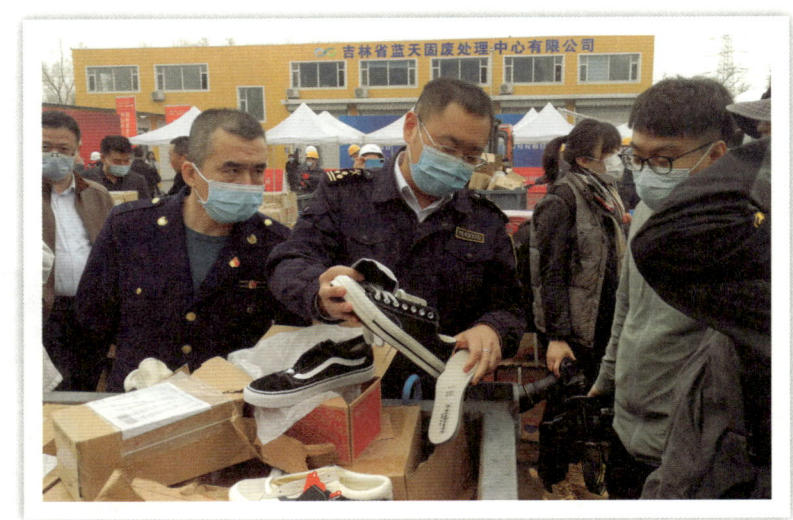

2021年4月23日,长春海关参加吉林省侵权假冒伪劣商品统一销毁活动

2021年5月4日,珲春海关关员在珲春口岸现场监管进口液化气

2021年6月15日,珲春海关关员对进口俄罗斯煤炭实施查验

2021年6月17日,长春兴隆海关监管中欧班列长春—汉堡出口汽车

◀2021年7月19日,长春兴隆海关关员现场鉴定出口汽车气囊包装

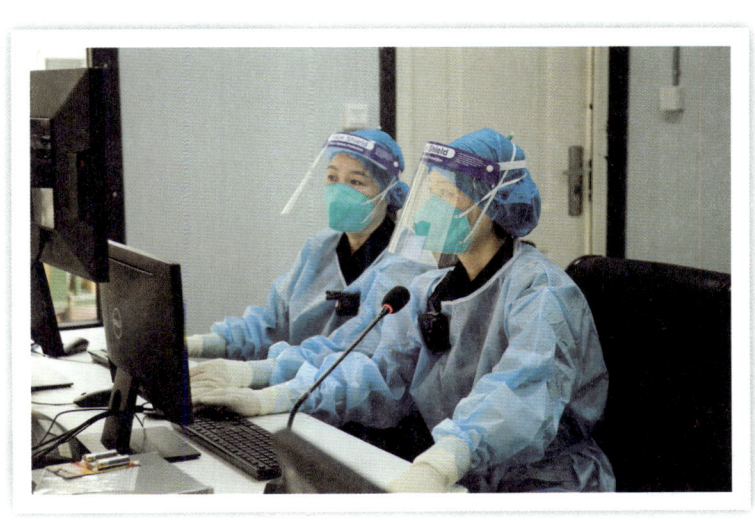

2021年7月23日,长春邮局海关关员对国际邮件进行风险甄别

2021年8月3日,长春海关对集安口岸出境免税店现场验收

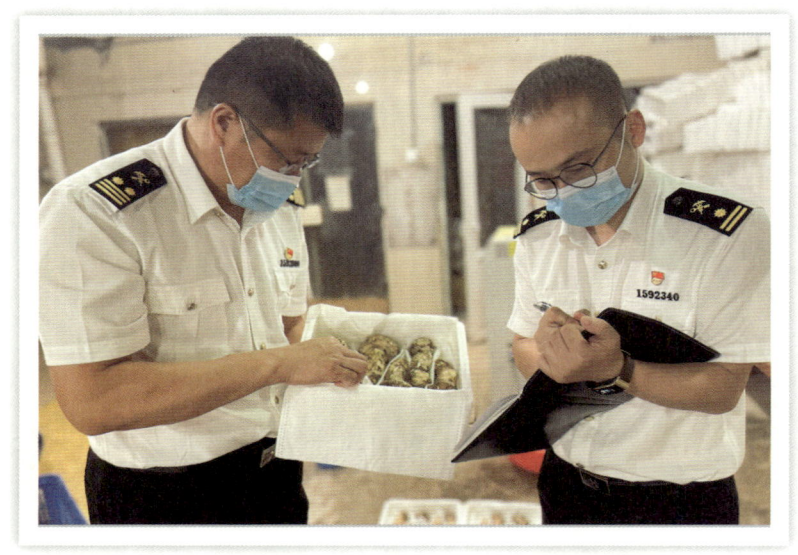

◀2021年9月1日,延吉海关关员对出口松茸实施现场查验

2021年9月2日,松原海关关员到辖区企业开展杂粮检验检疫

2021年9月23日,长春兴隆海关关员在第十三届中国—东北亚博览会现场监管

◀2021年11月12日,辽源海关关员走进校园宣传食品安全

2021年12月2日,松原海关开展宪法宣传周活动

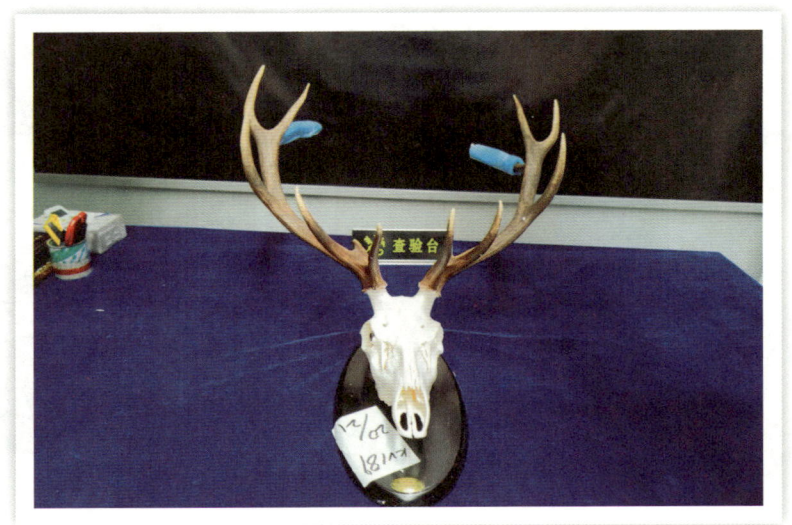

2021年12月3日,长春邮局海关查获邮寄进境濒危野生动物制品

2021年12月8日,长春兴隆海关关员对输日稻草开展检验检疫

2021年12月19日,长春兴隆海关关员对进境种鸡进行临床检查

队伍风采

2021年1月4日,长春海关举行升国旗仪式 ▶

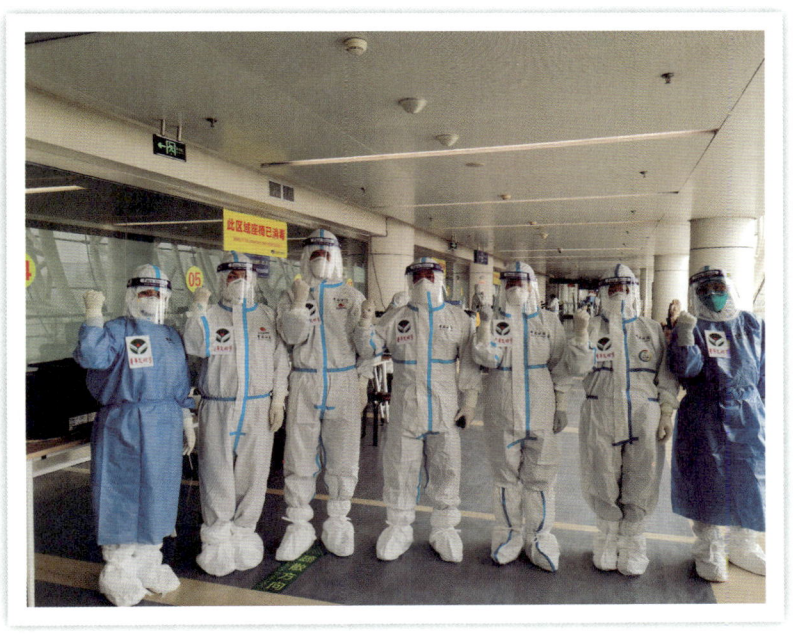

◀ 2021年1月29日,长春龙嘉机场海关"青年文明号"成员加入新冠肺炎疫情防控一线队伍

2021年3月8日,长春海关举办"三八"妇女节徒步活动

2021年6月30日,长春海关参加吉林省直机关工委组织的"我心向党——红色文化进社区"文艺演出

2021年7月1日,长春海关庆祝中国共产党成立100周年展示准军事化队列训练成果

2021年7月1日,白山海关临江口岸关警员举行准军事化队列训练

◀ 2021年7月28日,长春兴隆海关开展庆祝"八一"建军节活动

2021年11月26日,长春海关关员参加"2021年省直机关职工羽毛球赛"

第一篇

特载

长春海关概况

长春海关于1978年3月经国务院批准设立，为正处级机构，1984年6月升格为厅局级海关。2018年4月，按照党中央国务院关于机构改革的决策部署，原吉林出入境检验检疫管理职责和队伍划入长春海关。现有15个正处级内设机构，另设3个其他正处级机构，隶属海关单位17个，派驻纪检组10个，事业单位7个。

吉林省位于东北亚地理中心，与俄罗斯和朝鲜两国毗邻，长春海关辖区范围为吉林省全境。辖区铁路、公路、航空、邮递等业务门类齐全。

现有国家级口岸16个，原国家二类口岸1个。其中，公路口岸11个，铁路口岸3个，航空口岸2个，界河口岸1个。对朝口岸13个，其中，公路口岸10个，分别为圈河口岸、沙坨子口岸、图们公路口岸、古城里口岸、开山屯口岸、南坪口岸、三合口岸、集安口岸、长白口岸、临江口岸；铁路口岸2个，分别为图们铁路口岸、集安铁路口岸；界河口岸1个，为集安老虎哨口岸（原国家二类口岸）。对俄口岸2个，分别为珲春铁路口岸、珲春长岭子公路口岸。航空口岸2个，分别为长春龙嘉机场航空口岸、延吉朝阳川机场航空口岸。

2021年，长春海关坚持以习近平新时代中国特色社会主义思想为指引，坚决贯彻落实习近平总书记重要指示批示精神和党中央重大决策部署，认真落实海关总署党委工作部署，不断深化政治建关、改革强关、依法把关、科技兴关、从严治关，扎实推进党史学习教育，深入开展庆祝中国共产党成立100周年系列活动，坚定不移走好"两个维护"第一方阵，强化监管优化服务，统筹抓好疫情防控和促进外贸稳增长。始终坚持"人、物、环境"同防、"多病共防"，举全关之力持续织密织牢口岸检疫防线、持之以恒抓好内部安全防护；全力促进外贸稳增长，助力吉林省加快全面振兴、全方位振兴。全年监管进出口货运量779.6万吨、进出境人员8.1万人次、进出境运输工具10.1万辆（架/次）、进出境邮件96.11万件。

在 2021 年长春海关工作会议上的讲话

长春海关关长、党委书记 董 岩
2021 年 2 月 4 日

这次会议的主要任务是：以习近平新时代中国特色社会主义思想为指导，深入贯彻党的十九大和十九届二中、三中、四中、五中全会精神以及中央经济工作会议精神，认真落实全国海关工作会议、全面从严治党工作会议部署，总结工作、分析形势、明确要求，研究部署 2021 年工作。

一、"十三五"时期和 2020 年工作回顾

"十三五"时期，在海关总署党委的坚强领导下，长春海关各项事业发展取得了长足进步。5 年来，我们圆满完成机构改革任务，海关职责进一步拓展，队伍更加壮大，关检全面深度融合，口岸管理更加集约高效。深化改革纵深推进，科技创新应用水平不断提升，H986、CT 机等现代化监管装备设备投入使用，监管模式实现根本性变革。监管主要业务指标、执法效能稳步提升，监管进出口货运量 3,653.3 万吨，同比增长 1.6 倍；出入境人员 1,040.1 万人次，同比增长 16.7%；审核报关单 51.6 万票，同比增长 26.2%；办结稽查作业有效率 70.2%，提高 42.8 个百分点；立案侦办走私案件 255 起，同比增长 58.4%。综合治税不断深化，累计征税 618.3 亿元，税收征管重心向提质增效转变；检验检疫能力持续提升，口岸核心能力建设不断加强，实验室执法支撑作用有效发挥；口岸营商环境进一步优化，进出口整体通关时间大幅压缩，促进吉林外贸实现稳定增长。与此同时，海关党的领导体制机制更加健全顺畅，完成两级党组改设党委；实施"强基提质工程"，基层党建全面夯实；落实新时代党的组织路线，推进干部工作"五大体系"建设，领导班子、公务员队伍和事业单位人才队伍建设全面加强；坚持全面从严治党，清廉海关建设深入推进，"政治坚定、业务精通、令行禁止、担当奉献"的准军事化纪

律部队面貌焕然一新。

2020年，是"十三五"收官之年，是海关发展历程中极不平凡的一年。面对前所未有的困难和挑战，特别是百年一遇的新冠肺炎疫情冲击，长春海关坚持以习近平新时代中国特色社会主义思想为指导，坚决落实海关总署工作部署，扎实推进"五关"建设，统筹推动口岸疫情防控和促进外贸稳增长工作，举全关之力，严防死守坚决筑牢口岸检疫防线，全力以赴推动吉林外贸量稳质升，关区干部队伍在口岸疫情防控斗争中得到了历练，关检业务深度融合的成效经受住了实战考验，为"十四五"时期关区各项事业实现高质量发展奠定了坚实基础。

（一）牢固树立政治机关意识，坚定不移走好"两个维护"第一方阵。

政治建设统领作用发挥更加明显。召开党委会29次、党委理论中心组（扩大）学习会13次、形势分析及工作督查例会12次，坚持"第一议题"制度，传达学习习近平总书记重要讲话和重要指示批示精神133件（次）。强化政治机关意识教育，各级党组织书记围绕"强化政治机关意识、走好第一方阵"讲授专题党课。组织开展关区隶属海关党委书记提升履职能力专题培训，进一步提高隶属海关党委工作水平。举办党的十九届五中全会精神专题培训班，111名处级干部完成第一批培训。

贯彻落实习近平总书记重要指示批示精神和党中央重大决策部署取得新成效。

严厉打击"洋垃圾"、象牙等濒危野生动植物及制品、毒品及精神类药品走私，侦办建关以来首起走私"洋垃圾"固体废物案件，涉案铁矿渣6.8吨；查获象牙、红珊瑚、砗磲等制品302件，查获冰毒、液体冰毒2,303克、大麻500克。加大知识产权海关保护力度，查获侵权货物（物品）357件。全链条严控非洲猪瘟，截获猪肉及其制品166批次、453千克，检出阳性结果10个。开展扫黑除恶专项斗争，移交涉黑涉恶线索21条。落实精准扶贫任务，定点帮扶8个贫困村、159户贫困户全部脱贫。机构改革后续工作稳步推进，6个新设隶属海关顺利开关。持续推进中央、海关总署巡视整改、主题教育整改和专项整治、"灯下黑"问题专项整治等5项整改任务落实，7项长期整改任务提前完成。持续推动解决无籍房等历史遗留问题，5项遗留房产问题取得实质性进展。

贯彻落实习近平总书记重要指示批示精神建立长效机制。对习近平总书记重要讲话和重要指示批示精神建立党委会议及时学、党委理论中心组系统学、形势分析及工作督查例会结合实际学的学习贯彻机制，制订贯彻落实"总施工图"，形成第一时间学习研讨、定期通报和督办落实的常态化闭环工作机制，将贯彻落实情况列为巡察、审计首项内容、规定动作，强化跟踪问效。通报习近平总书记重要讲话和重要指示批示精神贯彻落实情况77件，海关总署重要工作推动落实情况112件，跟踪督办重点工作114件，办结率100%。

（二）慎终如始、再接再厉，毫不放松抓好口岸新冠肺炎疫情防控。

闻令而动扛起疫情防控政治责任。成立长春海关统筹口岸疫情防控和促进外贸稳增长工作指挥部，召开36次会议。建立关领导与口岸隶属海关疫情防控重点联系机制，发挥"指挥部+现场"两级监控指挥中心管控作用，加强统一指挥、统一协调、统一调度。统筹人力调配，组建4个应急梯队311人，先后抽调279人次支援一线，累计组织11,730人次参加疫情防控培训。加强实验室建设和现场检疫监管设备配备，建成5个新冠病毒核酸检测实验室，配备实验设备和仪器设备530台套。组织对疫情防控先进典型开展3批次专项奖励表彰，长春龙嘉机场海关和耿立敏等6名个人获评全国海关系统抗击新冠肺炎疫情先进集体和先进个人。

从严从紧实施口岸卫生检疫。加强经航空口岸入境人员管控，采取最全面、最彻底、最严格的口岸检疫措施，精准规范落实"三查三排一转运"。全面加强陆路口岸人员、运输工具等检疫监管，密切关注俄方、朝方疫情发展态势，持续开展应急演练，做好陆路口岸检疫监管万全准备。强化属地联防联控机制，与省卫健委签订全面加强核酸采样检测工作协议，实现采样共担、检测互委、信息互通、结果互认。2021年1月24日至12月31日，检疫监管出入境人员138,713人，采集样本检测24,691人份。

严防疫情通过进口冷链食品输入风险。严格按照海关总署布控指令，做好进口冷链食品新冠病毒监测检测，确保科学规范实施操作、检测结果准确可信、证据链完整可靠，经得起历史检验。严格落实国务院印发的进口冷链食品预防性全面消毒实施方案，依法履行海关职责。6月16日0时至12月31日24时，抽检冷冻水产品等1,095批，抽检样品7,313个，经海关实验室检测，结果均为阴性。

持之以恒强化安全防护。严格落实"四方"责任和"五有"要求，坚持"精准、动态、从严"调整完善机关内部防控措施，将各项措施渗透到干部职工日常生活全过程、全时段。加强口岸一线人员安全防护，设立安全防护监督岗，督促严格规范操作。严格8小时之外管理，组织集中休整。按照"应检尽检"原则，组织关区干部职工新冠病毒核酸、抗体检测9,085人次。加大一线保障力度，配发各类个人防护物资12个品种、35万余件，为"打胜仗、零感染"提供坚实保障。

（三）坚持统筹安全与发展，切实履行新海关各项职责。

实际监管严密有效。口岸基础设施建设更加完善，原关检178个作业场所（场地）合并整合为49个。扎实推进安全生产专项整治三年行动，建立"两个清单"。进出境邮递物品监管改革稳步推进，口岸业务运行监控指挥体系正式构建，边民互市贸易监管水平显著提升，口岸监管环节反恐工作应急处突能力不断提高。监管设备保障能力不断增强，关区10台H986全部接入联网集中审像中心，全面推进货物途中监管全程可视化。增强后续监管协同性，加大稽核查力度，办结稽核查作业513起。关区监管进出口货物1,077.5万吨、同比增长73.9%，货值638.6亿元、同比下降3.8%；监管进出境人员34.6万人次，同比下降88.2%；监管进出境运输工具9.7万辆（艘架次），同比下降48.3%；检验检疫进出口商品4.4万批次、同比下降19.9%，货值508亿元、同比下降2.5%。

打击走私取得积极战果。全力开展"国门利剑"等系列专项行动，侦办走私犯罪案件27起，案值4.5亿元，涉税1,897.1万元；查办行政违法案件157起，案值1.9亿元，涉税207.7万元。侦办"6·03"走私黄金进境案，查证黄金36.7千克，案值1,300万元，列署局一级挂牌督办；"5·11"走私武器弹药进境案件，查扣制式子弹290发、制式手枪配件38件，列署局二级挂牌督办；"7·29"低报价格走私水产品进境案，案值3.1亿元，涉税507.9万元。

税收征管不断优化。进一步推广关税保证保险、汇总征税、自报自缴、预裁定、原产地签证等便利措施，优化原产地证书自助打印功能，在全国海关税收大幅下降的背景下，关区税收实现正增长，实际入库105.9亿元，同比增长5.5%。

统计监测预警优势有效发挥。深入开展新冠肺炎疫情对全球产业链、汽车产业链供应链、中欧班列运行等17个专项课题研究，加大对汽车零部件、轨道交通装备、农产品等重点商品和美国、印度、英国等敏感贸易市场的监测分析，形成各类信息152篇，被海关上级主管部门采用、署领导等批示12篇。吉林省外贸进出口总值1,280.1亿元，同比下降1.7%。

检验检疫防线更加牢固。严把口岸卫生检疫关，开展重点传染病监测，坚决防止多种疫情叠加输入风险；深化口岸公共卫生核心能力建设，确保口岸公共卫生安全。严防口岸动植物疫病传播风险，为一线口岸、实验室配备高压灭菌器等设备28台（套）。加强出口食品备案生产企业管理。优化危险化学品检验模式，检验流程时间从3~5个工作日压缩至3小时以内。严把进出口防疫物资质量关，检验监管防疫物资327批，数量1.7亿件（套），检验不合格物资11批，数量602万件。严格进口煤炭检验监管，检验监管进口煤炭1,177批，检出不合格104批，退运1批。

（四）坚定信心，多措并举，全力以赴支持稳外贸稳外资。

口岸营商环境不断优化。细化国家层面政策，对接地方发展需求，制发《长春海关落实推进对外贸易创新发展的若干措施》，确保创新政策举措落地。持续压缩进出口货物整体通关时间，关区进口、出口货物整体通关时间分别为37.49小时和2.57小时，较2017年同期均压缩超过50%。推行政务服务事项"不见面"办理，引导广大企业、群众通过"互联网+海关"平台等渠道办理海关业务，网上办理率达100%。落实全产业链保税政策试点推进措施，对引进关键技术设备提供快速通关和办理减免税手续服务，减免各类税款1.2亿元。

对外开放平台建设持续加快。大力支持中欧班列、珲马铁路等对外通道建设，"长满欧"班列承运货物14,435标箱、同比增长29.1%，货运量15.2万吨、同比增长49.1%；珲马铁路监管进出口货运量270.9万吨、同比增长34.2%；支持与天津、大连的"海铁联运"班列稳定运行，开通与北京、郑州空港直通的"卡车航班"业务，形成海、铁、陆、空立体物流网络体系；助力吉林内贸货物跨境运输货运量大幅增长，保障"珲春—扎鲁比诺—青岛"新航线顺利通航。制定长春海关关于支持综合保税区发展8项措施，加快海关特殊监管区域整合优化；支持跨境电商开展网购保税进口、出口退货、线下展示自提等业务，跨境电商平台进出口货值10.1亿元、增长1.8倍。支持吉林省设立首次进口药品和生物制品口岸；持续畅通"滨海2号"等对外通道，支持珲春水产品等特色产业做大做强，提高珲春海洋示范区贸易便利化水平。

重点产业扶持力度继续加大。帮助一汽集团进出口公司协调奥迪A系整车滞留港口问题，为企业节省约2,500万元海关滞报金；采用"第三方检验结果采信"模式，通过长春整车进口口岸监管1,000台进口奥迪整车、价值2.5亿元，降低企业通关物流成本130万元；积极对接保障长客重大海外项目，确保及时开工投产，轨道交通装备出口28.4亿元、同比增长47.8%；加大对188家加工贸易企业的扶持力度，特事特办，为36本出境加工账册办理延期、口岸变更等操作，帮助企业挽回损失4,305.1万元。加大优势产业、重点产品税政调研力度，上报新能源汽车关键件、水产品等商品37项，其中19项被海关总署采用。进一步简化进口粮食等检疫审批手续，推动吉林省输日稻草、出口饲料、种猪种羊引进等顺利实现进出口；主动与杂粮杂豆、玉米等特色深加工企业对接，实施"一品一策"服务，为出口食品农产品实施优先查验检测、快速评定放行等措施，全年进出口农产品122.1亿元，同比增长4.7%。

（五）深入推进全面从严治党，持续推动党的建设高质量发展。

党建基础工作不断夯实。深入推进"强基提质工程"，扎实开展星级达标创建，评选出五星党组织92个。深挖基层党建热源，评选出45个"四强"支部及20个"四强"支部示范点；选树关区党建品牌32个，其中4个被评为全国海关基层党建示范和培育品牌。细化完善两级党委支部联系点制度，关党委委员累计深入基层党支部联系点调研23次，解决实际问题11个。

干部队伍建设全面加强。制订推进干部"五大体系"建设的落实意见，构建系统完备、科学规范、运行有效的干部人事制度。坚持政治第一导向，开展多角度人力资源调研，及时选优配齐配强12个隶属单位领导班子。优化干部队伍年龄结构和专业结构，加强各级领导班子梯队建设，对优秀年轻干部实施全方位培养、多岗位历练。稳妥有序推进职务与职级并行政策。扎实开展分级分类培训，利用"长关讲堂"等载体灵活开展，共5,526人次参训。

准军事化纪律部队建设持续强化。开展内务规范强化月活动，建立"日督察"制度，设立"内务规范监督员""内务规范示范岗"。开展日常纪律作风检查10次、内务督察7次、通报6次。严格落实中央八项规定精神，持续整治官僚主义、形式主义问题，深入整治"酒驾、醉驾"问题。精神文明创建成果显著，5个隶属海关获评"第六届全国文明单位"，6个单位通过复核确认，创历史新高。

清廉海关建设扎实推进。持续纠正"四风"，推进"反围猎"工作全覆盖。创新监督方式方法，与省纪委监委建立协作配合机制，共同签署《监督执纪监察工作协作配合实施意见（试行）》。用好监督执纪"四种形态"，强化政治监督，做实做细日常监督，充分发挥派驻监督作用。深入开展政治巡察，对8个隶属海关单位有序组织开展2轮常规巡察和1次专项巡察。深化廉政警示教育，组织召开警示教育现场会14场。坚持从严执纪问责，持续释放违纪必究、执法必严的强烈信号。

（六）不断强化责任担当，狠抓各项重点工作任务落实。

督审作用有效发挥。开展督察和执法评估项目16个，配合海关总署审计、开展关区离任审计发现并推动问题整改，对127个内控节点落实情况进行评价，推进关区内控节点指标体系建设，强化风险源头管控。深化业务改革稳步推进。两步申报应用率达到34.97%，实现主要运输方式的"两步申报"全覆盖；继续做好X光机智能审图试点和二期攻关工作。政务运行效能持续提升。信息宣传成效明显，编发内部信息载体705期，获署领导批示1篇次；累计在省级以上媒体刊播各类新闻595篇条。"12360"服务质量持续提升。扎实开展形式主义、官僚主义问题整改"回头看"，机关办文、办会、办事质效进一步提高。基础建设持续强化。扎实开展"大调研、大培训、大排查"活动，坚持问题导向、目标导向、结果导向，推动建章立制52项，做好规范性文件及内部管理制度电子查询平台维护。业务数据安全稳步提升。强力推进业务数据安全专项行动，成立行动专班，采取断然措施，严控内外网数据交互及数据导入导出，规范移动存储介质管理，加快形成数据安全"免疫系统"和安全防线。财务后勤保障更加有力。全面贯彻落实"过紧日子"要求，建立健全厉行节约长效机制；积极落实海关总署支持艰苦地区边关建设22条措施，增加艰苦边远倾斜资金，干部职工获得感、幸福感不断提高。政府采购、基建管理更加规范，后勤服务满意度不断提高。

回顾一年来的工作，关党委认为可以总结为以下5点经验。一是只有坚持以习近平新时代中国特色社会主义思想为指导，坚持党对海关工作的全面领导，牢牢把握海关作为政治机关必须旗帜鲜明讲政治，坚决做到"两个维护"，坚定信赖核心、忠诚核心、维护核心，坚决贯彻落实习近平总书记重要指示批示精神和党中央重大决策部署，才能确保海关工作始终沿着正确方向前进，不断从胜利走向新的胜利。二是只有正确认识我国经济社会新发展阶段，完整准确贯彻新发展理念，积极推进构建新发展格局，以促进东北老工业基地振兴发展为己任，找准海关工作出发点，才能进一步强化监管优化服务，为吉林经济社会发展做出海关应有的贡献。三是只有坚持以改革统揽全局，通过改革持续挖潜，依托科技全面赋能，用现代科技手段完善执法手段，实现监管资源优化配置，才能加快推进海关制度创新和治理能力建设，不断提升履职能力和执法水平，切实履行好为国把关神圣职责。四是只有不断强化法治海关建设，构建系统完备、科学规范、运行有效的海关制度体系，强化制度执行力，统一规范执法行为，提升依法把关能力，才能充分发挥法治对全面履职的基础作用，为更好推进"五关"建设提供坚实法治保障。五是只有把海关事业发展与干部职工的成长进步紧密联系起来，围绕准军事化纪律部队建设16字目标，做到严管厚爱，充分调动干部职工投身海关事业的积极性、主动性、创造性，才能不断增强队伍的凝聚力、执行力和战斗力，为海关事业改革发展提供不竭动力。

一年来成绩的取得，是习近平新时代中国特色社会主义思想引领的结果，是海关总署党委坚强领导的结果，是关区1,500余名干部职工敬业奉献和不懈奋斗的结果。在此，我代表长春海关党委，向关区广大干部职工和离退休老同志表示衷心的感谢！向一年来勇挑重担、无畏前行、恪尽职守、英勇奋战的一线干部职工致以崇高的敬意！

二、准确把握新发展阶段海关工作面临的新形势新任务

立足新发展阶段、贯彻新发展理念、构建新发展格局，是党中央着眼于"十四五"乃至更长一个时期党和国家事业发展全局作出的重大战略部署。我们要坚持以

习近平新时代中国特色社会主义思想为指导，深刻认识新发展阶段的新特征新要求，完整、准确、全面贯彻新发展理念，有力服务构建新发展格局，结合关区工作实际，坚持系统观念，强化监管优化服务，统筹发展和安全，自觉在党和国家事业发展大局中研究和谋划海关工作，努力为"十四五"时期长春海关各项事业发展开好局、起好步。

（一）深刻把握海关工作政治要求，高质量推进政治建关。

海关首先是政治机关，政治机关建设第一位的是要坚决做到"两个维护"，我们必须把绝对忠诚作为海关工作的首要政治原则，作为海关队伍的首要政治本色，作为海关干部的首要政治品质。要善于从政治上观察和处理问题，使讲政治的要求从外部要求转化为内在主动。特别是在当前复杂多变的国际形势下，要不断提高政治判断力、政治领悟力、政治执行力，善于从政治上思考、把握、认识和推进海关工作。推进全面从严治党，严格落实主体责任，强化政治机关意识，增强走好"两个维护"第一方阵的自觉性和坚定性，深刻认识海关每一项工作背后的政治考量、体现的政治要求，使海关工作始终保持正确的政治方向。提高政治站位，主动对表对标习近平总书记对海关工作的重要指示批示精神，坚持用党中央精神分析形势，围绕大局推动工作、抓好落实。强化垂直管理意识，发扬准军事化纪律作风，以政治建设的高质量统领带动其他各项建设的高质量发展，建设让党中央放心、让人民群众满意的模范机关。

（二）全面落实总体国家安全观，切实保障国门安全。

吉林省地处东北亚地理中心，传统安全防控任务仍然艰巨，非传统安全威胁日益严峻。当前，新冠肺炎疫情口岸防控压力持续不减，境外其他重大疫病疫情输入风险始终存在，象牙等濒危野生动植物及其制品、"洋垃圾"、重点涉税商品、毒品、枪支弹药等走私屡打不绝。新形势下，海关维护国家安全的内涵和外延更加拓展，时空领域更加宽广，内外因素更加复杂，口岸日益成为安全防控的关键节点。任何时候我们都要牢记监管是海关最基本、最重要的职责，必须时刻绷紧安全这根弦，深入贯彻落实总体国家安全观。增强开放监管能力，全面构建完善关区综合监管体系，强化海关总署"规定动作"的刚性执行，不允许打折扣、搞变通，执行中遇到的问题要及时请示报告，不断提高执法规范性统一性，更好地践行严把国门安全的神圣使命，坚决维护国门安全。

（三）全力服务新发展格局，坚定不移助力扩大对外开放。

当前，我国经济下行压力加大，企业经营困难增多，区域分化态势明显，要素资源配置、对外开放布局等仍需优化，外贸发展质量不高、大而不强的问题仍未很好解决。吉林省虽初步遏制住经济下行势头,但企稳回升基础还不够牢固,外贸发展稳中提质任务依然艰巨。海关作为国内国际双循环的交汇枢纽,必须充分发挥对外开放第一线的桥梁和纽带作用,坚定不移践行新发展理念,更好服务构建新发展格局。我国经济长期向好的基本面没有变,要乘势而上,以推动高质量发展为主题,积极主动作为、善于作为,把优化口岸营商环境作为重要着力点和突破口,推动贸易和投资自由化便利化。支持吉林深度融入共建"一带一路",加快对外开放新通道、新平台建设,助力吉林找准在国内大循环和国内国际双循环中的位置和比较优势,更好利用国内国际两个市场两种资源,培育壮大新的外贸增长点增长极,实现更大范围、更宽领域、更深层次的对外开放。

(四)坚持创新引领发展,扎实推进海关全面深化改革。

改革永不止步,创新永无止境。当前,关区关检资源整合、业务融合、队伍聚合仍需深入推进,各项改革举措的系统集成、协同高效仍需提高,新手段新技术的应用需要进一步加大加快。我们要不断解放思想,转变观念,勇于创新,大胆实践,切实革除改革发展过程中的弊端,通过深化改革实现海关发展新突破新飞跃。大力培养创新思维,培育创新氛围,加快科技创新,着力培养业务科技复合型人才,充分发挥先进技术在提升海关履职能力和服务水平中的支撑作用。坚持以海关总体规划为统领,统筹规划一批新的业务改革项目,加大改革任务落实力度,推动关区业务改革向纵深发展。协同推进改革与制度建设,将实践证明行之有效的改革成果及时转化为制度规范,大力推进海关制度创新和治理能力建设,切实提升关区治理效能。

2021年是实施"十四五"规划、开启全面建设社会主义现代化国家新征程的第一年,所有工作都要围绕开好局、起好步来展开。长春海关党委研究认为,2021年工作的总体要求是:以习近平新时代中国特色社会主义思想为指导,深入贯彻党的十九大和十九届二中、三中、四中、五中全会精神以及中央经济工作会议精神,认真落实全国海关工作会议和全面从严治党工作会议部署,全面加强党的领导,增强"四个意识"、坚定"四个自信"、做到"两个维护",坚持稳中求进工作总基调,立足新发展阶段,贯彻新发展理念,构建新发展格局,以推动高质量发展为主题,以改革创新为根本动力,坚持系统观念,落实"六稳""六保"部署,更好统筹发展和安全,强化监管优化服务,巩固拓展口岸疫情防控和促进外贸稳增长成效,推进政治建关、改革强关、依法把关、科技兴关、从严治关,提升制度创新和治理能力建设水平,开启社会主义现代化海关建设新征程,更好服务吉林全面振兴全方位振兴，以优异成绩庆祝建党100周年。

三、马上就办、真抓实干，高标准高质量做好全年工作

（一）坚定不移加强政治建设。

深入学习贯彻习近平新时代中国特色社会主义思想。坚持"第一议题"，健全完善两级党委及时学、理论中心组系统学、形势分析及工作督查例会结合学工作机制，推动学习更深入、领会更透彻、贯彻更坚决。学懂弄通做实党的十九届五中全会精神，坚持以上率下，各级领导班子和领导干部带好头、学在前，带动全员深入学习，上半年完成处级干部集中轮训和全员培训工作。推进青年理论学习提升工程，切实提高理论素养和政治能力，不断提高政治判断力、政治领悟力、政治执行力，科学把握形势变化、精准识别现象本质、清醒明辨行为是非、有效抵御风险挑战。

坚决贯彻落实习近平总书记重要指示批示精神。始终把贯彻落实习近平总书记重要指示批示精神放在首要位置，作为工作重中之重，时刻关注、及时跟进。健全完善第一时间学习研讨、定期通报和督办落实的常态化闭环工作机制，将贯彻落实习近平总书记重要指示批示精神列为巡察、审计首项内容、规定动作，强化跟踪问效。狠抓贯彻落实，完善上下贯通、执行有力的抓落实工作机制，加大督办力度，制订"总施工图"，及时更新维护，以最坚决的态度、最迅速的行动、最有力的举措，一贯到底、抓出成效。

大力加强政治机关建设。抓好政治机关意识教育，严格落实意识形态工作责任制，积极创建模范机关，不断推动政治建关向纵深发展。深入开展"党旗在基层一线高高飘扬——以实际行动庆祝中国共产党成立100周年""我为群众办实事"等活动，引导广大党员干部在活动中强化党性修养、锤炼政治品格、坚守人民情怀。严格落实"四个融入"要求，持续抓好中央和海关总署党委巡视整改，强化关区巡察工作，尽快实现全覆盖。总结宣传关区脱贫攻坚经验，巩固拓展脱贫攻坚成果。

（二）毫不放松抓好常态化口岸疫情防控。

持续强化口岸卫生检疫。继续做好新冠肺炎疫情防控常态化各项工作，严格入境人员、进境交通工具检疫。加强境外传染病疫情风险评估，及时动态调整疫情防控措施。完善口岸公共卫生防控体系，推进口岸公共卫生核心能力建设。持续加强口岸及输入性病媒生物监测。进一步完善国际旅行健康服务体系和口岸突发公共卫生事件处置体系。提升监测传染病检出率。健全出入境特殊物品卫生检疫审批制度。

严格做好高风险货物风险监测和预防性消毒工作。持续做好进口冷链食品风险监测，健全进口冷链食品疫情防控机制。

严格执行海关总署布控指令，科学规范实施采样检测，监督落实口岸环节进口冷链食品和高风险非冷链集装箱货物预防性消毒措施，强化组织指导，规范做好后续相关工作，严格消毒方法，确保消毒效果。

严防疫情叠加。多渠道全方位收集全球传染病疫情信息，及时开展风险分析研判，严防埃博拉、拉沙热、鼠疫等重大传染病传入。加强与地方农林畜牧等部门沟通协作，持续开展口岸非洲猪瘟、高致病性禽流感、沙漠蝗等重大动植物疫病防控，严密防范外来物种入侵。组织实施进出口食用农产品、饲料安全风险监控和外来有害生物监测工作。深入推进农产品检疫分类管理，扎实做好供港澳农产品检验检疫工作。

持之以恒做好安全防护工作。加强口岸一线人员安全防护，健全完善"培训考核、监督管理、自查督查""三位一体"安全防护体系及"岗前检查、工作巡查、全程督查"和"双人作业、互相监督"的"3+2"安全防护监督制度，建设专兼职安全防护监督员队伍，持续开展培训和应急处置演练，提高个人防护能力。从严从紧从实从细做好机关内部防控工作，健全完善内部防控制度，推动各项防控措施落实落细，规范健康监测、信息收集、风险排查、环境消杀和医疗废物管理等工作，确保实现"打胜仗、零感染"。

（三）切实提升监管效能。

推进风险整体防控、精准防控。强化底线思维，树立全员风险防控理念，增强全领域风险防控意识，着力构建全面嵌入、集约高效、精准靶向、联合防控的风险防控机制，切实提升防范风险、应对挑战的能力。统筹风险规则指令管理，强化风险分析，推广大数据应用，加强跨部门风险信息收集和风险联合研判，提高人工分析布控查获率，稳步提高风险防控效能。

切实做好税收工作。深化综合治税，努力完成年度税收预算目标。加强属地纳税人管理，构建新型关企征纳关系，强化税收风险防控，不断提升纳税遵从度。继续扩大"汇总征税""自报自缴"模式应用，积极开展多元化担保，做好"关税保证保险"推广，推进海关总署税收征管改革措施落地落实。努力提升预裁定能力水平，为企业提供涉税专业服务。立足吉林外贸发展实际，以重要行业和特色产业为重点，深入开展税政调研，积极上报税则修订建议，降低企业关税成本。

严把进出口检验关。全面落实"四个最严"要求，做好进口食品、化妆品安全监督抽检和风险监测工作。开展进口食品"国门守护"行动。加强进出口商品质量安全风险预警和快速反应监管体系建设，强化危险化学品、大宗资源性商品、防疫物资、消费品等重点敏感商品监管。深化进出口商品检验监管模式改革，继续落实好"先放后检"、"先声明后验证"、第三方检验结果采信等海关总署系列改革措施。

加强口岸监管。深化口岸监管领域业务改革，完善口岸监管制度体系，提升关区查验作业规范性、有效性。推进邮递物品、行李物品智能化监管改革，推广进境托运行李物品"先期机检"和旅检"无感通关"模式，不断提升邮件、快件、跨境电商监管规范性。优化边民互市监管，推进边民互市贸易健康可持续发展。严格进出口贸易禁限管控工作。不断提升口岸监管环节反恐工作的应急处突能力。持续推进安全生产专项整治三年行动，全面加强安全生产管理工作，建立健全安全生产排查整改和突出问题自查自纠长效机制。加大知识产权海关保护力度。推进关区监管作业场所规范化建设。逐步构建"横向到边、纵向到底"的全领域业务运行监控体系。

强化企业管理和稽核查。加强企业管理，推广应用海关信用信息平台，积极参与社会信用管理体系建设，力争2021年培育长春关区认证企业数量再提升10%。跟进属地查检业务改革，加强各职能管理部门的协调配合，强化隶属海关属地管理责任。继续跟进海关总署"互联网+稽核查"改革进程，提升稽核查工作信息化应用水平，形成协同高效的管理格局。开展对重点敏感商品的涉税专项稽核查，扩大主动披露适用范围，积极推动企业守法自律。优化海关特殊监管区域保税监管，依托业务运行可视化监控处置平台，强化保税监管工作，规范保税监管场所准入退出工作。

保持打私高压态势。坚决贯彻党中央关于海关缉私管理体制调整重大决策，深入落实加强打击走私"1+6"项制度，切实承担起领导负责打击走私工作职责。各隶属海关关长要把打私"第一责任人"职责履行到位，推进全员打私，强化专业打击，构建防控、监管、打击一体化的海关打私体系。全力做好缉私保障，对缉私部门信息化等项目制定发展规划，打造"智慧缉私"升级版。组织开展"国门利剑2021"专项行动，严厉打击象牙等濒危动植物及其制品、"洋垃圾"、涉枪涉毒、重点涉税商品、农产品、冻品等走私。深化反走私综合治理，推进落实反走私综合治理主体责任。扎实推进缉私国际执法合作，强化源头治理。推动扫黑除恶常态化，建立健全工作机制，提高扫黑除恶法治化、规范化、专业化水平。

（四）大力支持外贸创新发展。

优化口岸营商环境。持续深化"放管服"改革，打造市场化、法治化、国际化口岸营商环境。按照海关总署统一部署，精简行政许可事项，下放审批权限。积极推进"双随机、一公开"监管实现全覆盖、常态化。深入研究促进跨境贸易便利化工作，推动具体化、可操作、见实效的改革创新举措向各类口岸延伸。支持完善扩展国际贸易"单一窗口"服务功能，继续落实精简口岸核查监管证件和随附单证，进一步完善"日监控、周调度、月通报"压缩通关时间工作机制，巩固压缩整体通关时间成效，降低进出口环节合规成本。

促进外贸稳中提质。全面落实长春海关推进对外贸易创新发展的若干措施，加大政策研究力度，进一步细化实化相关举措，助力地方发展需求与海关支持政策的有效衔接。大力支持跨境电商、市场采购等新型贸易业态发展，支持吉林省边境地区出境加工业务有序开展。积极做好东北亚博览会监管通关保障工作。统筹推进业务数据、贸易数据和宏观数据融合分析，加强研究合作，打造统计研究品牌。严格落实数据治理体系和数据安全管理体系建设要求，深度挖掘利用进出口数据信息，加强统计调查，积极参与全球贸易监测分析中心等各项协作机制建设，提升进出口监测预警水平。

打造高水平对外开放平台。支持吉林深度融入共建"一带一路"，构筑效率高、成本低、服务优的国际贸易通道。全力支持中欧班列发展，优化多式联运监管模式。大力支持对外开放平台建设，支持吉林设立中国（吉林）自贸试验区，打造高能级开放合作平台；支持中韩（长春）国际合作示范区、珲春海洋经济发展示范区等重点示范试验平台建设；支持长白、延吉、和龙等地建设边民互市贸易区，推动边贸创新发展。加快推进综合保税区高质量发展"21条"政策落地。全力助推通化保税物流中心（B型）申建工作。积极推进吉林省内贸货物跨境运输更好发展。支持长春兴隆整车进口口岸建设，支持国家汽车检验研发新基地项目。务实推进中俄海关协同监管项目，加强边境口岸通关协调，支持陆海新通道建设。

（五）深入推进改革创新。

抓好重大改革任务落实。坚持系统观念，建立完善改革统筹联动机制，充分发挥长春海关深化业务改革领导小组统筹管理作用，加大对整体改革工作的协调推进力度。职能部门主动研究、承接、对接，强化职能管理，隶属海关发挥熟悉实际需求、紧贴监管一线等优势，强化执行反馈，合力推进海关总署部署的重大改革任务逐一落地见效。巩固深化"中心—现场式"运行模式，以"五项创新"为指引，优化监管资源配置，提高监管精准性、有效性。主动融入全国海关一盘棋，积极参与各业务领域跨关区协同管理。

强化科技创新应用。以服务关区业务发展需求为导向，协调推动业务科技一体化建设。加大智能化监管设备配备力度，进一步严密智慧监管链条。充分发挥联网集中审像优势，加大智能审图在货运、寄递、旅检各领域的推广应用，探索多品类货物智能审图技术。全面推广应用H2018新一代通关管理系统，推动关区信息系统整合优化。认真落实关区实验室建设发展规划，优化实验室布局，整合实验室资源，加大对生物安全、物种资源鉴定等领域投入，形成与关区业务相匹配的检测能力，提高执法技术支撑水平。强化网络安全管理，构建关区网络安全防护体系。坚持培养科技人才，完善人才队伍管理机制。

加强法治建设。推动关区制度体系建设，规范制度管理，持续推动规范性文件及内部管理制度查询平台建设，形成关区适用的法律规范体系。积极参与海关总署重大立法项目。按照权责一致原则，梳理、明晰、界定权责事项，编制长春海关权力和责任清单并对外公布。继续推进落实行政执法"三项制度"工作，全面提升海关执法标准，规范海关执法行为。加大普法宣传力度，推进关区法治人才队伍建设，推动"谁执法谁普法"责任制落实，提升海关工作人员和行政相对人的法治素养。

（六）不断提高综合保障水平。

提升机关运转效能。加强政务保障，巩固精文减会成效，持续改进文风会风，加大督查督办力度，加强新闻宣传和舆论引导，做好值班应急、信息报送、机要保密、档案管理、建议提案办理、政务公开和信访工作。启动新一轮《吉林省志·海关志（2001—2015）》编修工作。

加强财务管理。建立完善适应新海关事业发展的预算保障机制，积极争取中央和地方财政支持，强化预算绩效导向，狠抓预算执行，进一步增强综合预算保障能力。树牢"过紧日子"思想，落实"艰苦奋斗、厉行节约"要求，进一步优化和调整支出结构，集中财力优先保民生，重点保运转，精准保发展。加大基层保障力度，全力推动中心海关和边关"五小工程"等重点项目建设，持续改善干部职工工作生活条件。加快完善科学规范的事业单位财务管理机制，进一步降低检验检疫环节收费。稳步推进"智慧财务"建设，不断规范政府采购、涉案财物管理。

完善督审机制。推进督察项目清单式管理，确定关区督察和执法评估专题项目。坚持"凡离必审、应审尽审"，统筹任中审计和离任审计，聚焦重点领域、重点项目开展非执法领域专项审计。持续推进内控机制建设，加强"HLS2017内控平台"推广应用，压紧压实各级内控主体责任，靠前发挥基层自控、职能监控、专门监督"三道防线"作用。加大问题整改力度，推进整改台账化管理，健全完善整改督办、成果应用机制，对问题"一盯到底"，确保整改到位。积极配合好国家和海关总署审计工作。

（七）全面推进党建高质量发展。

巩固深化"强基提质工程"。建立健全具有边关特色的党建体制机制，推广"智慧党建"系统，推动基层党组织标准化、规范化建设。持续巩固"灯下黑"问题整治成果，着力破解"两张皮"问题，推动党建业务深度融合。激励党员发挥先锋模范作用，引导党员干部立足岗位担当作为。加强对党建工作的分类指导，有针对性地做好基层党建工作培训。统筹开展好星级达标创建、"四强"支部建设和基层党建品牌创建工作，持续深挖基层热源，努力打造在海关系统以及吉林省内知名的党建品牌。

强化准军事化纪律部队建设。拓展准军事化纪律部队内涵，组织开展"内务规范强化月"活动，深入推进岗位练兵和技能比武，锻造全面过硬的准军事化纪律部队。持续加大日常纪律作风监督检查力度，强化日常纪律作风养成。开展经常性谈心谈话，定期组织干部职工思想动态分析，提高思想政治工作的针对性和有效性。加强海关文化建设，做好海关职业精神教育，加大对先进典型的培树和宣传力度，提升职业荣誉感和归属感。组织开展群众性文化活动，营造团结和谐、干事创业的浓厚氛围。持续高标准推动文明单位、青年文明号创建工作，形成党建带创建、创建促党建的良好局面。

（八）着力建设高素质专业化干部队伍。

深入践行新时代党的组织路线，持续推进干部工作"五大体系"建设。健全处科级领导班子和干部动态分析研判机制，加大选配和调整力度，推进干部交流，大力培养选拔优秀年轻干部，加强执法一线科长队伍建设。统筹用好职级职数，巩固综合管理类、行政执法类公务员分类管理改革成果，积极推进专业技术类公务员分类改革。坚持精准施训，制订分级分类培训方案及培训计划并严格实施，着力提升干部队伍素质能力。加强专业技术领域人才培养，推进事业单位岗位设置和职称评定工作。开展机构编制调研，厘清部门职责边界，建立"动态理编"机制，进一步提升机构编制管理效能。开展选人用人监督检查"回头看"，按照海关总署部署持续整治选人用人不正之风，防止带病提拔、违规经商办企业、不担当不作为。强化正向激励，激发广大干部干事创业热情。继续做好离退休老干部服务保障工作。

（九）扎实推进党风廉政建设和反腐败斗争。

深入贯彻落实十九届中央纪委五次全会精神，坚持严字当头，做到态度不能变、决心不能减、尺度不能松。认真落实全面从严治党主体责任清单，建立党委落实主体责任检查考核机制，突出政治监督，强化派驻监督，推动严格落实主体责任、监督责任。驰而不息纠治"四风"，深化整治形式主义、官僚主义，建立健全长效机制，持续为基层减负。推进"好差评"系统应用，提升评价率，不断优化政风行风。深化"制度+科技"机制，加强内控系统应用，强化对权力运行的监督制约。加强理想信念教育和廉政警示教育，坚持举一反三，提升以案促改质量，筑牢拒腐防变的思想根基。进一步完善巡察、纪检监察、人事、督审等监督部门的协作配合机制，形成常态长效监督合力。进一步强化"四责协同"机制,用好监督执纪"四种形态",保持惩治腐败高压态势,深化打私反腐"一案双查",依法严肃查处各类违纪违法行为,一体推进不敢腐、不能腐、不想腐,深化清廉海关建设。

同志们,完成2021年的工作任务,各级领导干部是关键,对照好干部"20字"标准,下面我谈4点建议与大家共勉:

一是要增强垂直管理意识。垂直管理是海关历史发展和执法实践的必然要求,也是海关依法行政的有效保障。要从政治高度充分认识垂直管理的重要性,充分认识海关准军事化纪律部队属性,自觉维护垂直管理体制,切实遵守垂直管理要求,确保政令畅通,令行禁止,整齐划一。要树牢政治机关意识,把政治建关贯穿海关各项事业建设发展始终。要对"国之大者"了然于胸,把增强"四个意识"、坚定"四个自信"、做到"两个维护"落实到行动上。

二是要加强自身能力建设。要始终保持能力不足、本领恐慌的危机感,坚持自我完善、自我提高、自我发展,不断提高发现问题、分析问题、解决问题的能力水平;要把学习贯穿我们工作的全过程,认真研究新形势下海关工作面临的新情况新问题,不断提高政治能力、调查研究能力、科学决策能力、改革攻坚能力、应急处突能力、群众工作能力、抓落实能力,想干事、能干事、干成事。

三是要勇于担当勤奋敬业。"十四五"时期是新海关改革发展的关键时期。作为领导干部要有"功成不必在我"的政治胸怀,多做打基础、利长远的实事好事,既要做显功,也要做潜功,立足发展大局,一步一个脚印,为新海关改革发展贡献力量。要有时不我待、只争朝夕的紧迫感,马上就办,真抓实干,敢抓敢管,善抓善管,以良好的工作业绩回报组织的信任。

四是要廉洁自律做好表率。要知敬畏、存戒惧、守底线,管好种好"责任田";要以身作则,率先垂范,做到"五个必须"、防止"七个有之"。要正心明道、防微杜渐、廉洁自律、廉洁用权、廉洁齐家,弘扬忠诚老实、公道正派、实事求是、清正廉洁的共产党人价值观,以良好的政治文化涵养风清气正的政治生态,推进清廉海关建设。

同志们,2021年各项工作任务已经明确,关键在于抓好落实。让我们紧密团结在以习近平同志为核心的党中央周围,在海关总署党委的坚强领导下,坚定信心、开拓进取、齐心协力、全面履职,为更好服务吉林全面振兴全方位振兴做出新的更大贡献,以优异成绩庆祝建党100周年。

在2021年长春海关全面从严治党工作会议上的讲话

长春海关党委书记、关长　董　岩
2021年2月4日

这次会议的主题是：深入学习贯彻习近平总书记重要讲话精神和十九届中央纪委五次全会精神，认真落实全国海关工作会议和全面从严治党工作会议部署，回顾2020年长春海关全面从严治党、党风廉政建设和反腐败工作，分析形势，部署2021年工作任务。下面，我代表关党委讲三点意见。

一、2020年工作回顾

一年来，关区各级党组织不断增强"四个意识"，坚定"四个自信"，做到"两个维护"，认真落实全面从严治党部署要求，切实履行管党治党政治责任，突出政治统领，注重标本兼治，强化正风肃纪，全面从严治党、党风廉政建设和反腐败工作取得新成效。

（一）坚持政治建关，政治建设统领作用有效彰显。

"两个维护"更加坚决坚定。始终坚持把政治建设摆在首位，将贯彻落实习近平总书记重要指示批示精神作为党委会、形势分析及工作督查例会的"第一议题"，全年学习传达习近平总书记重要讲话和重要指示批示精神133件（次）。坚决贯彻落实习近平总书记关于疫情防控工作的重要指示精神，统筹推动口岸疫情防控和促进外贸稳增长工作，充分发挥各基层党组织战斗堡垒作用，长春龙嘉机场海关获评全国海关系统抗击新冠肺炎疫情先进集体，6人获评先进个人，以实际行动践行了初心使命。继续保持打击"洋垃圾"和象牙等濒危物种及其制品走私力度，做好"六稳"工作、落实"六保"任务。6个新设隶属海关顺利开关。定点扶贫的8个贫困村全部脱贫。

思想理论武装更加强化。持续深入学习贯彻习近平新时代中国特色社会主义思想，落实集中学习研讨常态化，召开党委理论学习中心组（扩大）学习会13次，传达学习内容28项。建立健全"不忘初心、牢记使命"制度，组织开展"守初心、担使命 国门卫士传承红色基因"和"不忘初心，弘扬优良家风"主题党日活动，巩固深化主题教育成果。

党内政治生活更加严肃。严格落实重大事项请示报告制度，党委委员带头落实双重组织生活，深入基层党支部联系点调研23次，解决实际问题11件次。认真开好各级党委班子民主生活会，严肃开展批评和自我批评，征集意见建议79条，制定整改措施40项。建立组织生活检查通报机制，提高制度执行力，各项组织生活质量不断提高。

（二）有效落实责任，全面从严治党责任体系更加健全。

统筹领导更加有力。党委积极发挥统揽作用，坚决扛起全面从严治党主体责任，全年17次学习研究全面从严治党工作。召开关区党的建设工作会议和全面从严治党工作会议，对关区全面从严治党工作作出部署。通过工作例会等形式对任务落实情况进行督促检查，推动62项重点任务落实落细。

落实机制更加完善。建立健全党委领导机制，制定下发党委工作规则、请示报告事项清单等制度，不断提升科学决策、民主决策、依法决策水平。制定两级党委"全面从严治党主体责任清单"，确保主体责任措施好落实、标准可量化、成效能考核。

组织建设更加扎实。深化"强基提质工程"，推进合格支部评选，选树基层党建示范品牌10个、培育品牌22个，其中4个党建品牌被评为全国海关基层党建示范、培育品牌，评选"四强"支部45个，"四强"支部示范点20个。

（三）坚持从严管理，作风建设进一步加强。

纠治"四风"驰而不息。持续落实中央八项规定精神和长春海关细化措施，健全财务审批、政府采购等相关制度，强化督导检查。深入贯彻落实习近平总书记关于制止餐饮浪费行为的重要指示精神，推动关区厉行勤俭节约、反对餐饮浪费。紧盯"四风"问题新表现、新动向，加强警示提醒，防止反弹回潮。持续整治形式主义、官僚主义，制定改进会风文风克服形式主义16条措施。

监督管理不断加强。制发长春海关工作人员外出执法廉政监督实施细则，加强外出执法廉政监督，党员干部廉洁自律意识不断增强。开展关区个人有关事项报告专项整治，加大查核比对力度，领导干部如实报告的政治自觉持续增强。组织开展处级领导干部配偶、子女及其配偶从业情况自查抽查，有效防范利益冲突。

纪律作风进一步好转。狠抓纪律作风，定期开展内务督察和日常纪律作风检查，及时通报相关问题。制定政务服务"好差评"管理制度，不断优化政务服务水平。加大明察暗访力度，推动问题整改，全面促进干部队伍作风转变，关区先进典型不断涌现，呈现出奋发向上、勇争一流的良好氛围。5个隶属海关单位获评"全国文明单位"，6个单位通过复核确认，2个科室获评"全国青年文明号"。

（四）强化标本兼治，反腐高压态势持续巩固。

思想根基更加夯实。利用《廉政教育专刊》等平台，宣传习近平总书记关于党风廉政建设和反腐败斗争的重要讲话精神，不断提高党员干部思想觉悟。开展警示教育月活动，组织关区扎实开展以案促改，对照案件查找风险点和制度漏洞。推进廉洁文化建设，制作廉政文化作品44件，广泛开展家庭助廉，营造浓厚的廉政文化氛围。

风险防控更加严密。组织开展"大调研、大排查、大培训"活动，加大对各业务条线风险排查和检查指导力度，推进问题整治，不断完善关区基础建设，防范化解各类风险。加强制度建设，制定修订52项内部管理制度。推进内控节点指标体系建设，运用"HLS2017内控平台"平台开展执法领域自查自纠，充分发挥内控机制的风险防控作用。

监督执纪更加严格。纪检监察部门不断强化政治监督，聚焦疫情防控、脱贫攻坚等重点工作落实情况开展专项监督检查。完善监察、巡察、政工、人事、督审等部门的协作配合机制，制定打私反腐"一案双查"实施细则，与地方纪委监委签署《监督执纪监察工作协作配合实施意见（试行）》，加强信息共享和联系配合，形成监督合力。

（五）深化政治巡察，各项整改任务统筹推进。

巡察规范化建设不断加强。修订巡察工作实施细则和领导小组工作规则，编制《巡察工作手册》，进一步健全巡察工作制度，规范巡察工作流程。完善巡察人员选配和动态调整机制，不断提升开展巡察工作水平。

巡察作用有效发挥。对7个隶属海关开展常规巡察，统筹部署开展关区危化品巡察，对进出口任务较重的隶属海关开展专项巡察。发现"四个落实"方面问题124个，有针对性地提出31条巡察意见建议，较好地发挥了巡察震慑、遏制、治本作用。

问题整改统筹推进。紧盯中央巡视整改、海关总署巡视整改、主题教育整改和专项整治、"灯下黑"问题专项整治等5项整改任务，落实整改情况公开报告制度，严把整改审核评估关，拓展深化整改工作成果。目前482项整改任务已整改完成375项，7项长期任务提前完成，其余均不同程度取得进展。

二、准确把握全面从严治党面临的新形势

习近平总书记在十九届中央纪委五次

全会上的重要讲话，充分肯定了过去一年全面从严治党取得的重大成果，深刻阐述了全面从严治党的新形势新任务，强调全面从严治党首先要从政治上看，不断提高政治判断力、政治领悟力、政治执行力，充分发挥全面从严治党引领保障作用，坚定政治方向，保持政治定力，做到态度不能变、决心不能减、尺度不能松，把严的主基调长期坚持下去，以强有力的政治监督，确保"十四五"时期目标任务落到实处。同时，习近平总书记指出，尽管党风廉政建设和反腐败斗争取得了历史性成就，但形势依然严峻复杂。必须清醒看到，腐败这个党执政的最大风险仍然存在，存量还未清底，增量仍有发生。政治问题和经济问题交织，威胁党和国家政治安全。传统腐败和新型腐败交织，贪腐行为更加隐蔽复杂。腐败问题和不正之风交织，"四风"成为腐败滋长的温床。腐蚀和反腐蚀斗争长期存在，稍有松懈就可能前功尽弃，反腐败没有选择，必须知难而进。党风廉政建设永远在路上，反腐败斗争永远在路上。

倪岳峰署长在2021年全国海关全面从严治党工作会议上指出，2020年海关各级党组织以习近平新时代中国特色社会主义思想为指导，坚决扛起管党治党政治责任，一以贯之、坚定不移全面从严治党、从严治关，清廉海关建设向纵深推进。今年是中国共产党成立100周年，是"十四五"规划开局之年，也是全面开启现代化建设新征程的第一年，所有工作都要围绕开好局、起好步来开展。2021年长春海关全面从严治党工作的总体要求是：以习近平新时代中国特色社会主义思想为指导，深入贯彻党的十九大和十九届二中、三中、四中、五中全会精神及十九届中央纪委五次全会精神，增强"四个意识"，坚定"四个自信"，做到"两个维护"，认真落实全国海关工作会议、全面从严治党工作会议部署，坚持稳中求进，立足新发展阶段，贯彻新发展理念，推动构建新发展格局，深入贯彻全面从严治党方针，充分发挥全面从严治党引领保障作用，把严的主基调长期坚持下去，以高质量发展为主题，坚持系统观念，一体推进不敢腐、不能腐、不想腐，持续深化清廉海关建设，锻造准军事化纪律部队，深入推进政治建关、改革强关、依法把关、科技兴关、从严治关，为新时期长春海关建设和改革发展提供坚强保证。

三、2021年主要工作任务

（一）全力推进政治建关，凝聚奋进"十四五"合力。

海关是政治机关，必须旗帜鲜明讲政治，不断提高政治判断力、政治领悟力、政治执行力，提高贯彻新发展理念的政治能力、战略眼光、专业水平。要强化思想引领。以庆祝建党100周年为契机，把学习习近平新时代中国特色社会主义思想同学习党史、新中国史、改革开放史、社会主义发展史贯通起来，引导党员干部加强党性修养，坚定理想信念。巩固深化"不忘初心、牢记使命"主题教育成果，开展"党旗在基层一线高高飘扬"活动。要坚决做到"两个维护"。全面落实"第一议题"制度，进一步完善效果评估和督查问责机制，形成学习传达督促落实的闭环链条。持续抓好常态化疫情防控、保持打击象牙等濒危动植物及其制品、"洋垃圾"走私力度、推动外贸高质量发展等各项重点工作，巩固脱贫攻坚成果，做到方向更明确、措施更有力、落实更到位。要强化政治统领。强化政治机关意识，增强政治敏锐性和鉴别力，发挥两级党委垂直管理的优势，推动党建高质量发展，把党的全面领导贯穿到促进国内国际双循环、筑牢国家安全屏障等各项工作部署中去，推动党中央关于"十四五"时期发展的重大决策部署在关区落地生根，在构建新发展格局中展现更大作为。

（二）强化政治担当，压紧压实全面从严治党责任。

推进全面从严治党，必须紧紧抓住责任制这个"牛鼻子"。要扣紧责任链条。各级党组织要明责、履责、尽责，认真落实全面从严治党主体责任清单，加强对本单位全面从严治党各项工作的领导。第一责任人要履行好职责，抓班子、带队伍，将全面从严治党工作记在心上、抓在手上、落实在行动上。班子成员要认真履行"一岗双责"，细化责任内容和工作措施，抓好责任的分解落实，围绕重点工作建立任务清单，形成一级抓一级、层层抓落实的工作格局。要夯实党建基础。围绕"讲政治、守纪律、负责任、有效率"的要求，大力创建模范机关，用实际工作检验创建成果。持续深化"强基提质工程"建设，统筹开展"合格支部"、"四强"支部、基层党建品牌创建和星级达标创建活动，加强基层党支部标准化、规范化建设，推动党建业务深度融合。要加强检查考核。加强对全面从严治党责任清单落实情况的检查考核，完善责任考核体系，督促责任落实，用好考核结果。对责任落实不到位、管理宽松软、问题多发的单位严肃问责。

（三）整治"四风"顽症，持之以恒涵养清风正气。

"四风"问题病根未除、土壤还在，必须以钉钉子精神坚持不懈抓好作风建设。要深入纠治"四风"问题。严格落实《长春海关贯彻落实中央八项规定精神、切实反对"四风"的具体措施》，从讲政治的高度持续整治形式主义官僚主义，严查享乐主义和奢靡之风，深挖"四风"问题隐形变异表现，治理不用心不务实、拖沓推诿、不担当慢作为等问题，加大通报曝光力度。严格落实"过紧日子"要求，开展节约型机关创建行动，对公款吃喝、餐饮浪费等歪风陋习露头就打、反复敲打。各级领导干部要以上率下，自觉反对特权思想和特权行为，严格管好家属子女，严格家风家教。要健全基层减负常态化机制。进一步加强对检查考核的统筹，继续保持对精文简会的刚性约束，提高文件会议质量和效能。开展"指尖上的形式主义"排查，合理优化学习培训，着力解决政策执行"一刀切"、层层加码问题，深入开展基层减负工作。要强化政风行风建设。继续深化"放管服"改革，大力推进"单一窗口"建设，扎实推进跨境贸易便利化专项行动，加强事业单位进出口环节涉企收费管理，持续优化口岸营商环境。组织"我为群众办实事"主题实践活动，用好12360服务热线，推进"好差评"系统应用，通过强化外部监督，增强服务意识，转变工作作风，提升企业和群众办事便利度和获得感。

（四）激励约束并重，全力推进准军事化纪律部队建设。

海关是准军事化纪律部队，必须以更高标准、更严要求，推进准军事化纪律部队建设向纵深发展。要强化纪律作风养成。落实准军事化海关纪律部队建设的新要求，加强仪式教育，强化号令意识，做到令行禁止。狠抓日常养成，灵活开展视频检查，继续开展"内务规范强化月"活动，健全日常纪律作风检查长效机制。巩固深化大调研大排查大培训成果，聚焦实战实训，重点针对基层业务一线开展练兵比武，提高干部职工把关服务的能力素质。要坚持从严管理。加强干部监督管理，进一步规范领导干部配偶、子女及其配偶从业行为，加强领导干部个人事项报告情况核查，严防个人有关事项申报不实等问题。深化运用监督执纪"四种形态"，特别要用好第一种形态。加强日常管理和监督，抓早、抓小、抓苗头，常态化纠治酒驾醉驾问题。要切实保障党员权利。落实"三个区分开来"和容错纠错机制，严格执行党员权利保障条例，做好受处分人员回访教育工作，帮助受处分人员提高思想认识，放下包袱轻装上阵。严肃查处诬告陷害行为，对失实检举控告及时澄清正明。要加强正面激励。注重在疫情防控等重大关头、关键时刻考察识别干部，树立正确选人用人导向，激发党员干部干事创业内生动力。持续推动精神文明建设，加强海关文化建设，大力弘扬伟大抗疫精神、劳模精神、工匠精神，开展优秀共产党员、优秀党务工作者和先进基层党组织评选活动，积极培育新时代海关职业精神。注重人文关怀和心理疏导，加大对艰苦边关的支持保障力度，丰富边关一线关警员业余文化生活。

（五）规制权力运行，完善廉政风险防范机制。

把权力装进制度的笼子，必须加大源头治理力度，规范和限制权力运行。要继续优化制度体系建设。将深化改革与建章立制同步进行，构建系统完备、管用适用的关区制度体系，有效梳理工作规范，不断优化管理模式，提高权力运行法治化水平。持续推进权责清单编制，进一步明晰和理顺各级、各部门的事权。要加强对重点领域风险防控。推动进境托运行李物品"先期机检"改革,推广旅检"无感通关"模式,加强进出境邮递物品管理系统、全国边民互市贸易管理系统应用,做到查验全流程"进系统、留痕迹、可追溯"。推进集中联网审像与智能审图应用,强化监控指挥体系建设,提高两级指挥中心监控能力和应急处突能力。推进海关大数据建设,加强跨部门风险联合研判,提高精准识别和处置风险能力。要高度重视非执法领域风险。持续加强对财务管理、招标采购、信息化建设、基建工程等重点环节的管控,加强实验室建设项目、疫情防控卫生检疫物资购置等监督,进一步规范企事业单位管理。强化网络安全建设,加强关键核心人员管理监督,确保数据安全。要强化督察内控工作。精准督察,规范审计,进一步发挥督察、审计、执法评估的纠偏作用。加强内控事前防范作用,推动内控节点、HLS2017内控平台实际应用,进一步压紧压实"基层自控、职能监控"责任,防范执法风险向廉政风险转化。

(六)坚持问题导向,持续深化政治巡察。

巡视巡察是全面从严治党的重要举措和加强党内监督的战略性制度安排,必须坚守政治巡察定位,坚持问题导向,紧盯关键少数,查找政治偏差。要提升巡察工作质效。高质量推进关区巡察全覆盖,统筹运用好常规、专项等巡察方式,年内完成对隶属海关单位的巡察全覆盖,对机关部门开展专项巡察,切实发挥好巡察"发现问题、形成震慑,推动改革、促进发展"的作用。要形成常态长效的监督合力。坚持建立有效联动的监督网,进一步完善巡察与纪检监察、人事、督审等监督部门的协作配合机制,共享共用信息、资源、力量、手段和监督成果。要加强巡察队伍建设。统筹安排巡察力量,切实提高履职能力和工作水平。对巡察干部队伍库进行动态调整,将业务一线优秀科长纳入巡察干部队伍库,探索建立巡察干部培养工作机制,打造过硬巡察队伍。要深化巡视巡察整改落实。把"四个融入"作为深化整改工作的根本遵循,依托整改落实推进管理系统,统筹各项整改整治任务一体推进,完善整改评估机制,细化整改评估标准,常态化抓好整改任务落实,切实推动整改成果落地见效。

(七)坚持惩防并举,一体推进不敢腐、不能腐、不想腐。

把"严"的主基调长期坚持下去,必须始终保持惩治腐败高压态势,做到系统施治、标本兼治。要筑牢思想防线。加强正面典型引领和反面警示教育,让党员干部心有所畏、言有所戒、行有所止。开展案件审查时同步启动以案促改,及时督促关区各单位举一反三,排查风险隐患,堵塞制度漏洞,做好以案促建、以案促治等"后半篇文章"。推进廉政文化建设,结合工作实际和岗位特点,深入挖掘具有时代特征、业务特色的廉洁文化品牌，弘扬廉洁正能量。要强化监督责任。突出政治监督，做实做细日常监督，聚焦党中央重大决策部署、全面从严治党责任落实等方面，坚持从政治上发现、纠正和处置问题。加强对"关键少数"的监督，严格执行对下级领导班子及其成员的监督办法，有效破解"一把手"监督、同级监督难题。充分发挥派驻纪检组"派"的权威和"驻"的优势，推动监督下沉、监督落地，切实打通全面从严治党"最后一公里"。要加大执纪审查力度。深入推进"一案双查"，规范问题线索移交、案件办理反馈等工作机制。坚持无禁区、全覆盖、零容忍，持续用力削减存量、遏制增量，严肃查处受贿索贿、以权谋私、参与放纵走私等腐败问题；聚焦"小微权力"，大力整治推诿扯皮、吃拿卡要等群众身边腐败和不正之风问题。对顶风违纪、不收敛不收手的发现一起、查处一起，对相关领导一律严肃追责问责。

新形势需要新担当，新征程呼唤新作为，让我们更加紧密地团结在以习近平同志为核心的党中央周围，按照海关总署党委部署，以永远在路上的坚韧和执着，锲而不舍，一以贯之，持续深化清廉海关建设，铸造准军事化纪律部队，为长春海关建设和改革发展提供坚强保证，以优异成绩向建党100周年献礼！

第二篇 专记

长春海关庆祝中国共产党成立100周年和党史学习教育

长春海关党委坚持把庆祝中国共产党成立100周年和党史学习教育作为重大政治任务，深入学习贯彻习近平总书记关于党史学习教育重要讲话和重要指示批示精神，在海关总署（以下简称"总署"）党委的坚强领导下，坚决扛起主体责任，按照学史明理、学史增信、学史崇德、学史力行的要求，高标准、高质量抓好任务落实，达到了学党史、悟思想、办实事、开新局的目的。

一、履行政治责任，扎实有序开展党史学习教育

（一）深入学党史，持续深入抓好理论武装。

两级党委通过召开党委会、党委理论学习中心组学习等形式，第一时间学习习近平总书记在党史学习教育动员大会、庆祝中国共产党成立100周年大会、党的十九届六中全会上的重要讲话精神，党委会学习24次、理论学习中心组（扩大）学习20次，交流研讨139人次。各级党组织结合"三会一课"、主题党日、开展庆祝中国共产党成立100周年活动等形式深入学习党史，通过组织党史知识竞赛、讲微党课、现场教学等方式，推进党史学习持续升温。用好红色资源，深入开展"学习党史、缅怀先烈、感怀党恩"主题系列活动，组织党员干部赴四平战役纪念馆等红色教育基地学习党史、缅怀先烈，开展"学史•铸魂"海关红色讲坛102期。广大党员干部坚持读原著、学原文、悟原理，认真研读党史学习教育指定学习书目，不断深化对习近平新时代中国特色社会主义思想的理解把握，进一步加深对党百年奋斗历史的认识和感悟。

（二）突出悟思想，走好"两个维护"第一方阵。

各级党组织始终把学习贯彻习近平新时代中国特色社会主义思想放在首位，分层分类抓好党员干部的思想教育和理论武装，推动党员干部学深悟透笃行习近平新时代中国特色社会主义思想，自觉用党的创新理论武装头脑、指导实践、推动工

作。各级领导班子成员、基层党组织书记围绕党史学习教育开展专题党课511次，制作优秀党课微视频14期，长春海关"凝心聚力学党史，砥砺奋进新征程"微党课被总署采用并在"钉钉"平台展播。开展热烈庆祝中国共产党成立100周年系列活动，组织"巾帼心向党，巧手送祝福"剪纸、VR学党史、"老物件忆初心"传唱红色经典等活动100余次。组织深入学习宣传党的十九届六中全会精神，通过集中学习，交流研讨，举办读书班、宣讲会等方式，进一步引导党员干部树立正确党史观，弘扬伟大建党精神，充分认识"两个确立"的决定性意义，自觉从党的百年奋斗经验中汲取智慧和力量，进一步增强"四个意识"、坚定"四个自信"、做到"两个维护"，始终在思想上政治上行动上同以习近平同志为核心的党中央保持高度一致。通过微信、网络报纸等载体，宣传经验做法成效，稿件被省部级媒体采用63篇，被总署政工办采用107篇，取得了良好的宣传效果。

（三）坚持办实事，深入解决"急难愁盼"问题。

各级党组织认真落实党史学习教育的实践要求，把"我为群众办实事"实践活动作为党史学习教育重要内容，推动形成长春海关两级党委重点民生项目台账，其中长春海关党委重点民生项目台账19项63个具体问题，隶属海关党委重点民生项目台账134项270个问题。深入践行"人民海关为人民"理念，结合海关职责职能，实施"国门安全、便民利企、暖心聚力"3项工程，积极为企业、群众办实事解难题。各级党员领导干部深入开展调研，主动走进地方政府、走进服务对象、走进基层一线，切实找准海关在落实新发展理念、构建新发展格局中需要改进提升的问题，找准企业、群众最急最忧最盼的问题，找准基层干部职工关心关注的问题，制定"我为群众办实事"实践活动推进事项台账40项，想办法、出实招，解决了588个具体问题，企业、群众的获得感、幸福感、安全感进一步增强。两级党委重点民生项目完成率达到100%，长春海关2项办实事项目入选全国海关"百佳项目"。

（四）聚焦开新局，确保各项任务落地落实。

成立党史学习教育领导小组，对关键环节、重要事项及时研究，明确要求。成立2个党史学习教育巡回指导组，采用线上线下多种方式实现全过程、全覆盖跟踪问效。召开党史学习教育推进会，开展阶段性总结评估，确保组织到位、责任落实到位。坚持规定动作与自选动作相结合，建立"五学联动"学习机制、"12345"管理模式、"四联两促"工作机制等具有长春海关特色的工作法，推动党史学习教育各项任务落地落实。巩固拓展"强基提质工程"，推动"四强"支部建设，大力培树宣传先进典型，各级党组织的凝聚力、战斗力不断增强。

二、突出求真务实，推动党史学习教育取得明显成效

（一）坚持学史明理，走好"两个维护"第一方阵的自觉性和坚定性进一步增强。

通过党史学习教育，广大党员干部深刻感悟党的百年奋斗历史成就，深刻领会"两个确立"的决定性意义，进一步增强对习近平新时代中国特色社会主义思想的政治认同、思想认同、理论认同、情感认同。政治机关意识进一步强化，坚决落实习近平总书记关于口岸疫情防控、打击象牙等濒危动植物及其制品走私、打击"洋垃圾"走私等重要指示批示精神，始终在政治立场、政治方向、政治道路上同以习近平同志为核心的党中央保持高度一致。

（二）坚持学史增信，推动海关工作高质量发展的积极性进一步增强。

通过党史学习教育，广大党员干部深入学习领会党的十九届六中全会精神，坚持用党百年奋斗的伟大成就和宝贵经验鼓舞斗志、明确方向。全面落实推动高质量发展的部署要求，支持"长吉图""东北振兴"等国家战略和"十四五"时期新一轮重点任务落地，持续优化口岸营商环境，支持边境贸易创新发展和转型升级，全面助力吉林高水平开放、高质量发展。

（三）坚持学史崇德，做新时代国门卫士的自觉性进一步增强。

通过党史学习教育，广大党员干部深入贯彻落实总体国家安全观，坚持统筹发展和安全，牢固树立底线思维，毫不放松抓好常态化疫情防控。在开展口岸疫情防控、落实重大改革任务、维护国门安全、优化口岸营商环境等重大工作任务中，广大党员干部走在前、干在先、做表率，充分发挥先锋模范作用。

（四）坚持学史力行，"人民海关为人民"的理念进一步增强。

将党史学习教育同"我为群众办实事"实践活动结合起来同步推进，全面摸排了解企业困难，畅通企业协调员机制，切实为企业办实事解难题。在实事项目推进落实中，逐渐形成"发现一个问题解决一类问题、用好一项政策服务一批企业、办成一件实事温暖一片人心"的"我为群众办实事"工作机制。

一是发现一个问题解决一类问题，提高解决"精准度"。长春海关所属绿园海关保税核批科党支部在调研中发现企业加工贸易手册核销后无法在税务出口退税平台确认全部信息的问题，按照"发现一个问题解决一类问题"的办实事工作机制，针对长春关区进料加工企业出口退税问题，制定专题调研实施方案，开展广泛调研，发现辖区10家加贸企业遇到过类似的问题。保税核批科党支部迅速开展综合研判，将问题梳理为3种类型，通过协调有

关部门单位，顺利解决 10 家企业 17 本进料加工手册的数据缺失问题。问题解决后，组织专人对此次办实事过程进行经验总结，针对企业出口退税环节数据传输不畅问题，制发操作指引，真正做到"发现一个问题解决一类问题"。

二是用好一项政策服务一批企业，提高服务"满意度"。根据国家对重大技术装备进口税收政策的有关规定，长春海关聚焦"便民利企"工程，联系关区企业，为企业提供城市轨道交通项目享受的返税政策文件的解读和适用依据，并专题专项的实际走访企业，建立"一对一"政企协调机制，明确专人对接；对于办理有关退税手续中遇到的相关舱单和申报企业原注册代码注销等问题，及时协调有关职能部门和业务现场，保证企业退税严谨、高效、顺利开展。

三是办成一件实事温暖一片人心，提高落实"质量度"。将学党史与办实事相结合，开展"巾帼心向党"活动，充分发挥女性党员优势，组建长春海关"机关妈妈"服务队，与长春市海口社区开展"双百共建"活动帮扶困境儿童，关爱困境儿童的健康成长和成才，推动红色基因在青少年心中落地生根。口碑就是实力，走进社区活动得到社区干部、学校老师、家长们的一致好评，真正做到"办成一件实事温暖一片人心"。

一年来，广大党员干部经受了全面深刻的政治教育、思想锤炼、精神洗礼，各级党组织的创造力、凝聚力、战斗力持续提升。关区上下全面贯彻习近平新时代中国特色社会主义思想，大力弘扬伟大建党精神，以更加坚定的历史自信和更加强烈的政治自觉走好奋进新征程、建功新时代的赶考之路，为全面建设社会主义现代化强国做出海关新的更大贡献，以优异成绩迎接党的二十大胜利召开。

（撰稿人：赵 娜）

长春海关学习贯彻党的十九届六中全会精神

长春海关党委将学习宣传贯彻党的十九届六中全会精神作为当前和今后一个时期重要政治任务，认真落实总署党委和吉林省委关于学习宣传党的十九届六中全会精神的要求，扎实做好党的十九届六中全会精神学习宣讲工作。

一、党委高度重视，认真组织学习全会精神

长春海关党委第一时间召开党委会、党委理论中心组（扩大）学习会议，认真传达学习习近平总书记重要讲话和党的十九届六中全会精神，党委委员带头交流学习体会，对关区学习宣传贯彻工作进行研究部署。召开长春海关党委理论学习中心组（扩大）学习会暨党的十九届六中全会专题学习班，党委书记、关长带头讲党课，深入宣讲习近平总书记在党的十九届六中全会上的重要讲话精神和《中共中央关于党的百年奋斗重大成就和历史经验的决议》，引导广大党员干部深刻理解总结党的百年奋斗重大成就和历史经验的重大意义，深刻领会"两个确立"对新时代党和国家事业发展的决定性意义，深刻感受党百年奋斗的初心使命和重大成就，深刻认识中国特色社会主义进入新时代的历史性成就和历史性变革，深刻领悟党百年奋斗的历史意义和历史经验，深刻把握以史为鉴、开创未来的重要要求。举办4期处、科级干部学习贯彻党的十九届六中全会精神集中轮训，539名处、科级干部参训。及时制发通知，组织关区各部门单位学习党的十九届六中全会精神，多角度、多渠道、多层面宣传全会精神，在关区范围内营造"大学习"的浓厚氛围。党委成员深入分管条线和所在党支部宣讲全会精神，引导党员干部不断提高政治判断力、政治领悟力、政治执行力，自觉把"两个确立"转化为做到"两个维护"的思想自觉、政治自觉、行动自觉，做忠诚国门卫士。建立"领导干部带头学、中心组系统学、对标对表跟进学、网络平台辅导学、感悟心得交流学"的"五学联动"机制，深入学习党的十九届六中全会精神。举办专题辅导讲座，邀请吉林省委党校专家宣讲解读党的十九届六中全会精神，引导广

大党员干部以知促行、以学促干。

二、丰富学习形式，抓好全会精神学习全覆盖

各级党员干部结合到基层调研活动，带头向基层关员宣讲阐释全会精神，带头讲好党课，推动全会精神在基层落地落实。各党支部结合"三会一课"、主题党日等形式开展集中宣讲活动，党支部书记带头宣讲全会精神，带头分析学习体会。通过开展"班车课堂""会前十分钟"微党课等方式，组织党员宣讲全会精神，形成"学、悟、讲、做、比"的生动局面，推动党史学习教育入脑入心、走深走实。参加地方组织的各类宣讲活动，主动对接地方党校等培训机构，派员参加学习培训，充分利用社会培训资源，扩大学习覆盖面。组织各基层党组织持续抓好全会精神的宣讲工作，通过"党委+支部""线上+线下"等方式，深入开展"小讨论、小辨析、小交流"等活动，持续开展全会精神的宣讲活动。将学习宣传全会精神作为今后一段时间重点工作内容，组织各级领导干部亲自抓、带头讲，主动参加所在党支部的学习讨论，带动广大干部深入学习。统筹宣传力量和资源，多角度、多渠道、多层面宣传解读全会精神，发挥长春海关"学习宣传贯彻党的十九届六中全会精神"专栏作用，及时刊发中央媒体有分量的理论文章和深度报道以及各部门、单位学习心得体会和经验做法。加强信息宣传，及时利用系统和地方各类宣传阵地和载体，宣传长春海关学习宣传举措和成效，营造浓厚氛围，对外扩大社会影响。

三、坚持以学促行，结合关区实际落实全会精神

将学习宣传贯彻党的十九届六中全会精神与开展党史学习教育相结合，与深入推进"我为群众办实事"实践活动相结合，紧密结合关区工作实际，认真开展"学党史、转作风、办实事"活动，对标对表、强化落实，确保全会各项决策部署落地见效。坚决落实习近平总书记关于口岸疫情防控、打击象牙等濒危动植物及其制品走私、打击"洋垃圾"走私等重要指示批示精神，始终在政治立场、政治方向、政治道路上同以习近平同志为核心的党中央保持高度一致。全面落实推动高质量发展的部署要求，积极支持"长吉图""东北振兴"等国家战略和"十四五"时期新一轮重点任务落地，持续优化口岸营商环境，支持边境贸易创新发展和转型升级，全面助力吉林高水平开放、高质量发展。毫不放松抓好常态化新冠肺炎疫情防控，坚决做好口岸疫情防控、重大改革任务、维护国门安全、优化口岸营商环境等重大工作任务，在持续优化口岸营商环境、压缩进出口货物整体通关时间、推动对外开放平台建设、支持重点产业扩大进出口等方面积极释放改革红利。

（撰稿人：赵　娜）

长春海关助力乡村振兴工作

长春海关党委坚持以习近平总书记关于乡村振兴重要指示批示精神为引领，认真贯彻落实总署党委和吉林省委省政府关于乡村振兴工作的各项部署，扎实有序助力乡村振兴工作。目前，长春海关负责配合吉林开放大学包保帮扶集安市城东街道太王村；延吉海关定点帮扶汪清县河南村；珲春海关定点帮扶英安镇新地方村；图们海关定点帮扶月晴镇笠峰村；白城海关定点帮扶金祥乡新建村；通化海关定点帮扶集安市山城村；长白海关协助帮扶马鹿沟镇马鹿沟村。选派11名干部驻村工作，其中3人担任第一书记。

一、坚持党建引领，凝聚乡村振兴合力

(一) 提高政治站位。

关党委高度重视乡村振兴工作，通过召开党委会、理论学习中心组学习等形式，深入学习领会习近平总书记关于乡村振兴系列重要指示批示精神，从增强"四个意识"、坚定"四个自信"、做到"两个维护"的政治高度，将助力乡村振兴工作作为一项重大政治任务，切实增强海关助力乡村振兴的责任感、使命感和紧迫感。

(二) 加强组织领导。

坚持关区乡村振兴"一盘棋"思想，形成"上下衔接、协调联动、聚力推进"的工作格局。关党委定期召开会议研究帮扶工作，听取乡村振兴工作汇报，对乡村振兴工作情况进行安排部署。主要负责同志带头深入定点帮扶村调研，指导和帮助驻村工作队开展工作，及时帮助解决存在的困难和问题。

(三) 突出党建引领。

将党建与乡村振兴工作深度融合，推行"党建+帮扶"模式，进一步落实帮扶责任，建立完善驻村及定点扶贫工作制度，形成上下贯通，责任到底，合力攻坚的责任体系。选派政治素养高、业务能力强的党员干部担任驻村干部，驻村开展工作。

二、聚焦精准帮扶，发展特色产业项目

(一) 精准制定帮扶举措。

按照定点帮扶村的实际，坚持精准施策，实行"一人一户一策"，产业、就业、

创业"三业联动"的模式，切实提高定点帮扶工作的精准度和实效性，确保帮扶资金和政策精准落实到村、到户、到人。开展"村民夜校"等活动，宣传党中央关于乡村振兴工作的决策部署，宣讲国家的惠民政策和劳动致富的先进典型，激发村民致富的内生动力。

（二）发展特色产业项目。

根据定点帮扶村实际，因地制宜发展特色产业项目，累计申请78万元专项资金，发展寒羊、黄牛、中华蜂养殖和不老莓种植等特色产业项目，确保每个定点村都有符合地域特色的增收项目。利用"公益海关"等线上平台，开展"第一书记代言"等活动，帮助村民销售农产品，帮助销售滞销苹果20余万斤，大米6万斤，生猪300余头，为村民避免经济损失近100万元。

（三）支持教育助力脱贫。

依托海关专业优势，组织专业人员对村民进行农业技术指导，通过集中观看视频学习、参观先进村、经验交流等方式，加大对乡村振兴方针政策、科技知识、市场信息等方面的培训力度。联合兄弟海关、社会企业及爱心人士一对一帮扶贫困学生，帮助贫困学生就读职业院校。

三、关注民生工程，打牢乡村振兴根基

（一）加强基础设施建设。

聚焦"两不愁，三保障"，全面加强基础设施建设，大力改善村民居住条件，协调资金用于村水、电、路等基础设施建设。开展"美丽乡村"建设工作，组织机关干部到定点帮扶村开展义务劳动，帮助村民开展植树、粉刷外墙和扫雪等活动，持续美化村容村貌。开展爱国卫生运动，发动村民做好环境卫生整治，展现新农村新风貌。

（二）扎实做好疫情防控。

组织驻村干部广泛宣传新冠肺炎疫情防控知识，发放宣传资料、口罩、消毒液等疫情防控物资，帮助村民代买药物及生活物资130余次。成立"党员突击队"严格开展排查管控工作，累计排查6,000余人次。及时了解疫情对群众生产生活、就业务工、项目增收带来的影响，协助村"两委"谋划产业项目，确保疫情防控与乡村振兴"两不误"。

（三）加强乡村文化建设。

不断丰富文化生活，组织修建村民文化活动室和文化休闲广场4个，定期组织村文艺队开展群众性文体活动。累计捐赠图书200余册，建立村图书活动室3个，免费为村民提供农牧养殖、政策法规宣讲等科普读物。邀请文化艺术团开展文艺下乡活动，丰富村民业余文化生活，增强村民幸福感。

（撰稿人：刘俊峰）

长春海关筑牢口岸防线统筹新冠肺炎疫情防控工作

2021年，长春海关坚决贯彻落实习近平总书记关于疫情防控工作的重要指示批示精神，毫不动摇坚持"外防输入、内防反弹"总策略，扎实推进"人、物、环境"同防、"多病共防"，持续强化口岸疫情防控措施，织密织牢立体防控网络，口岸疫情防控工作取得阶段性成果。关区广大干部职工勇挑重担、无畏前行，奋战在一线、与病毒直接作战人员400余人，检疫监管出入境人员8万人，采集样本检测2.89多万人份；对进口商品新冠病毒核酸监测工作抽检货物1,735批，抽检样品3.2万多个。

一、坚决扛起疫情防控政治责任

长春海关党委切实扛起政治责任，全面统筹长春关区疫情防控工作。加强对疫情防控统一领导、统一指挥，组织召开统筹口岸疫情防控和促进外贸稳增长工作指挥部会议42次，第一时间学习习近平总书记关于疫情防控最新指示批示精神，传达国务院、总署和吉林省有关工作部署，及时听取关区疫情防控工作汇报，分析研判形势、推动工作落实，确保疫情防控应急指挥体系始终处于激活状态。建立关领导与口岸隶属海关疫情防控重点联系机制，发挥"指挥部+现场"两级监控指挥中心管控作用，指挥部各工作组各司其职、密切协作、上传下达、督导检查，形成疫情防控合力。做好疫情防控人力资源保障，持续优化完善关区"一线、预备、应急"三支梯队建设，先后向所属长春龙嘉机场海关、珲春海关派出70余人支援口岸一线疫情防控工作。持续加强疫情防控监督检查和应急演练，充分发挥"监控指挥中心+"的作用，对入境航班100%开展视频监控督导，对陆路口岸开展每日视频监督检查，及时发现解决各口岸存在的问题和短板。加强常态化疫情防控培训，坚持"平战结合"，强化实操培训和实战演练，做到"法定职责清单化、作业指引手册化、防护指南图示化、应急处置程序化"，确保一线人员熟练精准掌握疫情常态化防控各环节作业要求，不断提升口岸现场指挥协调和应急处置能力水平。

二、不折不扣落实口岸检疫监管措施

严格落实"四早"要求，及时发现、快速处置、精准管控、有效救治，牢牢把握新冠肺炎疫情防控工作的主动权。加强疫情信息搜集跟踪研判，成立关区陆上邻国新冠肺炎疫情防控工作专班，进一步做好陆上邻国疫情研判预警相关工作。坚持标准不降，力度不减，规范做好登临检疫、体温监测、健康申明卡核验、医学巡查、流行病学调查和采样检测，全面排查所有入境旅客涉疫风险。持续优化陆路口岸检疫流程，结合口岸通关和作业模式等实际情况，按照"一口岸一方案"原则，细化明确关区各口岸疫情防控工作方案，确保工作节点全面、部门职责明确、责任链条清晰。压实航空公司、口岸运营者、医疗废弃物集中处置单位等有关方面主体责任，做好入境客运航空器终末消毒和固液体废弃物处理监督工作。

持续强化口岸入境运输工具及货物特别是冷链食品和高风险非冷链集装箱货物检疫监管，严格执行"客停货通""人货分离"等措施，推动地方政府推广"甩挂""接驳""吊装"等非接触式货物交接模式，最大程度防范疫情外溢风险。严格做好进口冷链食品和进口高风险非冷链集装箱货物抽样检测和预防性消毒监督工作，不断完善进口冷链食品疫情防控机制。配合总署相关部门做好对境外输华食品生产企业的视频检查，严格执行总署对相关境外食品生产企业采取的紧急预防性处置措施，推动形成源头管控共识。严防埃博拉病毒病、鼠疫、黄热病、中东呼吸综合征、拉沙热等重大传染病，坚决防止疫情叠加。

三、持之以恒抓好安全防护工作

从严就高做好一线工作人员个人防护，成立个人安全防护工作专班，严格监督检查确保规范操作。健全完善"培训考核、监督管理、自查督查"的"三位一体"安全防护体系，严格落实"岗前检查、工作巡查、全程督查""双人作业、互相监督"的"3+2"安全防护监督制度。严格履行内部防控主体责任，建立健全内部防控制度，统筹做好常态化疫情防控和局部应急处置。密切关注国内疫情形势变化，对疫情发生地区第一时间启动风险排查触发机制，全力做好疫情风险地区返（来）吉人员主动排查管控。有序推进疫苗接种工作，加快推进新冠病毒疫苗加强免疫接种，筑牢免疫屏障。切实关心爱护一线人员，优化完善防护设施装备和监管检疫作业流程，降低疫情防控一线人员感染风险。在从严落实"14+7+7""两点一线""一天一检"等封闭管理措施的同时，统筹安排疫情防控一线人员封闭管理周期，确保一线人员及时轮休、调休、补休。

四、持续强化与属地联防联控机制协同配合

加强与属地相关部门联系配合,与吉林省卫健委签订全面加强核酸采样检测工作协议,实现采样共担、检测互委、信息互通、结果互认,确保入境人员有效管控。严格落实国务院联防联控机制有关疫情防控部署要求,厘清责任边界,依法履行海关检疫职责。健全完善口岸检疫闭环,将口岸防控工作有机融入到地方联防联控机制整体链条中,在入境人员移交、信息通报等方面持续深化协作配合,做到无缝对接、闭环管理。加大口岸联防联控力度,积极参与省级疫情防控7个工作组及口岸城市防控专班,从海关职能角度提出多条防控建议,有效扎紧疫情防控闭环,凝聚防控整体合力。

(撰稿人:王文彧)

长春海关促进外贸稳增长工作

2021年，长春海关深入贯彻习近平总书记考察吉林重要讲话和重要指示精神，落实党中央、国务院关于促进外贸稳增长的决策部署，立足吉林省外贸实际，突出沿边特色和产业特点，认真落实"放管服""六稳"等部署，优化口岸营商环境，助力吉林省对外贸易高质量发展。2021年吉林省货物贸易进出口总值1,503.8亿元，比上年增长17.3%，创2015年以来新高。

一、强化政策研究，落实创新举措

长春海关密切跟踪国家宏观调控政策的调整变化，加强对海关政策法规的研究和解读，聚焦"放管服"改革优化口岸营商环境、对外贸易创新发展、跨境贸易指标、重点商品、区域全面经济伙伴关系协定（RCEP）等课题研究，不断健全政策预研储备机制。先后制定各类支持地方外贸发展政策举措175项，通过新闻发布会、政策宣讲会，对涉及促进跨境贸易便利化、知识产权海关保护、跨境电商、AEO（"经认证的经营者"）互认、RCEP等政策法规进行宣传解读，释放海关政策红利，使广大进出口企业充分享受各项海关优惠政策。长春海关持续推广"两步申报""提前申报""先放后检"及海关税款担保改革。2021年，实现对航空、水路、铁路、公路等主要运输方式的"两步申报"全覆盖，长春关区"两步申报"报关单9,886票，"两步申报"应用率16%，同比增长94%。"提前申报"报关单3.06万票，"提前申报"应用率35%，同比增长17%。长春海关对吉林省进口的铁矿采取"先放后检"检验监管方式，先放后检进口铁矿13批2万吨。实施以企业为单元的税款担保改革，实现一份担保可以同时用于多项税款担保业务，2021年为11家进出口企业办理税款担保备案，金融机构提供担保金额达56.5亿元。2021年，长春关区进出口货物整体通关时间分别为31.82小时和0.74小时，与2017年全年相比，进口压缩比为61.36%，出口压缩比为87.56%。长春海关2021年度进出口货物整体通关时间均快于全国平均水平，圆满完成国务院确定的"到2021年底整体通关时间比2017年压缩一半"的目标任务。

二、优化政务服务，提升行政效能

长春海关推进政务服务管理规范化，加强实体政务服务大厅和"一个窗口"建设，着力打造"办事不求人、审批不见面、最多跑一次"的政务服务环境，实现一个政务服务大厅受理海关所有政务服务事项，实现企业、群众到海关办事"一门、一次、一网"的工作目标。2021年，长春海关规范梳理政务服务事项55项，形成政务服务事项目录清单，明确设定依据、办理流程、受理办理单位等信息并对外公布，便利相对人办理海关业务。开展"证照分离"改革，按照直接取消审批、审批改为备案、实行告知承诺、优化审批服务等方式，推动12项行政审批事项分类改革，通过深入推进"双随机、一公开"监管、实施差异化监管措施、健全监管规则、明确监管重点等手段创新和加强改革事项事中事后监管。对接吉林省政务服务事项管理平台，实现海关企业信息、统计月报、行政审批和处罚等12项数据信息共享。建设数据共享交换子系统项目，打造信息共享、执法互助、方便快捷的监管信息共享系统，实现在海关、商务、市场监管等部门之间的共享共用，让数据多跑路，让群众少跑腿。

三、打造开放平台，畅通贸易通道

长春海关积极支持中欧班列（长满欧）发展，鼓励企业在属地办理清关手续，减少口岸滞留时间；支持企业舱单归并，减少报关次数；精简中欧班列出口企业随附单证，出口报关单免于提交合同、发票、装箱清单等措施，降低企业成本；实施"两段准入"监管，提升监管效能；充分发挥联网集中审像中心作用，推广智能审图，确保随到、随检、随放，有效提升货物通关效率。长春海关积极支持吉林省开行的第二条国际铁路联运大通道"长珲欧"出境班列开通运行，提前介入为货物运抵及俄方板车入境对接做好前期工作，充分发挥科技设备效能，加强H986设备的应用，加快验放速度。通关环节采用"一体化"通关模式，国内运输环节使用非海关监管车辆，全程铁路运输，大幅降低运输成本。2021年4月30日，首列载有108个标准集装箱汽车零部件等货物的"长珲欧"班列从珲春铁路口岸出境，该班列以长春为起点，从珲春铁路口岸出境，经由俄罗斯，最终抵达波兰、德国等欧洲腹地，运行全长约7,100千米。2021年，长春海关监管"长满欧""长珲欧"承运进出口货物达11,336标箱、10.2万吨。

四、聚焦特色产业，助力企业发展

长春海关始终坚持对吉林省汽车产业的支持，充分利用海关特殊监管区域对外开放平台优势，促进汽车产业高质量发展。2021年，长春海关克服新冠肺炎疫情影响，充分利用综合保税区"分送集报+汇总征税"政策叠加优势，有效保障汽车零部件产业链供应链稳定。为减轻企业资金压力，对一汽集团红旗、解放等自主品牌汽车出口采用"入区退税+班列运输"监管模式，进入综合保税区车辆即可享受出口退税并在综合保税区内存储，根据企业海外实际销售需求，即时办理出区业务，增大企业灵活自主选择空间。针对长春兴隆综合保税区内汽车零部件企业"小批量、高频次"贸易实际，帮助企业实现货物分批出区、汇总申报，有效缓解企业因海运、空运物流紧张带来的压力，降低物流成本，提升通关效率及企业全链条竞争力。会同地方政府强化政策研究，推动整车保税存储、整车平行进口等具有吉林省特色的差别化创新。充分发挥企业协调员、关企联络员机制，通过实地走访，了解企业进出口生产困境和需求，为多方企业搭建沟通平台，帮助吉林省汽车企业解决货物仓储和缓税的难题，指导物流企业仓库增容，改进软硬件设施，助力企业抢占商机。2021年，长春关区汽车（包括底盘）进口总值220亿元，比上年增长48%，汽车零配件进口总值343.3亿元，增长7.7%。

（撰稿人：王　琪　张　健）

长春海关打击走私重点专项工作

2021年，长春海关坚决贯彻落实习近平总书记关于打击走私工作的重要指示批示精神，深入贯彻落实总署党委关于加强打私工作"1+6"文件精神，持续强化专业打私，落实海关全员打私，推动多警种合成打私，深化反走私综合治理，全力开展"国门利剑2021"系列专项行动，坚决维护边境地区政治安全和社会大局稳定。

一、坚决贯彻落实习近平总书记重要指示批示精神，"国门利剑2021"取得新战果

长春海关准确把握新冠肺炎疫情防控常态下打私工作面临的新形势，围绕"中央关注、社会关切、群众关心"的突出走私问题，聚焦通关、非设关地两个重点领域，从维护国家安全的高度深刻认识开展"国门利剑2021"系列专项行动的重要意义，成立由关长任组长，分管关领导任副组长，各部门负责人为成员的专项行动领导小组，制发长春海关打击走私"国门利剑2021"专项行动方案，明确"洋垃圾"、象牙等濒危野生动植物及制品、"水客"、涉枪涉毒涉爆、重点涉税商品走私，防疫物资、疫苗非法出境违法活动以及非设关地走私等7项打击重点。召开长春海关形势分析及工作督查例会，多次听取监管、卫检、风控、缉私等部门工作汇报，对开展"国门利剑2021"专项行动提出工作要求；各分管关领导按照分工加强对打私工作开展情况的督导检查。在执法检查、考核和巡视整改工作中，将专项行动贯彻落实情况作为重点督导检查内容，不断推进"国门利剑2021"专项行动向纵深开展。各隶属海关、各职能部门，按照专项行动方案要求，深入分析关区监管形势和走私违法活动特点，细化行动方案、严密工作措施，持续高压严打。加强与地方公安、边境管理等部门建立信息共享、协同高效、运行顺畅的警务协作机制，最大限度发挥公安专业优势和海关行业优势，全面提升打私效能。全年，刑事立案12起，案值5,248.93万元，同比分别减少55.56%、88.30%；行政立案72起，同比减少53.80%，案值2.75亿元，同比增长49.30%。侦办吉林省禁毒领域首起走私新型LSD"邮票"毒品进境案件，被《人民日报》、"中国反走私"等媒体报道。

二、全面履行打击走私工作职能，全员打私取得新成效

长春海关全面落实总署党委"1+6"文件精神，召开2021年长春海关缉私工作会议，制发2021年打私工作安排，确定6类41项重点任务，全面系统部署关区打私工作任务，推动各层级打私责任有效落实。建立打私工作协调制度，召开关长办公会、业务协调会及时研究解决缉私执法办案、关警执法协作、缉私队伍保障等方面难点问题。制发查发走私绩效测评办法，优化完善关区打击走私量化考评机制；制发缉私企管稽查联席会议制度、缉私部门与海关业务部门线索移交联系配合办法、行政处罚简易程序案件快速办理操作细则，并多次组织召开座谈会，就强化线索移交、案件查办、分析反馈、结果"复盘"等工作进行交流，进一步完善海关"防控+监管+打击"一体化打私体系。持续加强正面监管，深化智能审图等科技手段应用，完善监管查验机制，加大"洋垃圾"、毒品、枪支等重点物品查控力度，全力封堵走私渠道，切实提升监管打私效能。统筹分析邮递、跨境、快件等渠道毒品及精神药品走私风险，实施1次分析多渠道防控，实现全覆盖、高密度、精准的风险布控体系；在货运渠道建立异常数据监控体系，探索大数据分析和模型应用，勾勒虚假贸易形态，锁定虚假贸易骗取出口退税和补贴风险，提高风险布控有效性。积极落实总署防范和化解重大走私风险方面的改革措施和工作部署，强化全流程监管缉私，发挥查缉整体合力。充分发挥估价、归类、审价、原产地认定、化验鉴定、税款计核、预警等方面的专业优势，为缉私部门办理案件提供有力专业支持。加大对疫病疫情、商品质量安全风险的分析研判力度，为办理相关案件提供风险线索和业务支持。对缉私工作经费、警务装备、业务办公设施、信息化建设、系统基础运维等予以支持保障。持续加大对打击走私成果的宣传力度，充分展示海关为国把关的成效。落实打私反腐"一案双查"联系配合机制，推进监督执纪"四种形态"实践运用。全年，关区各部门、单位查发案件线索成案72起，其中刑事案件4起、行政案件68起，占缉私部门查办刑事、行政案件总数的33.33%和94.44%，相比2020年25.93%和78.98%的占比均有明显提升。

三、着力提升核心战斗力，缉私专业能力建设实现新跃升

长春海关依托"智慧海关"、公安信息化建设，稳步推进"四个中心"等"智慧缉私"重点项目基础建设与优化升级，顺利完成长春海关缉私局司法鉴定中心CMA资质认证，司法鉴定中心投入实体化运作。接入公安视频专网。加强情报作战

云平台升级改造，实现情报线索"线上"处置闭合链条。以打私难点问题为切入点，新建非设关地走私等6项打私工作模型应用，推动打私工作提质增效。深化缉私执法监督管理机制改革，制发刑事案件统一审核统一出口工作机制实施细则、刑事执法质量管理办法，严格执行刑事案件"两统一"、网上考评预警机制。制发进一步加强规范刑事执法工作的通知，对规范执法重点领域、重点环节工作提出具体要求。制发关于加快办理行政处罚案件的通知，明确行政案件办案时效。建立案件办理奖惩机制，民警规范执法、安全执法意识明显增强。深化与检察院、法院等部门协作，加强对毒品犯罪证据收集等疑难问题研究，防范化解执法风险。

四、持续深化反走私综合治理，涉边安全治理能力实现新提升

长春海关向吉林省政府汇报全国打击走私综合治理部际联席会议第一次全体会议、全国打私办主任会议精神，推动建立健全吉林省反走私综合治理工作机制。按照吉林省政府办公厅部署，牵头制定加强新形势下打击冻肉走私工作的意见和进一步加强农产品走私综合治理工作的通知，不断提升综合治理工作合力。与吉林省市场监督管理厅、吉林省财政厅联合制发走私冻品归口处置管理办法，建立健全走私冻品移交联系配合机制。聚焦做好庆祝中国共产党成立100周年安保维稳工作和"国门利剑2021"系列专项行动，加强与公安、边境管理等部门执法协作，推进"国门勇士""净边"专项行动，持续加大打击枪、毒走私工作力度，全年向公安机关推送涉枪线索数十条。着眼后疫情期伴生的新问题，依托合力强边固防机制，加强边境走私态势调研和阵地管控，持续保持对非设关地走私严打态势。配合全国反走私综合治理调查研究中心开展打击走私工作专项课题调研，报送相关调研报告3篇。开展"反走私进社区、进校园、进企业、进口岸现场"普法、禁毒宣传活动，通过省内媒体进行报道，反走私宣传覆盖面不断扩展，综合治理的群众基础进一步筑牢。

（撰稿人：韩永革）

第三篇

政治建设

党建工作

概况

2021年是党和国家历史上具有里程碑意义的一年，适逢中国共产党百年华诞，又是"十四五"开局之年。长春海关坚持以习近平新时代中国特色社会主义思想为指导，深入贯彻党的十九大和十九届历次全会精神，增强"四个意识"、坚定"四个自信"、做到"两个维护"。以党史学习教育和庆祝建党百年为重大契机，推动长春海关党建高质量发展，2021年度长春海关被评为吉林省直机关党建工作"优秀"等次单位，1个支部获评吉林省先进基层党组织，1人获评吉林省直机关工委优秀共产党员，1人获评吉林省直机关工委优秀党务工作者。开展"两优一先"表彰活动，评选出2019—2021年度先进基层党组织30个，优秀党员100名，优秀党务工作者40名。

思想文化宣传

【党史学习教育】2021年，长春海关第一时间学习贯彻习近平总书记在党史学习教育动员大会上的重要讲话精神和"七一"重要讲话精神。建立"领导干部带头学、中心组系统学、对标对表跟进学、网络平台辅导学、感悟心得交流学"五学联动机制。认真研读规定书目，开展常态化交流研讨，充分利用东北抗联、"四战四平"等红色资源，邀请专家辅导授课，举办专题读书班，用好"学习强国"等平台，推动形成广大党员"学、悟、讲、做、比"的生动局面。深入推进青年理论学习提升工程，关区成立青年理论学习小组20个，创建学习品牌16个。

【理论学习】2021年，长春海关始终把学习贯彻习近平新时代中国特色社会主义思想作为长期重大政治任务，健全完善两级党委及时学、理论中心组系统学、形势分析及工作督查例会结合实际学的工作机制，2021年，关党委开展党委会学习23次（含习近平总书记重要讲话、重要理论文章103篇），理论中心组学习19次、交流研讨71人次，有效提升学习效果。关党委第一时间传达学习党的十九届六中全会精神，组织召开专题学习班，邀请专家学者宣讲，系统学习全会精神并进行交流研讨，掀起学习贯彻宣传全会精神热潮。

【精神文明创建】 2021年，长春海关始终坚持把精神文明建设工作融入海关全局工作，形成"一把手负总责，班子成员共同抓，党政工青妇共同管，全体干部职工广泛参与"的联动机制。坚持关区精神文明创建"一盘棋"，制订关区精神文明创建整体提升计划，持续巩固拓展精神文明创建成果。坚持党建引领，推动精神文明建设与党建工作协同发展。坚持突出行业特色，以维护国门安全、促进经济发展为己任，树立诚信为民的行业形象。培育和发展特色海关文化精神，孕育出"开拓创新、敢为人先""奋发进取、小关争强"等边关文化品牌。2021年，长春龙嘉机场海关旅检一科获评"全国青年文明号"称号。

【思想教育阵地建设】 2021年，长春海关通过微信、网络、报纸等载体，宣传经验做法和成效。充分发挥"春意边关"新媒体作用，形成"我想对党说""党旗在基层一线高高飘扬"等8个推送系列，全面展示关区成果。2021年，中央新闻媒体采用信息2篇、"学习强国"平台采用信息稿件16篇，在《海关发布》《金钥匙》等平台发布各类信息稿件27篇，93篇信息被总署党史学习专栏和总署政工办网站采用；编制工作简报18期、专报34期，《吉林日报》采用信息宣传稿件19篇。

基层组织建设

【加强组织体系建设】 2021年，长春海关不断织密建强组织体系。截至2021年年底，关区有党组织199个，其中机关党委9个、事业单位党委3个、党总支8个、党支部179个，业务一线党支部全部建在科上。党员1,576名，2021年发展党员37名，34名预备党员转正。深化模范机关创建，坚持"第一议题"制度，始终把坚决做到"两个维护"作为政治建设的首要任务。持续开展坚持政治建关、创建"让党中央放心、让人民群众满意的模范机关"活动，组织机关各部门、事业单位对标模范机关创建目标任务和细化措施，查找差距不足，制定改进措施，完善制度机制，创新方法载体，确保在模范机关创建上走在前、做表率。

【基层党组织基础建设】 2021年，长春海关优化基层党组织设置。完成直属机关党委换届选举，在新设隶属海关设立党总支，开展"支部建在科上"问题专项整治工作，实现"支部建在科上"全覆盖。制定直属机关委员会工作规则，促进机关党委党建工作专责机构作用发挥。坚持制度落实提醒督促机制和组织生活定期检查通报机制，推进党支部标准化规范化建设，按季度对基层党组织支部活动记录及智慧党建维护情况开展检查，指导基层党组织规范完成党组织设置、党支部调整、补选委员等工作。开展新时代吉林党支部标准体系（BTX）建设试点工作，全体党支部绿灯常亮，工作成绩被吉林省直机关工委作为先进经验向其他单位推介。调整党委委员联系点，以点带面提升基层党建工作。召开2021年党的建设暨全面从严治党工作会议，总结成绩、分析形势、部署任务，部分先进基层党组织代表进行经验交流，促进互学互鉴、共同提高。2021年度评选"四强"支部50个，"四强"支部示范点24个。利用"春意边关"微信公众号等载体，大力宣传、推广先进典型，不断提升基层党组织组织力凝聚力。

【培树党建品牌】2021年，长春海关开展党建课题研究，形成的报告《聚焦机关党建职能定位 推动长春海关党建和业务工作深度融合》获评吉林省直机关2021年度机关党建优秀调研成果一等奖。制发文件指导事业单位加强党的建设，组织召开加强长春海关事业单位党的建设工作会议，对事业单位党委书记、全体党委委员、各党支部书记进行培训。建立长春海关基层党建品牌逐级创建机制，创新积分制评选模式，召开品牌展示会议，组织支部间开展互评，通过交流展示、互评互学，多角度、多侧面展示支部工作的生动实践和探索创新，党建品牌的示范引领和辐射带动作用得到发挥。培树关区党建示范品牌7个、培育品牌14个，4个基层党建品牌通过全国海关党建品牌复核。开展"两优一先"表彰活动，评选出2019—2021年度先进基层党组织30个，优秀党员100名，优秀党务工作者40名。1个党支部获评吉林省先进基层党组织，1人获评吉林省直机关工委优秀共产党员，1人获评吉林省直机关工委优秀党务工作者。开展党支部书记和党务工作者培训及3期党建工作专题培训，切实提高基层党务干部履职能力和工作水平。年内，在吉林省直机关学习贯彻《中国共产党组织工作条例》知识竞赛决赛中，长春海关取得第4名并获评最佳组织奖。通过实地检查、书面调研等形式，对关区各单位党建工作情况开展专项检查，针对长春关区党建工作突出问题，建立排查整改台账，制发《谈心谈话工作要点》《发展党员流程指引》等制度规范，实现整改工作长效化。

▲2021年7月2日，长春海关组织召开2020年度基层党建示范品牌评选工作会议

【压实党建主体责任】2021年，长春海关召开中共长春海关直属机关第二次代表大会，选举产生新一届直属机关党委及机关纪委。关党委委员带头宣讲授课，开展常态化谈心谈话，帮助基层找差距、理思路，协调解决实际困难和问题；落实双

重组织生活制度、基层党支部联系点制度，全年深入基层联系点党支部调研指导、参加组织生活33次，以点带面引领基层党建水平整体提升。全覆盖完成基层党组织书记抓党建述职评议考核工作，制定考核办法，完善考核机制，强化责任落实。

党风廉政建设

【全面从严治党】2021年，长春海关召开全面从严治党会议，制发重点任务分工方案推动落实会议精神，确定70项重点任务。完善工作机制，总结提炼全面从严治党"12388工作法"：围绕落实全面从严治党主体责任清单一条主线，压紧压实"两个责任"，坚持不敢腐、不能腐、不想腐"三不"一体推进，落实八项规定精神，严守《中国共产党廉洁自律准则》八条规范，深入推进全面从严治党工作，加强清廉海关建设。针对加强"一把手"和领导班子监督，制发落实方案及任务分工表，进一步明确各级"一把手"在履职尽责中的责任，健全监督体系。落实总署深入治理违反中央八项规定精神突出问题、进一步推进清廉海关建设若干措施文件精神，细化任务分工，形成工作合力。

【纪律作风建设】2021年，长春海关从严整治"四风"问题，在节假日等关键节点加强警示提醒，开展违规操办"升学宴""谢师宴"整治工作，常态化纠治酒驾醉驾等非职务违纪违法问题。加强政行风建设，推进政务服务"好差评"系统应用，开展外出执法廉政监督工作情况自查和基层评议机关作风活动，及时受理企业群众反映的作风问题及意见建议，增强企业群众获得感。坚决防范利益冲突行为，组织开展长春海关处级、科级领导干部配偶、子女及其配偶从业情况自查和抽查，抽查44名处级领导干部和123名科级领导干部，未发现不规范从业行为。组织开展"内务规范强化月"活动，持续加大日常纪律作风监督检查力度，进一步落实"日督察"制度，发挥"内务规范监督员""内务规范示范岗"作用，对各部门开展内务督察9次，对各业务现场开展日常纪律作风视频检查13次。组织岗位练兵技能比武，制发活动通知，成立工作专班，细化落实方案，确保岗位练兵和技能比武取得实效。

【廉政文化教育】2021年，长春海关常态化开展党规党纪教育，结合党史学习教育与"现场监管与外勤执法权力寻租"专项整治活动，编发廉政教育专刊19期。组织开展廉政警示教育月活动，通过下发案件通报、支部书记讲授廉政党课、参观廉政教育基地、组织参加庭审等活动，推动警示教育走深走实。以"基层书记组长谈责任"为主题，选取部分隶属海关党委书记和派驻纪检组组长进行视频访谈，并对5个视频进行展播。坚持挺纪在前，根据立案查实的违纪问题，严格做好党纪处分的执行工作，同时，深化以案促改，不断提高执纪工作实效。开展廉政文化建设，通化海关铁路口岸监管科党支部"亲清联廉"清廉文化品牌被"学习强国"、《中国国门时报》等平台采用发布，产生良好影响。

群团工作

【群团组织建设】 2021年，长春海关机关工会下设29个工会小组，有工会会员630名。现有读书、书画摄影、瑜伽、篮球、羽毛球、台球、乒乓球、足球、徒步跑步9个职工文体协会。关区共青团员44人。40岁以下青年干部588人，占干部总数40%，其中"90后"青年干部205人，占青年总数的1/3。

【青年理论学习】 2021年，长春海关实施青年理论提升工程，突出政治性。成立23个青年理论学习小组，总结提炼"点面体"特色工作法，立足基点、以点带面、聚面成体。打造"星火筑梦""悟思""海帆"等关区特色品牌，实现"一小组一品牌"全关区全覆盖。开展学习交流169次。强化"青年文明号"品牌影响力，突出先进性。关区3个集体荣获"全国青年文明号"，10个集体荣获省级"青年文明号"。加大青年志愿服务力度，突出群众性。成立长春海关学雷锋志愿服务队，以"双百共建"活动为载体，在海口社区建立基层联系点，引领青年下沉一线，引导青年加强实践。累计开展"学雷锋日，清洁家园""河长制"清理白色垃圾、"阳光手牵手 圆梦感党恩"等活动100余次。开展"宪法宣传周""民法典宣传周""生物安全法宣传周"等普法宣传进社区系列活动4次。

【群众性文化活动】 2021年，长春海关紧密围绕"政治性、先进性、群众性"积极推进机关文化建设。以建党百年为主题，举办"永远跟党走"——庆祝建党100周年主题书画、摄影（微视频）、剪纸作品展，展出60幅书画作品、35幅剪纸作品、16幅摄影作品，举办线上书画作品展。在省直机关工会举办的"微视角拍变化展成就"微视频、摄影作品比赛活动中，长春海关报送的摄影作品《我们的身后是祖国》《登车查验》《开辟绿色通道》分别获得银奖、铜奖、优秀奖；微视频作品《青春在战"疫"中闪光》《党旗下的海关人》分别获得银奖、铜奖。以"阅读红色故事，传承红色基因"为主题，组织关区女干部职工录制家庭、亲子、集体或个人的讲述、朗诵、演讲、歌唱等视频，征集到14个作品，选出优秀作品分两期在"春意边关"展示。发挥协会作用。书画协会开展"迎春送福写春联，翰墨飘香添年味"活动；读书协会举办"诵读红色家书、传承红色基因"党史学习分享活动；瑜伽协会举办"巾帼心向党长关绽芳华"瑜伽体验讲座；台球协会举办"迎七一庆华诞"台球比赛活动；跑步/徒步协会组织"徒步净月 领略秋日风光"徒步活动。乒乓球、羽毛球、篮球协会分别组队参加省直机关职工乒乓球、篮球、羽毛球比赛，机关工会获得"优秀组织奖"。乒乓球获得女子单打第5名及男子团体首次进入32强好成绩，羽毛球获得团体赛16强以及男子双人组冠军的优异成绩。开展"三八"妇女节系列活动，举办"送你一朵小红花，许下你的小心愿"主题活动、"健康生活快乐工作"主题徒步活动、"书香三八、好书共读"精品好书推荐活动、关区女性职工工作生活风采短视频展播活动、"巾帼心向党·巧手送祝福"庆祝建党100周年剪纸活动、"我心向党——红色文化进社区"活动。选送《妈妈教我一首歌》到光复路南社区及海口社区演出；开展"阳光手牵手 圆梦感党恩"——机关妈妈结对帮扶困境儿童活动。组建长春海关"机关妈妈"集体，在"六一"儿童节之前到社区开展"机关妈妈"——圆梦"四个一"活动，组织为4名困境儿童捐款，购买书包及自行车，捐赠200册图书，帮助孩子实现心愿。

【关心关爱干部职工】2021年，长春海关持续关注干部职工的心理健康状况，建立心理调适"日报告"机制，及时与有需要的闭环管理人员进行电话沟通，做到心理问题早发现、早干预、早疏导。成立"心理健康服务工作室"，开展心理健康教育，编发"长关有爱心理调适微课堂"14期，指导有需要的职工用好专业心理援助热线。成立服务保障封闭管理工作人员志愿服务队，帮助有困难的封闭管理干部职工16人次。

（撰稿人：刘俊峰　刘　莹　李金营
　　　　　张宇平　陈　彪　秦冬青）

队伍管理

概况

2021年,长春海关党委以习近平新时代中国特色社会主义思想为指导,坚决贯彻党的十九大和十九届历次全会精神,深入贯彻新时代党的建设总要求和新时代党的组织路线,始终胸怀"两个大局",牢记"国之大者",大力营造风清气正的选人用人环境和良好政治生态,着力建设忠诚干净担当的高素质专业化海关干部队伍,深化制度改革,持续推动高素质专业化干部队伍建设。

干部人事管理

【领导班子建设】2021年,长春海关党委始终坚持新时期好干部标准,突出政治过硬、对党忠诚,大力选拔捍卫"两个确立"、做到"两个维护",不折不扣贯彻落实习近平总书记重要指示批示精神和党中央决策部署的干部;突出能力过硬,大力选拔专业素养好、善于抓改革、促发展、保稳定的干部;突出责任过硬,大力选拔知重负重、奋发有为、敢抓善管、敢于担当的干部;突出作风过硬、为民务实,大力选拔坚守人民情怀、坚持真抓实干、自觉践行以人民为中心发展思想的干部;突出纪律过硬、廉洁干净,大力选拔秉公用权、依法履职、严以律己的干部。制定全年各层级职级计晋升工作口径,并按季度开展职级晋升工作。

【执法一线队伍建设】2021年,长春海关党委认真落实总署党委关于进一步加强执法一线科长队伍建设的若干措施,组织关区160人参加2021年海关执法一线科长(基层党支部书记)网上专题培训班,年内新提拔副处级领导干部中,具有执法一线科长任职经历的占比38.5%;交流1名长期扎根艰苦地区边关的执法一线科长到黄埔海关工作;年度考核向执法一线科长倾斜,66名执法一线科长被评为优秀等次、占关区执法一线科长的49.6%。在关区范围内组织开展2021年度"百名优秀执法一线科长"推荐工作。

【机构编制管理】2021年,长春海关按照总署统一部署,组织开展机构编制核查专项工作,按照单位自查、群众监督、数据比对、实地核实、数据更新五个环节有序推进；建立核查工作台账，压紧压实核查责任，确保底数清、问题明；突出机构编制核查成果运用转化，进一步整合资源，以优化协同高效、强化机构编制刚性约束、机构编制"瘦身"与"健身"相结合为目标，在权限内对3个机关处室和6个隶属海关单位的内设机构职责、编制和领导职数进行了相应调整，年内，累计精简撤销隶属海关9个内设科室，把有限资源进一步向新冠肺炎疫情防控、口岸执法一线重点岗位倾斜。

【关衔评授】2021年，长春海关加强关衔制度落实监督管理，细化关衔管理作业指导，规范基层单位管理工作流程；加强关衔管理监督，将关衔管理情况纳入年度考核指标评价体系，对关衔调整差错、时效等情况实施量化考核赋予分值，加强对下考核监督。2021年，根据总署工作部署组织落实海关职级公务员关衔评授政策，先后组织开展海关职级公务员首次评授关衔专项工作和两次关衔年度集中调整工作，共完成507人次的关衔首授、微调和晋升，全面解决关衔评授工作历史问题，强化关衔制度对职级公务员的激励作用。

【干部考核管理】2021年，长春海关党委不断优化完善年度考核、平时考核、专项考核"三位一体"考核体系。大力开展疫情防控和"国门利剑"等专项考核。在年度考核中，对处级领导班子和领导干部采取客观指标考核与综合评价考核相结合的方式，差异化设定考核指标，突出向疫情防控一线倾斜、注重工作实绩的导向。对于参加疫情防控一线实施"14+7+7""N+7+7"封闭管理的公务员单独组织考核。加强考核结果运用，与选拔任用、培养教育、管理监督、激励约束、问责追责等结合起来，充分发挥考核"指挥棒""风向标"作用。2021年，长春海关在吉林省政府绩效考评中获得优秀等次。

【优秀年轻干部培养】2021年，长春海关党委严谨规范组织开展公开遴选，17名基层公务员遴选到长春地区海关单位工作。2021年选拔任用的副处级领导干部中，40岁以下的，占比56.25%。关区处级领导干部平均年龄47.81岁，科级领导干部平均年龄39.96岁，与机构改革时相比，分别降低1.85岁和2.29岁。深化对年轻干部的日常了解，完善"选育管用"全链条机制。通过参加急难险重任务等方式强化政治历练和岗位锻炼，全力营造识

▲2021年6月18日，长春海关人事处组织关区16名同志通过视频会议参加总署三级关务监督关衔授予仪式

才、爱才、育才、用才的浓厚氛围，进一步提升干部队伍活力。

【正向激励】2021年，长春海关在新冠肺炎疫情发生以来，坚决贯彻落实习近平总书记重要指示批示精神和党中央决策部署，始终牢记人民利益高于一切，迅速采取最全面、最严格、最彻底的防控措施，上下一心、连续奋战，筑起了牢固的国门检疫防线。广大党员干部职工把投身防控疫情第一线作为践行初心使命、体现责任担当的"试金石"和"磨刀石"，关键时刻冲得上去、危难关头豁得出来，在口岸卫生检疫、物资通关保障、科技攻关创新以及重大突发事件应急处置等方面涌现出一批不畏艰险、冲锋在前、勇于创新、恪尽职守的集体和个人，长春海关对其中表现突出的39个集体和65个人予以表彰奖励。推动学习先进、争当先锋的良好氛围，始终牢记人民利益高于一切，切实增强"四个意识"、坚定"四个自信"、做到"两个维护"，以绝对的忠诚、专业的执法和忘我的付出，为筑牢国门检疫防线，打赢疫情防控阻击战做出贡献。

【干部管理监督】2021年，长春海关认真落实《干部选拔任用监督检查和责任追究办法》，结合党建专题培训、巡察、审计、重大风险排查等工作一体推进选人用人监督检查，对16个隶属单位开展选人用人监督检查全覆盖，从严从实查找问题，举一反三抓好整改。严格落实个人有关事项报告制度，强化填报主体及各单位领导班子的责任，领导干部如实报告的政治自觉持续增强。在关区组织违规投资企业及在企业兼职问题专项整治、"裸官"治理和不担当、不作为自查；在严格干部交流任职、强化管理监督合力、严格纪法教育和警示教育等方面持续发力，进一步强化不敢腐的震慑、扎牢不能腐的笼子、增强不想腐的自觉。

【公务员招录】2021年度，长春海关科学谋划、统筹推进，合理制订招录计划，满足关区专业背景人员需求，进一步储备专业人才队伍，健全培养选拔优秀年轻干部常态化工作机制，及早发现、及时培养选拔德才兼备、忠诚干净担当的高素质专业化优秀年轻干部，为党和国家事业发展注入新的生机和活力。长春海关计划招录公务员30人，有1,367人报考，1,165人通过网上资格审核；75人通过笔试进入面试；29人进入考察阶段，最终录取29人。在专业结构、年龄结构、人员构成等方面进一步优化基层一线的人力资源配置，保障长春海关人才队伍建设的长足发展。

（撰稿人：于 雷）

离退休干部管理

【思想政治建设】2021年,长春海关离退休干部工作强化政治理论武装,全面落实习近平总书记重要指示批示精神,关党委专门听取离退休工作情况报告;召开离退休干部工作领导小组会,研究解决离退休干部工作中的实际问题;召开情况通报会,向离退休干部通报海关重点工作进展情况,宣传海关发展;深化意识形态建设,加强正面思想舆论宣传;全面落实从严治党工作要求,坚持把党风廉政建设抓实抓细,引导离退休老干部提高政治敏感性,坚守政治底线。

【基层党组织建设】2021年,长春海关有离退休干部602人。其中,离休7人、退休595人。按照长春海关直属机关党委的批复,完成4个老干部党支部的换届选举工作,根据疫情常态化要求,确保在不聚集的情况下,采用"云支部"的形式,坚持开展好组织生活。加强阵地建设,结合建党百年和党史学习教育,加强活动室阵地建设,做到制度上墙,宣传展板上墙,创建离退休干部学习园地,讲党性,比奉献,树形象,促发展,坚持日常活动与学习相融合,丰富活动室的利用率和离退休干部的学习生活。围绕建党百年组织开展系列活动,增强离退休干部党性修养。通过微信平台向离退休干部推送"党史百年天天读"和中国共产党百年历程的学习资料。组织离退休干部召开"我看建党百年新成就"座谈会,听取离退休干部对中国共产党成立100周年取得的伟大成就的心声,采访离退休干部,讲述海关百年历史,"一对一"到离休干部家中进行访谈,倾听离休干部的真实感受;组织离退休干部开展"学习党史、缅怀先烈"主题党日活动。参观长春解放纪念碑,重温入党誓词,缅怀先烈,践行初心,不忘使命。坚持庆祝传统节日开展活动。

▲2021年3月31日,长春海关组织离退休干部召开"我看建党百年新成就"座谈会

【管理服务工作】 2021年，长春海关坚持做好离休干部服务工作，"七一"前夕长春海关党委书记、关长董岩，政治部主任张赞带队慰问离休干部、老党员，为关区68人颁发"光荣在党50年"纪念章。了解重病及生活困难的离退休干部健康及生活状况，全年走访慰问500余人次，坚持做好离退休干部患病就医慰问和健康体检工作。坚持开展"我为群众办实事"实践活动，联系配合人事部门为离退休干部办理异地就医，组织开展"读书学党史"活动，联系长春市图书馆，为65岁以上的离退休干部办理图书借阅卡，激发他们的学习热情，营造浓厚的学习氛围。主动上门为离退休老党员赠送有关党史学习书籍，促进他们对党史的深入了解和掌握。及时为离休干部落实提高医疗待遇和基本离休费。坚持精准服务，采取月联系、季上门的方式了解离休干部的生活情况，解决实际问题。

【开展文化活动】 2021年，长春海关组织关区离退休干部开展书法、摄影、诗歌、征文等各项活动，分别向海关总署、吉林省委老干部局报送各类作品92幅，其中有24幅被各级单位采用，4幅书画作品收录到吉林省离退休干部庆祝中国共产党成立100周年书画摄影作品集"翰墨丹心"，1人获三等奖。4幅书画作品被全国海关离退休干部庆祝建党100周年书画摄影作品集"翰墨光影颂百年"中，充分展示了长春关区离退休干部热爱党、热爱祖国，共庆建党百年的良好精神风貌。组织离退休女职工召开"三八国际妇女节"网上座谈会，发放电子贺卡，以"云祝福"的形式为退休女职工送去节日祝福；组织部分离退休干部开展重阳节"畅游伊通河，徒步健康行"徒步活动。

（撰稿人：李琳琳）

教育培训

【分级分类施训】2021年，长春海关按照总署印发的年度干部培训工作方案及培训计划通知要求，紧紧围绕年度重点工作任务，认真组织教育培训调研，利用问卷星、电子邮件、微信群等形式向关区书面征求意见建议，征集基层146条培训需求和4方面的意见建议，制发长春海关年度干部培训工作方案及培训计划，着力强化中青年干部的党的理论教育，在全国直属海关率先组织正科级领导干部学习贯彻党的十九届五中全会精神暨党史学习教育集中轮训，关区272人参训。组织关区160人参加2021年海关执法一线科长（基层党支部书记）网上专题班，将基层党支部书记纳入执法一线科长网上培训班，实现政治和业务同培共建。坚持精准施训，组织开展初任、任职、关衔晋升等培训，2021年组织开展各类培训87期，参训6,713人次，着力提升干部队伍素质能力。

【政治理论专题培训】2021年，长春海关强化政治统领，坚持将习近平新时代中国特色社会主义思想和习近平总书记重要讲话精神作为培训的重要内容，扎实开展党的十九届五中全会精神和党史学习教育培训，举办学习贯彻党的十九届五中全会精神暨党史学习教育处级集中轮训班2期，共267名处级干部参训，推进"我为群众办实事"实践活动，发挥职能优势，统筹业务部门到基层开展"送教上门"15次；组织参加学习贯彻党的十九届五中全会精神网上专题班、党史学习教育网上专题班，参训2,849人次；组织全员参加学习贯彻党的十九届六中全会精神网上专题班，参训1,273人次。

▲2021年4月26—29日，长春海关举办第二期处级干部学习贯彻党的十九届五中全会精神暨党史学习教育专题培训班

【新冠肺炎疫情防控培训】2021年，

长春海关注重常态化新冠肺炎疫情防控培训，抓好关键岗位培训，加强需求调研，梳理汇总隶属海关新冠肺炎疫情防控培训具体内容和需求17条，将培训需求及建议反馈相关部门，督促其做好后续培训工作。严格落实要求，按照总署人事教育司疫情培训要求，围绕《新型冠状病毒肺炎口岸防控技术方案（第八版 修订版）》、公共卫生场所消毒监督、个人安全防护知识等方面，组织开展支援长春龙嘉航空口岸疫情防控人员进行岗前个人防护培训及考核7期62人次。强化实操培训和实战演练，为筑牢口岸检疫防线打下坚实基础。组织5期64人参加入境人员新冠病毒采样岗位能力及防护技能实操培训；为2期24人入境人员新冠病毒采样岗位能力及防护技能实操培训合格人员发放证书。强化隶属海关开展疫情防控自主培训，2021年关区举办实操及岗前培训244期，参训3,370人次，切实提升一线关员疫情防控素质。

【教育培训管理】 2021年，长春海关持续推动落实干部教育培训"十四五"规划，起草工作方案，细化任务分工；制定落实上下贯通、执行有力抓落实工作机制具体措施4条，分级建立3级责任清单；更新和上传教育培训规范性文件及管理制度12项。组织长春关区兼职教师和教育管理队伍进行业务培训；开展2021年长春关区优秀教学成果推荐评选工作，评选出8项优秀教学成果；开展构筑完善提升海关干部教育培训体系征文活动，征集优秀论文3篇，向总署推荐长春海关教育培训研究论文1篇。加大督学考核力度，强化责任落实，设立专人负责年度考核落实工作，专门举办关区各单位联络员专题讲座，指导推进本单位学时学分任务；对未完成学时学分的人员，约谈相关单位负责人，同时点对点帮助解决完成学时学分困难，实现全员学时学分达标。

（撰稿人：刘　楠）

纪检监察及巡察工作

概况

2021年，长春海关党委认真贯彻落实党中央全面从严治党战略方针，有效落实管党治党政治责任，坚定不移正风反腐，旗帜鲜明支持党委纪检组履行监督责任。党委纪检组突出政治监督，坚定践行"两个维护"，稳中求进，守正创新，切实把中央纪委五次全会和驻署纪检监察组各项工作部署落实到位，围绕建设现代化海关大局发挥监督保障执行、促进完善发展作用，正风肃纪反腐不断强化，深入推进全面从严治党取得新成效。

2021年，长春海关巡察工作全面贯彻巡视工作方针，坚守政治巡察定位，认真落实政治巡察要求，聚焦"两个维护"根本任务，围绕"三个聚焦"监督重点，统筹推进巡察全覆盖，推动长春海关巡察工作高质量发展，扎实做好巡视巡察整改"后半篇文章"。2021年，长春海关成立9个巡察组，对26个党组织进行4轮常规巡察。

监督检查

【政治监督】2021年，长春海关党委纪检组深入学习贯彻党的十九届六中全会精神，将开展好党史学习教育作为贯穿全年的政治任务，为关区纪检监察干部专题辅导授课，交流心得体会，不断提高政治判断力、政治领悟力、政治执行力。聚焦落实总体国家安全观、"第一议题"制度执行、巡视巡察整改等重要任务，紧密围绕学习、部署、落实、成效等关键环节，以"清单式"监督，细化对派驻纪检组的监督指导，切实纠正贯彻落实党中央方针政策和工作部署存在的政治偏差。

【新冠肺炎疫情防控监督】2021年，长春海关党委纪检组立足"监督再监督"定位，将疫情防控作为政治监督重中之重，毫不松懈抓好疫情防控监督工作。通过建立疫情安全防护工作监督长效机制、参与关区个人安全防护工作专班、制定疫情防控日常监督工作清单、建立周报告制度、成立4个检查组进行全覆盖监督检查、强化派驻监督压实基层监督责任等多种方式健全常态化监督机制，将日常监督检查与专项监督检查、常态化监督检查有机结合，实时掌握关区一线防疫情况，及时发现并纠正问题。

【日常监督】2021年，长春海关党委围绕《中共中央关于加强对"一把手"和领导班子监督的意见》，及时出台18条举措推进落实，协助党委加强对隶属海关和事业单位领导班子政治巡察，推动各项监督制度不折不扣执行到位。与党委委员建立常态化交流提醒机制，向党委定期通报党风廉政建设情况，建立联合推进工作机制，共同研判关区政治生态。明确将"一把手"作为监督重点，主动约谈各部门、各隶属海关"一把手"、派驻纪检组长，严格按照规定开展任前廉政谈话、党风廉政审核工作，协助党委和人事部门严把选人用人政治关、廉洁关、形象关，严防"带病提拔""带病表彰"等问题。把"关键少数"作为日常监督重点对象，下发《专项监督任务清单》指导派驻纪检组开展精准有效监督，充分用好《派驻监督建议书》，为持续做好党委议事规则执行、安全生产、疫情内部防控落实等各项工作提供有力监督保障。

【构建立体监督格局】2021年，长春海关党委纪检组拓展打私反腐"一案双查"，深化问题线索移交、案件办理反馈等工作机制。全面建成并首次上载关区电子廉政档案，深化"智慧监督"，提升监督效能。加强与地方纪委监委协作配合，党委纪检组长多次走访地方纪委监委，各派驻纪检组走访驻地纪检监察机关实现全覆盖，交流加强联系配合、警示教育、执纪安全工作等方面工作。完善与职能部门联系配合机制，结合专项整治、疫情防控监督等工作，构建纪律监督、派驻监督、职能监督、巡察监督的协同监督格局。不断细化对派驻纪检组的监督、指导，建立完善派驻纪检组与地方纪委监委联系配合、与驻在海关联系会商两个机制。制定派驻纪检组与驻在海关党委会商通报实施办法，协调机关纪委编制事业单位纪委书记岗位职责规定，修订长春海关监督执纪问责工作指南，推动各项监督更加规范有效。

执纪问责

【执纪审查和问责】2021年，长春海关党委纪检组坚持严的主基调，加大纪律审查力度，将现场监管与外勤执法领域"吃拿卡要"刁难群众、"打招呼"干扰执法办案、收受海关管理相对人礼金礼品、接受宴请和高消费娱乐，违规经商办企业、在企业兼职并取酬等问题作为执纪审查重点，坚决查处不收敛不收手、顶风违纪的党员干部，积极拓展问题线索来源，加大办案力度，监督执纪的震慑效果不断彰显。加大自主查发力度，通过深化打私反腐"一案双查"、违规经商联合专项检查、审计督查、政治巡察等形成合力。持续深化以案促改，督促案发单位深入剖析违纪问题产生原因,及时开展案件通报,派员参加关区违法案件庭审旁听,用身边人身边事开展警示教育。

【纠"四风"树新风】2021年,长春海关党委纪检组持续落实中央八项规定精神,密切防范"四风"隐形变异的新动向新问题,指导各派驻纪检组重点对节日期间公务用车管理、整治酒驾醉驾等问题强化监督检查,持续推送各类党纪法规知识、廉洁提醒,及时更新"违反中央八项规定精神曝光平台"典型案例。严查享乐主义、奢靡之风,坚持优先快办,对群众反映的涉及违反中央八项规定精神的问题线索开展快速核实,严格查处违反八项规定精神问题,通报曝光典型案例,促进海关准军事化纪律部队作风建设持续向好。

【"现场监管与外勤执法权力寻租"专项整治】2021年,长春海关党委纪检组紧盯执法领域潜藏的权力寻租、利益输送等腐败问题,在关区开展"现场监管与外勤执法权力寻租"专项整治工作,高质量完成公布举报渠道、开展工作调研、违规事项申报、谈心谈话、心得体会、纪法教育等规定动作,及时开展"回头看",确保各项工作扎实到位。通过排查问题线索、离职就业情况、审计巡察问题清单、12360热线清单、"两简"案件等数据,研判确定重点关注对象、重点岗位,有力防范和化解执法腐败风险。严肃执纪问责,坚持"零容忍"的态度,"不敢腐、不能腐、不想腐"体制机制建设不断推进。

▲2021年7月22日,长春海关监察室党支部与驻署纪检监察组专项整治第五实地检查组临时党支部联合开展主题党日活动

巡察工作

【坚守政治巡察定位】2021年,长春海关着眼政治巡察定位,深入学习贯彻习近平新时代中国特色社会主义思想,学习贯彻习近平总书记关于巡视巡察工作重要论述,学习《习近平谈治国理政》等重要论述,学习习近平总书记最新重要讲话精神,引导巡察干部在学懂弄通、入脑入心上下功夫。贯彻落实两级海关工作会议、全面从严治党会议精神,落实总署党委巡视巡察工作部署和长春海关工作安排,紧扣职能责任,聚焦推进政治机关建设、落实总体国家安全观、支持吉林实现更高水平对外开放、推动海关制度创新和治理能力建设、提升综合保障质效、推动全面从严治党向纵深发展等重点工作推进落实情况开展监督,发现和推动解决影响关区党的领导、党的建设、全面从严治党的根本性全局性问题,督促推动关区各基层党组

织和党员领导干部强化政治担当。

【巡察工作规范化建设】2021年,长春海关着力提升巡察工作规范化水平,为依规依纪依法开展巡察工作奠定坚实基础。完善巡察工作制度机制,研究制定贯彻落实巡视巡察上下联动制度措施,针对巡察干部选派管理考核、巡察工作协作配合机制,制发长春海关巡察干部选派管理考核规定和人事处、机关党委(政工办)与巡察办巡察工作协作配合机制2项。全面梳理巡察工作流程,落实巡察监督"三个聚焦"新要求,修订完善《巡察工作手册》3次。抓好巡前准备、巡中指导、巡后反馈,加强对巡察全过程的协调督导,确保巡察工作组织有序、实施规范,高标准高质量完成巡察工作任务。年内,巡察工作有序开展,统筹成立9个巡察组对14个单位、12个职能部门组织进行4轮常规巡察,发现问题173个,有针对性地提出93条意见建议,充分发挥巡察震慑、遏制、治本作用。

【巡察队伍建设】2021年,长春海关着力巡察干部队伍建设,不断提升专业化水平。落实巡察人员选配和动态调整机制,选优配强巡察队伍,及时更新组长、副组长库,统筹用好各层级各年龄段的干部,重新组织建立巡察干部队伍库;推进"以干代训",举办巡前培训4次,拓展课业内容6项,巡察干部专业化水平逐步提升;组织关区巡察干部,学习总署党委关于直属海关党委开展巡察工作的指导意见等文件精神,参加全国海关巡视巡察干部专题学习网上培训班,深化巡察干部对政治巡视巡察内涵的理解把握,提高思想认识和政治站位。

▲2021年10月12日,长春海关党委开展第三轮常规巡察巡前培训

(撰稿人:刘剑峰 李 莹 吴雨佳)

督察内审

概况

2021年,长春海关督察内审工作以"强基础、建机制、防风险、促发展"为目标,持续开展重大决策部署督察,对新冠肺炎疫情防控以及关区主要业务领域实施专项督察,推动党中央国务院重大决策部署、海关总署和长春海关党委工作部署在关区贯彻落实。认真配合总署审计,不断深化内部审计,统筹开展经济责任审计与专项审计工作,审计内容覆盖领导干部落实上级决策部署、落实两级海关工作会议和全面从严治党工作会议精神、执行"三重一大"制度等情况,以及重大风险防控情况,着力揭示典型性、普遍性、苗头性问题和风险。深入推动内控机制建设,强化各层级内控工作组织领导,巩固专人专职内控联络员机制,及时更新完善关级内控节点指标,推动内控管理落实到岗位,加强HLS2017内控平台推广应用,推动问题早预防、早发现、早纠正。持续推进执法评估工作,优化执法评估工作模式,提升评估效能。加强专业化督审队伍建设,组建长春海关兼职督审人员库,通过实战锻炼、以干代训,使之成为培养干部的平台。推动督审制度建设,制发内部审计操作规程、兼职督审人员管理规定,进一步提高督审工作规范化水平。

督察监督

【重大决策部署专项督察】2021年,长春海关提高政治站位,紧密围绕习近平总书记重要指示批示精神和党中央国务院重大决策部署、海关总署和长春海关党委工作部署落实等情况,组织开展进境高风险货物风险监测和预防性消毒措施落实情况、进出口危险化学品监管措施落实情况、持续强化口岸卫生检疫措施落实情况、严防重大动植物疫情疫病传入传出和外来物种入侵措施落实情况、强化企业管理和稽核查工作措施落实情况、新冠肺炎疫情个人安全防护工作落实情况专项督察,打通政策制度落实环节的堵点和难点,推动落实到位。

【督察清单】2021年,长春海关持续推进督察清单式管理,根据总署2021年度重大政策措施落实情况跟踪督察重点项目清单，结合实际制定长春海关2021年度重点项目清单，以重点项目清单、督察内容清单、督察问题清单、整改落实清单"四个清单"为抓手，组织开展督察，提升督察实效。坚持目标导向、问题导向、效果导向，对发现问题实行"对账销号"，问题整改与考核机制挂钩，强化整改责任落实。

审计监督

【配合总署审计】2021年，长春海关认真配合总署经济责任审计，建立健全配合总署审计工作机制，确保审计工作顺利完成。落实2021年度总署重大决策部署贯彻落实情况、强化监管优化服务情况、贯彻执行中央八项规定及其实施细则精神情况专项审计和海关实验室建设专项审计调研工作要求，推动关区相关单位部门深入开展自查，查找漏洞、补齐短板，促进有关政策措施落实落细。建立整改台账，强化职能指导，细化工作举措，推动总署审计发现问题整改落实。

【关区经济责任审计】2021年，长春海关落实"应审尽审""凡离必审"要求，组织对长春兴隆、吉林、长白山、四平、长白、辽源、松原、白城、长春龙嘉机场、延吉海关以及数据分中心开展经济责任审计，重点围绕领导干部落实重大决策部署情况、履行经济责任情况、强化监管优化服务情况、海关数据安全管理情况等内容，着力揭示典型性、普遍性、苗头性问题和风险，不断规范执法、强化管理，提升关区治理能力和治理水平。

▲2021年12月，长春海关对隶属延吉海关开展审计

【审计工作机制】2021年，长春海关修订内部审计操作规程、兼职督审人员管理规定，进一步提高审计工作规范化水平。坚持敢督善审、边审边教，形成"以审查纠、以审代训、以审促建"三位一体工作模式，发挥"审、帮、促"作用。加强"巡审联动"，对能联合开展的项目，审计组与巡察组协同进驻被巡审单位，共享信息、成果。推进审计问题整改"一台账、两清单"工作模式，压紧压实整改责任，推动整改一项、销号一项。

内控建设

【内控前置审核】2021年，长春海关筑牢"基层自控、职能监控、专门监督"三道防线。发挥职能监控作用，从源头防控执法、管理风险向廉政风险转化，在制度建立之初嵌入内控要求，对可能发生的风险和权力集中的环节进行预判，以内控为切入点，在制度层面明确各类控制方式，推动关区开展内控自查，提升基层风险自控能力，对重大改革措施、制度规范开展内控前置审核，对相关内部控制措施的健全性、有效性予以审核，以提高海关依法行政的能力和科学管理水平，切实防好风险，健全权力运行制约和监督体系。

【内控岗位清单】2021年，长春海关进一步加强内控机制建设、防范化解内部风险，推广内控岗位清单应用，梳理形成长春海关风险管理、税收征管、卫生检疫、动植物检疫、口岸监管、企业管理与稽核查、财务管理、采购管理等业务领域内控节点岗位落实清单，强化基层自控、职能监控、专门监督"三道防线"工作中的参照执行，突出对重要业务领域、高风险业务环节、业务结合部的日常监督监控，结合工作实际开展内控自查，充分运用内部控制与监督系统等科技手段，提高风险的识别、研判和处置能力。

【内控评价】2021年，长春海关组织开展内控评价，在各单位部门自评基础上，对吉林海关开展实地评价，掌握关区内部控制机制运行情况，抽样分析评价清单中岗位与节点的匹配性、内控制度依据的有效性、健全性，以及各项内控要求和措施的落实情况，推动各单位部门强化内控意识，落实内控要求，规范执法、完善制度、防范风险、提高管理效能，提升风险日常防范和化解能力。

【海关内部控制与监督子系统应用】2021年，长春海关加强海关内部控制与监督子系统（HLS2017内控平台）推广应用，强化责任落实，组织召开内控工作领导小组会议研究部署相关工作，分析关区内控形势，明确工作重点，提出具体要求，提升职能部门和隶属海关应用系统防控风险能力。加强系统应用培训，根据不同业务类型的需要，突出业务分类指导，逐步提高系统应用人员实际操作能力，不断提升关区风险自查自纠水平。

执法评估

【专题执法评估】2021年，长春海关配合督审司开展进口粮食监管政策措施落实情况专题评估工作。作为项目成员单位，根据署级执法评估项目任务分工，开展专题评估调研，形成调研报告，服务海关改革发展。结合关区实际自主开展出口食品生产备案企业后续监管执法评估工作，制订执法评估工作方案，组织相关部门深入基层开展调研，了解掌握关区相关工作整体情况，提升工作成效。

【执法评估模式】2021年，长春海关推行执法评估项目清单管理，围绕关区重点领域和关键环节改革制订执法评估工作计划。优化执法评估"数据+指标+分析+调研"工作模式，运用海关信息化系统现有条件和资源,加强执法评估项目信息收集和数据分析,提高发现关区执法领域风险的能力,提出针对性意见建议,提升评估效能。

(撰稿人:姚　牧　索兴华)

第四篇

业务建设

法治建设

概况

2021年，长春海关全面学习贯彻习近平法治思想，落实"十四五"海关法治建设规划，制订长春海关落实"十四五"海关法治建设规划工作方案，围绕加强关区适用的法律规范体系建设、建设全面高效的法治实施体系、强化严密有效的法治监督机制、健全多维精准的普法宣传教育机制、推进协同有力的实施保障机制5方面工作细化提出21项工作任务，为2021—2025年法治建设工作做出规划，发挥法治的引领、规范、服务、保障作用，着力提升依法把关水平。建立健全各级海关党委统一领导、法规部门牵头负责、相关部门分工协作、共同推进的海关法治建设工作机制。落实法治建设第一责任人职责，把法治建设纳入全局工作统筹谋划，对重要工作亲自部署、重大问题亲自过问、重点环节亲自协调、重要任务亲自督办。党委和主要负责人听取法治工作汇报3次，将法治建设工作列入年终述职内容。持续推进长春海关规范性文件及内部管理制度电子查询平台建设，关区管用适用的制度规范体系逐步形成。全面推行行政执法"三项制度"。推动12项行政审批事项实施"证照分离"改革。启动并实施"八五"普法规划，全面落实"谁执法、谁普法"责任制，持续开展送法进企业、进社区活动。

法规管理

【参与立法工作】2021年，长春海关积极参与总署、地方政府的立法及立法后评估工作。对《中华人民共和国海关企业信用管理办法（政法司征求意见稿）》《中华人民共和国海关办理行政处罚案件程序规定（政法司征求意见稿）》《中华人民共和国海关进出口货物商品归类管理规定（政法司征求意见稿）》等海关规章进行认真研究，提出5条修改意见。在关区开展海关规章的立法后评估工作，对《中华人民共和国海关关徽使用管理办法》等24部规章从合法性、协调性、实效性3方面进行评估，提出35条修改、废止、保留意见。对地方政府制定的《吉林省优化营商环境条例实施细则》等26部规范性文件征求意见稿提出19条意见建议。

【制度体系建设】2021年，长春海关自主设计、研发的规范性文件及内部管理制度电子查询平台正式上线。电子查询平台分为执法类和非执法类两部分。根据关区现有工作职能及相关业务划分为执法类19个类别，非执法类14个类别。各类别下按业务类型分类，包括各业务（政务）职能所应用到的国家级（法律、行政法规）、海关总署级（海关总署令、海关总署公告、海关总署内部管理规定）、长春海关级（长春海关公告、长春海关内部管理规定）3个层级的规范性文件及内部管理制度。制定长春海关规范性文件及内部管理制度电子查询平台维护管理办法，规范电子查询平台日常维护录入管理。2021年，电子查询平台累计录入规范性文件及内部管理制度1,120件。

复议应诉

【推行行政执法"三项制度"】2021年，长春海关全面推行行政执法公示制度、执法全过程记录制度、重大执法决定法制审核制度。明确行政处罚案件调查等6项执法活动需要出示执法证，进一步规范执法证的使用；综合运用文字、音像记录方式，实现执法过程可回溯管理，明确要求对涉及相对人重大权益以及易引发执法争议的8类执法事项进行音像记录，确保执法全过程留痕；明确12项事项为海关重大执法决定法制审核事项。公开2021年度长春关区行政执法统计年报，对行政处罚、行政强制、行政征收、行政许可等事项进行公示。组织编制行政处罚、行政强制、行政许可、行政检查4张流程图并在门户网站进行公开。开展包容审慎监管执法评选活动，从关区各单位报送的14件案例中评选出4件"优秀案例"。

【践行"枫桥经验"】2021年，长春海关未发生行政诉讼案件，受理行政复议申请1件，为海关稽查领域当事人不服海关稽查结论中的商品归类而提起的行政复议。长春海关充分发挥行政复议解决行政争议主渠道作用，坚持复议为民，践行"枫桥经验"，加大释法明理力度，妥善疏解矛盾。积极了解申请人诉求，听取申请人申报时归类的原因，并组织开展现场调解。经审理，依法撤销了被申请人作出的稽查结论，并向其制发《行政复议建议书》，就复议过程中发现的问题提出改进措施，通过案件监督纠错倒逼行政执法规范化，将行政执法中产生的矛盾纠纷化解在萌芽状态、化解在行政诉讼之前。2021年，长春海关1人荣获全国海关优秀公职律师称号。

法治宣传和法制协调

【学习宣传贯彻习近平法治思想】2021年，长春海关深入学习宣传贯彻习近平法治思想，将习近平法治思想纳入党委理论学习中心组必学内容。2021年5月，开展党委理论中心组（扩大）学习会议，邀请东北师范大学政法学院院长尹奎杰教授以"习近平法治思想"为题作专题辅导。编发《习近平法治思想的实践逻辑、理论逻辑和历史逻辑》《习近平法治思想的理论体系》等习近平法治思想学习专刊27期；组织关区全体关警员参加"海关系统学习宣传贯彻习近平法治思想网上专题班"。

【实施"八五"普法规划】2021年11月8日，长春海关制订第八个五年（2021—2025年）时期海关法治宣传教育工作实施方案，启动并实施"八五"普法规划。在中央宣传部、司法部、全国普法办组织的2016—2020年全国普法工作先进单位和先进个人评选中，1人获得全国普法工作先进个人称号。2021年，长春海关组织专题普法宣传活动65次，通过"长关讲堂""海关e课堂"、法律技能培训等形式实施多元普法，邀请高校专家、法律顾问、公职律师等举办《中华人民共和国宪法》（以下简称《宪法》）、《中华人民共和国民法典》（以下简称《民法典》）、《中华人民共和国劳动法》（以下简称《劳动法》）等基本法律知识讲座，全年累计培训关警员3,000余人次。结合党史学习教育深入开展"我为群众办实事"实践活动，到长春市临河街道海口社区开展"送法进社区"活动，现场讲授《宪法》《民法典》《生物安全法》等内容。参与吉林省委宣传部、省司法厅举办的省直机关民法典法治文艺汇报演出活动，定期与各级法院单位研讨法治疑难问题，组织关区300余人在中国庭审公开网线上旁听行政诉讼案件庭审。在《中国国门时报》、《吉林日报》、海关总署12360微信公众平台等各类普法传播媒介，发布各类普法新闻信息32条，召开政策法规新闻宣讲会12次。

▲2021年5月26日，长春海关举办民法典合同编、劳动法专题辅导讲座

【"证照分离"改革】2021年，长春海关全面落实"证照分离"改革。取消"进出口商品检验鉴定业务的检验许可"，加强事中事后监管。对"报关企业注册登记"实施备案管理，大力推进信用分级分类监管，加强部门间沟通协调，推动报关企业信用等级差异化监管措施的落实，对海关认证企业适用通关便利措施，对海关失信企业从严监管。对"出口食品生产企业备案核准"实施备案管理，进一步简化作业流程，取消现场审核环节，实施"一次审核、长期有效"的备案模式，实现一地申请、一次办理和全程网办"零跑腿"。

对"国境口岸卫生许可（涉及公共场所）"实行告知承诺改革，对通过告知承诺领证的企业与通过一般审批程序领证的企业平等对待。对"进出境动植物检疫除害处理单位核准"等6项行政许可事项实施优化审批服务改革，将获证主体纳入"双随机、一公开"监管，严格执行有关法律法规和标准，发现有违法违规行为的依法查处并公开结果。对关区9项行政许可事项实施清单化管理，在政务外网公开事项名称、实施机关、设定和实施依据。全年受理行政许可事项1,682件，审批1,641件，实现行政许可事项办理"零超时""零差评"。

【民事法律事务】2021年，长春海关进一步加强民事合同管理，规范审核流程，防范合同风险，切实维护长春海关合法民事权益，2021年共审核民事合同324个，主要包括商品服务采购合同、人事聘用合同、场地租赁合同等，共提出修改意见1,316条。

(撰稿人：王　伟　王　垚　王　琪
　　　　　任永伟　张　健　崔程治)

业务改革与发展

概况

2021年，长春海关围绕海关总署"十四五"时期业务改革与发展目标任务，坚持稳中求进工作总基调，以推动高质量发展为主题，以改革创新为根本动力，持续深化改革攻坚，统筹发挥协同作用，通过落实巩固拓展口岸疫情防控和促进外贸稳增长成效，加强改革的系统集成与协调联动，推进全业务领域一体化改革，完善贸易管制和技术性贸易措施工作机制，强化知识产权海关保护，切实维护国家安全和利益，推进跨境贸易高质量发展。

业务改革协调

【综合业务协调】2021年，长春海关为吉林省"十四五"规划等16个地方"十四五"时期发展规划研提意见建议，积极支持"十四五"时期吉林省更大范围、更宽领域、更深层次开放发展。制发长春海关落实推进对外贸易创新发展的若干措施分工方案、长春海关支持一汽高质量发展工作方案（试行）等，协同构建促外贸稳增长工作合力，对标对表进行任务梳理，及时汇总进展情况，有效推动任务落实。完善改革"问题清零"工作机制，建立基层海关和内陆报关企业总署直报点2个；围绕支持吉林重点产业发展、畅通"丝路吉林"大通道、支持构建开放平台高地等方面建立直属海关直报点3个。2021年，长春海关推进解决企业和基层反映各类问题16个。

【梳理岗位清单】2021年，长春海关作为总署综合业务司岗位清单梳理完善工作组成员单位，就理顺总署相关司局职责研提意见建议，参与细化总署制发的岗位清单（第二版），配合完成四级业务执行岗位配置清单细化工作，为总署进一步调整明确岗位设置规范提供实践参考。

【"双随机、一公开"改革专项工作】2021年，长春海关通过实施差异化监管措施、健全监管规则、明确监管重点等手段，创新和加强改革事项事中事后监管，进一步推进"双随机、一公开"改革。加强与市场监管部门的联系配合，开展对2家出口生产企业联合执法检查，实现部门联合"双随机、一公开"监管零的突破。参与海关行政执法检查事项"双随机、一公开"监管实施细则、海关行政检查随机抽查事项清单的修订工作。

【检验检疫监管模式改革】2021年，长春海关落实进口汽车零部件便利化措施，对符合免予办理强制性产品认证的进口汽车零部件实施"先声明后验证"便利化措施，对进口汽车零部件实施"采信认证认可部门出具的认证证书"便利化措施。涉及的进口汽车零部件101.3亿元，占吉林省进口额的9.1%、同比增长0.5%，占全省进口汽车零部件总额的36.3%、同比增长10.3%。落实进口铁矿等矿产品"先放后检"政策，对部分进口矿产品实施"先放后检"监管方式，经现场检验检疫符合要求后，即可提离海关监管作业场所，提离后实施实验室检测并签发证书。2021年，长春关区"先放后检"进口铁矿13批、2万吨，为企业节省仓储费用10万元。

【防范通关业务改革衍生风险】2021年，长春海关认真落实防范化解重大风险工作机制和分析研判工作机制要求，建立专家研判机制，组建关区重大风险研判专家库，专家成员涵盖关区所有41个部门和单位81人。2021年12月，组织开展业务改革衍生的重大风险隐患调研工作，收集和梳理风险隐患的具体表现形式、问题成因、防范化解的意见、建议和应对措施，调研收集各类问题22条。

通关运行管理

【通关业务改革】2021年，长春海关进一步完善统筹协调机制建设，持续深化全国通关一体化改革。推动长春关区H2018新一代通关管理系统3.0版本切换应用，制订应急方案及时处置异常情况，编发5期通关管理操作指引，解决各类通关运行问题100余个。通过召开企业座谈会、政策宣讲会、赴重点企业调研、利用关企微信群等多种渠道加强政策宣传，引导企业积极参与业务改革，有效推动"两步申报""提前申报"等改革举措落地见效。2021年长春关区"两步申报"报关单9,886票，同比增长94%，应用率16%。"提前申报"报关单3.06万票，同比增长17%，应用率35%。

▲2021年6月23日，长春海关派员在全省"走出去"工作推进会进行政策宣讲

【压缩货物整体通关时间】2021年，长春海关持续强化货物整体通关时间监控，完善"日监控、周调度、月通报"监控机制，各业务现场结合业务实际，深挖

潜力，持续推进汇总征税、关税保证保险、企业"自主申报、自行缴税"、两步申报、提前报关、担保验放、24小时预约通关等便利措施，叠加释放海关业务改革红利，进一步压减货物整体通关时间。完成清理2004—2020年期间历史遗留长期未结关报关单301票。2021年长春关区进、出口货物整体通关时间与2017年全年相比分别压缩61.36%和87.56%。

贸易管制与技术规范

【落实贸易管制措施】2021年，长春海关认真落实总署相关工作要求，提高政治敏感性，强化风险意识，加强对进出口重点企业和敏感商品监控、分析研判，防范企业伪报品名、归类、原产地等信息、将贸易管制商品伪装成普通货物非法进出口等情事发生。加强业务培训，规范业务操作，严格落实贸易管制措施。

【规范标准管理】2021年，长春海关组织开展并完成关区2020年国外技术性贸易措施影响调查，共涉及长春关区106家企业；继续推进技术性贸易措施服务，开通长春海关门户网站"技贸服务"栏目，向总署综合业务司筛选报送2017年以来应对国外技术性贸易措施典型案例2例。开展2021年海关技术规范制修订项目申报工作，按时上报制修订标准需求、专家评审、总署下达计划。2021年，长春海关承担2项海关总署技术规范制修订工作，按时完成2020年下达5项标准送审工作。其中，《家具窃蠹检疫鉴定方法》（计划编号2020B072）提前一年完成送审工作。2021年，长春海关承担3项地方标准的制定任务。其中，《国境口岸新冠肺炎疫情防控技术规范第1部分 航空口岸》和《口岸旅检现场人体样本采集及运送技术规范》通过地方标准快速评审机制，于2021年12月23日经吉林省市场监督管理厅正式批准并发布实施。

知识产权海关保护

【知识产权海关保护专项行动】2021年，长春海关开展"龙腾行动2021"专项行动。围绕"4·26"世界知识产权日"全面加强知识产权保护，推动构建新发展格局"主题开展多项活动。重点向企业宣传知识产权海关保护政策和"龙腾行动"等专项保护行动，与企业代表座谈交流，引导企业充分利用知识产权海关保护政策维护合法权益，一汽集团、中车长客等20余家企业相关负责同志参加座谈。开展对外宣传，副关长谢兵参加吉林省"4·26"世界知识产权日新闻通报会，介绍"十三五"时期长春海关知识产权保护工作成就以及近年来开展的"龙腾行动"等专项行动，推进落实国家创新驱动发展战略和知识产权强国战略。开展"蓝网行动2021"专项行动，打击寄递渠道侵犯知识产权行为。在《吉林日报》刊发题为《加强寄递渠道知识产权保护 长春海关启动"蓝网行动2021"》的宣传报道。

2021年长春关区共查获侵权邮件32批次，涉及侵权物品533件，查获数量比2020年增长49%，未发生知识产权行政处罚案件。

【知识产权保护交流合作】 2021年4月20日、12月15日，长春海关与大连、沈阳、哈尔滨等东北地区海关联合中国外商投资企业协会品牌保护委员会（品保委）举办知识产权海关保护线上培训，邀请安踏、美的、高露洁、苹果、3M等24家国内外知名品牌权利人代表，以"钉钉"直播方式，就商品真伪鉴别知识、侵权商品特征及侵权嫌疑货物初判等内容对关员开展培训，关区累计400余人参加培训。接待外资知名品牌3M公司代表，听取企业对海关工作的诉求及建议，就进一步落实信息交流互通、强化合作培训、协助海关打击侵权等方面与企业加强合作。派员参加16省（区、市）侵权假冒伪劣商品统一销毁吉林省分会场活动，向社会公众宣传知识产权海关保护政策和成果，现场销毁近年查获的部分侵犯知识产权货物。与吉林省知识产权局、吉林省版权局、吉林省贸促会等部门联合印发《知识产权保护合作机制》，在知识产权舆情监测、进出口知识产权纠纷处理等方面加强合作，切实提升吉林省知识产权保护能力和水平。

（撰稿人：王　琪　王聪慧　任永伟
　　　　　吴　劲　邹　震　张焕杰
　　　　　金明哲　秦向阳）

海关特殊监管区域管理

概况

2021年，长春海关深入贯彻落实总署各项部署和要求，大力推进自贸试验区改革试点经验复制推广，主动会同地方政府统筹推进海关特殊监管区域发展建设，采取积极措施支持综合保税区企业复工复产，为吉林省申建自贸试验区建言献策，努力打造高水平对外开放平台，海关特殊监管区域管理服务工作稳步推进。长春关区正式运行的海关特殊监管区域有2个，分别是长春兴隆综合保税区和珲春综合保税区。

长春兴隆综合保税区于2011年12月16日获得国务院正式批准，2013年10月31日一期基础和监管设施通过国家十部委联合验收；2021年12月9日二期基础和监管设施通过了吉林省八部门组成的联合验收工作组的预验收。依托区位优势和政策优势，长春兴隆综合保税区打造了国际陆港、跨境电商综合服务、冷链物流、国外资源加工、检测维修五大平台，是吉林省功能最完善、开放层次最高的海关特殊监管区域。2021年，长春兴隆综合保税区受理进出口报关单1.73万份，同比增长9.08%；进出口货运量8.02万吨，同比增长6.67%；进出口货值63.01亿元，同比增长12.17%；征收税款1.67亿元，同比增长40.45%。截至2021年年底，在册企业204家，同比增长12.09%。

珲春综合保税区前身为珲春出口加工区，于2018年4月经国务院批准升级为珲春综合保税区。2019年2月，总署批准珲春综合保税区通过验收。2019年12月，珲春综合保税区获批中国（珲春）跨境电子商务综合试验区，2020年1月，珲春市获批零售进口试点城市，走出了一条规范化、标准化、前沿化的具有珲春特色的跨境电商发展之路。2021年，珲春综合保税区受理进出口报关单7,273份，同比增长25.5%；进出口货运量33.9万吨，同比增长23.3%；进出口货值40.3亿元，同比增长26.7%；征收税款4,961.1万元，同比增长166.8%。截至2021年年底，在册企业87家，同比增长7.41%。

综合保税区发展

【落实国务院政策举措】 2021年，长春海关聚焦吉林省综合保税区高水平开放高质量发展，持续推进国务院《关于促进综合保税区高水平开放高质量发展的若干意见》中"21项任务举措"的具体落实。长春海关成立综合保税区工作领导小组，每月定期召开工作推进会，专题研究"21项任务举措"贯彻落实情况。开展综合保税区高水平开放高质量发展课题研究，学习借鉴国内外特殊区域发展先进经验，结合吉林省实际深入研究推动综合保税区高水平开放高质量发展的路径和措施。召开政策宣讲会6场，到会企业300余家，广泛宣传政策红利，解读支持措施具体内容。截至2021年年底，"21项任务举措"中由海关牵头的提前适用政策、委托加工、四自一简等12项任务举措已全部在吉林省落地实施。

【复制推广自贸试验区试点经验】 2021年，长春海关制订推进自贸试验区改革试点经验复制推广工作方案，统一协调推进自贸试验区改革试点经验在吉林省内落地。根据复制推广要求制订信息化保障方案，对关级配套信息化系统进行升级完善。统筹安排在关区复制推广进度，与管委会等地方有关部门密切配合，在企业自愿和有需求的基础上稳步推进复制推广工作。加强海关宣传引导，多次组织召开自贸试验区改革试点经验宣讲会，通过企业座谈会、企业调研、政策宣讲微信群等多种形式向综合保税区管理部门和进出口企业全面详细介绍自贸试验区改革试点经验。截至2021年年底，国务院先后颁布的六批可复制推广自贸试验区试点经验138项中，涉及海关工作的61项已在吉林省复制推广32项。

特殊监管区域发展

【助力综合保税区企业复工复产】 2021年，长春海关坚持新冠肺炎疫情期间一线科长带班，综合运用多种作业模式做到即到即提，实现综合保税区防控物资通关"零延时"。出台支持综合保税区发展8项措施，在《吉林日报》等媒体宣传报道，助力企业复工复产，渡过难关。召开推动企业复工复产现场办公会，宣传支持综合保税区企业复工复产的系列措施。创新实施中欧班列满洲里东通道"三并二"模式（集并换装模式：因中国列车轨道为标准宽度，俄罗斯列车轨道为宽轨，中欧班列经满洲里口岸出境后，在俄罗斯后贝加尔斯克公路口岸换装宽轨列车时，可以将三列标准宽度列车装载的铁路运输集装箱货物合并装载到两列俄罗斯宽轨列车上，即始发的三列中欧班列合并为两列，此方式能够有效提高集装箱班列运输效率，降低企业成本），助推复工复产企业高效搭载中欧班列实现产品出口。

【支持自贸试验区申建】 2021年，长春海关提前介入吉林省自贸试验区申建工作，主动献言献策。在长春海关改革发展领导小组下专设自贸试验区工作海关推进组，每季度召开一次工作会议。编写要情上报省政府，通过阐述申建自贸试验区的重要意义、分析研究亟待解决的问题，为省领导决策提供参考。认真研究《吉林省自贸试验区总体方案主要任务征求意见稿》，结合海关工作实际提出9项修改意见。成立自贸试验区政策研究专班，抽调关区业务骨干和国际贸易专业人员组成写作小组，分别就自贸试验区和综合保税区各项优惠政策进行深入解读，为吉林省自贸试验区申建做好政策储备。

（撰稿人：郭文博）

风险管理

概况

2016年6月，全国海关通关一体化改革推行，按照总署关于全国海关通关一体化改革"两中心"建设的要求，于2017年7月19日正式设立长春海关风险防控中心，重点统筹关区业务风险管理。2018年12月14日，"长春海关风险防控中心"正式更名为"长春海关风险防控分局"，受长春海关直接领导，负责长春关区海关风险防控工作。

2021年，长春海关深入贯彻落实习近平总书记重要指示批示精神和党中央重大决策部署，全面贯彻落实总署党委关于风险管理工作各项部署，着力推进党建与风控业务工作的深度融合，坚持不懈做好"洋垃圾"、濒危动植物及野生动物、知识产权保护等风险防控工作，突出打击各渠道走私风险，在信息情报、风险预警、分析处置、联合防控等方面持续发力，不断推进关区风险防控工作高质量发展。

风险信息与大数据应用

【风险信息情报】2021年，长春海关加强情报信息建设，遵循"及时、准确、合法、保密"的原则，规范内外部情报信息收集、分析、处置、反馈等工作，强化情报信息成果转化，服务关区各贸易渠道风险防控；强调职能作用发挥，指导隶属海关开展风险信息收集上报，发挥风险信息提示作用；注重纵向沟通、横向协作的配合机制，积极推动与相关部门合作，强化数据交换和信息共享，开展情报信息合作，推动跨部门风险联合研判。通过高风险人员分析向缉私局提供情报线索，在邮递渠道查获毒品案件1起。

【风险预警】2021年，长春海关坚持"预防为主、突出重点"的原则，积极拓展风险信息渠道，重点关注、分析濒危物种及其制品、固体废物、枪爆、毒品等威胁生态安全、政治安全、社会安全等风险的同时，将风险预警扩展至口岸公共卫生安全、生物安全、进出口商品和食品安全准入等全领域，加强对春节、"6·18"、"双十一"、国庆等特殊时期、特殊时段的信息收集整理，重点围绕重大政策调整认真分析查找风险点，形成预警提示信息或预警建议，充分发挥风险预警在风险防控工作中提示先导作用。

【大数据应用】 2021年，长春海关强化数据安全责任意识，规范落实海关数据管理要求，遵循"最小化"原则，加强对关区海关大数据通用分析应用（"云擎"）系统、"新一代风险作业"系统和"海关风险管理子系统"操作人员授权申请的审核力度，严格审批程序，严控数据权限，实行台账式管理模式。加强海关大数据通用分析应用（"云擎"）系统模型应用和建设，丰富大数据应用场景，强化大数据在风险分析工作中的应用水平，发挥大数据应用效能。2021年应用"云擎"系统开展数据分析650次。

风险处置与联防联控

【风险分析处置】 2021年，长春海关着力强化关区进出口货物查获质量提升工作，成立由风控分局为组长单位、各相关职能部门和隶属海关为成员单位的工作专班，发挥相关职能部门业务管理经验、隶属海关实战经验和风控部门的大数据分析优势，加大联合研判力度，有目标、有重点地开展联合研判，通过狠抓查获质量和协调沟通效能，提升风险分析、现场检疫、检验、查验和后续处置水平。积极参与风险管理司"海关后续环节风险防控"课题调研。

【口岸风险联合防控】 2021年，长春海关加强各业务职能部门的协同合作，开展风险联合研判，优化协同布控，强化协同处置，不断提升关区布控查获效能。风险管理与企业稽查部门联系配合，加强后续分析处置，按照"选""查""处"分离的原则，强化风险部门与其他职能部门及隶属海关的联系配合，规范稽核查指令下达。加强与执法部门联动。完善风险管理与缉私部门的线索通报、处置成效反馈机制，在重点专项、大要案领域进一步深化协作。2021年，长春海关与地方税务部门合作，运用风险管理手段深挖扩线，查获利用农产品出口骗退税案件2起。

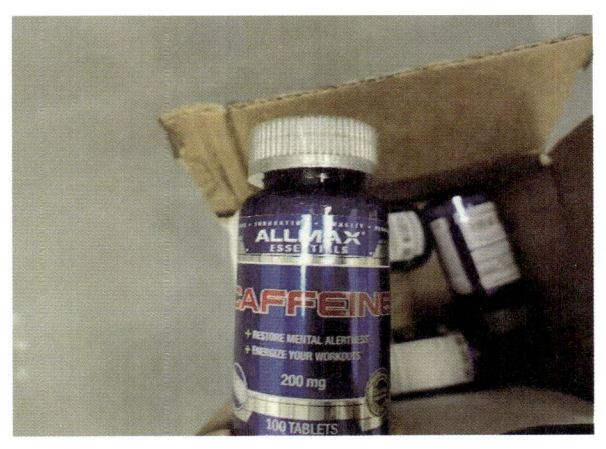

▲2021年10月，长春海关通过联防联控，在快件渠道查获大量伪报进口禁限管制药品减脂片613.92千克

（撰稿人：丁 凯 周 丽）

关税收征管

概况

2021年，长春海关认真落实总署综合治税工作部署，强化征管、优化服务、深化改革，巩固综合治税工作机制，加强税收分析监控，发挥综合治税领导小组组织、协调、督导等职能作用和征管现场作用，科学治税、综合治税水平稳步提升。2021年，长春海关关税及进口环节代征税征收入库91.3亿元，同比下降13.8%；减免税款3,592.7万元，同比下降74.2%。

关税技术

【税则税政】2021年，长春海关立足吉林省外贸发展实际，以汽车、农产品等吉林省重点产业和重要行业为重点开展税政调研，从增强产品竞争力角度出发，支持吉林省汽车、轨道客车、冰雪产业和水产品等产业健康发展。2021年，长春海关首次牵头7个直属海关开展汽车制造行业税政调研；首次与吉林省财政厅、商务厅、工信厅和林草局建立税政调研合作机制。围绕降低进口关税、提高出口退税方面深入开展调研，有理有据提出税则修订调整建议。2021年，长春海关提出税政调研建议30项。其中，汽油机用颗粒捕集器、松子（松子仁）和玉米深加工产品苏氨酸、赖氨酸盐酸盐等5项税政调整建议被国务院关税税则委员会采纳，经行业协会评估测算，被采纳的税政建议每年可为吉林省市场主体减税1.7亿元。

【商品归类与减免税管理】2021年，长春海关充分发挥海关商品归类、化验和验估等技术手段作用为业务现场、稽查和缉私部门提供技术支持。实施化验取样59宗，归类预裁定11份，归类专业认定11份。审核出具《进出口货物征免税确认通知书》122份，货值6,190万美元，同比下降57%；减免税款3,592.7万元，同比下降74.2%。其中，减免关税1,845.3万元；减免进口环节增值税1,747.4万元。办理减免税设备担保出具联系单29份，货值439万美元。

【原产地管理】2021年，长春海关签发原产地证书1.3万份，同比下降5.84%；签发证书金额10.51亿美元，比2020年增长16.99%。自2021年12月1日起对输往欧盟成员国、英国、加拿大、土耳其、乌克兰和列支敦士登等已不再给予中国普惠制关税优惠待遇国家（地区）的货物，停止签发普惠制原产地证书。坚持"以理论指导实践，用实践丰富理论"，在宣讲理论知识的同时，结合实际指导企业进行原产地证书的规范申报。2021年，关区参与培训的原产地业务人员达到100余人次，对外培训企业500余家，企业参与培训600余人。为做好RCEP的实施准备工作，长春海关密切关注RCEP推行进度，通过为进出口企业开展政策解读，强化签证业务技能培训，多措并举确保RCEP平稳有序实施。2021年，有关RCEP的政策宣传稿件被国家级及署级媒体采用3篇，在《吉林日报》等吉林省主流新闻媒体发布宣传稿件10余篇。

关税征管

【税收征管】2021年，长春海关认真落实总署关于税收工作的安排与部署，召开主要税源企业专题调研会，掌握全年的进口、生产和销售计划，对税收形势开展前瞻性分析和预测；在关区各征税现场进行税收预测摸底调研，整体把握关区税收形势；强化综合治税工作合力，坚持依法、科学征管。积极推动总署关于深化税款担保改革措施落地见效，促进担保机构进一步多元化。首次引入一汽财务公司作为新的担保主体，截至2021年年底，关区共受理12家担保机构的税款担保备案33份，担保金额56.5亿元。关区汇总征税报关单在应税报关单中的占比达51.8%，全国排名第5位，高于全国平均水平20个百分点。继续扩大"自报自缴"和新一代电子支付规模，关区"自报自缴"报关单占比59.3%，新一代电子支付率达99%。

▲2021年11月5日，长春海关派员赴一汽财务公司宣讲多元化税款担保改革举措

【税收风险防控】2021年，长春海关开展归类、估价、原产地、非贸等涉税风险的排查与整改，派出10人次对10个隶属海关及现场开展专项检查。举办税收征管线上培训10期、累计1,000余人次参训，提升税收征管操作规范性。将税收征管考核指标纳入日常监控，利用"HLS2017内控平台"处置异常数据212条。全年实现归类补税商品31项，审价补税66宗，同比增长59.4%。推动税收征管方式改革和属地纳税人管理，从纳税基础、税收异动、财务状况等6个方面对企业进行客观、全面的纳税遵从度评估，引导企业提升合规申报意识。2021年，为关区60家企业建立企业底账和"双特"价格台账。

（撰稿人：马　妍　王丽萍　杨　柳　康彤宇）

卫生检疫

概况

2021年，长春海关坚决贯彻落实习近平总书记关于疫情防控工作的重要指示批示精神，毫不动摇坚持"外防输入、内防反弹"总策略，扎实推进"人、物、环境"同防、"多病共防"，直面常态化疫情防控严峻考验，将口岸新冠肺炎疫情防控作为首要政治任务，坚守底线思维，切实履职尽责。严格按照总署最新版口岸防控技术方案和卫生检疫操作指南等最新内容，精准规范落实"三查三排一转运"，综合运用多种卫生检疫手段全面加强航空、陆路口岸人员、交通工具等检疫监管。健全完善安全防护监督制度，持之以恒抓好安全防护工作。研究制定新冠肺炎口岸防控工作方案预案指引，加强防控制度体系建设。持续强化口岸疫情防控措施，织密织牢立体防控网络。密切配合、通力协作，加强联防联控。多种形式拓宽培训渠道，加强培训演练，持续提升一线人员专业技能水平。高质量完成卫生检疫各项工作，加强除新冠肺炎以外其他传染病防控，持续强化口岸卫生监督，深化口岸公共卫生核心能力建设，努力确保口岸公共卫生安全，以绝对忠诚和专业精神筑牢口岸卫生检疫防线。

口岸疫情防控

【健全防控制度】2021年，长春海关按照最新口岸防控技术方案和卫生检疫操作指南，制订并更新长春海关新冠肺炎口岸疫情防控工作方案、预案和岗位指引40余个，持续规范口岸开展出入境人员检疫处置，进一步优化卫生检疫流程，科学、有序、有效做好口岸疫情防控工作。制发进一步落实新冠肺炎疫情防控工作等9个任务分工/分解表，落实落细关区各部门、单位工作责任，推动各项疫情防控工作任务执行。建立长春海关本土疫情应对及处置工作机制，成立本土疫情应对及处置工作专班，细化处置工作流程，做好辖区有本土病例报告且为出入境关联病例时的应对及处置相关工作。根据"一口岸一方案"的原则，结合本口岸通关和作业模式等实际情况及常态化疫情防控要求，各口岸隶属海关更新疫情防控工作方案 2 次，确保方案的针对性和有效性。成立长春海关新冠肺炎疫情防控个人安全防护工作专班，发挥视频监控作用，强化个人安全防护。结合疫情防控各阶段的重点工作和存在的问题，召开疫情防控指挥部办公室会议 22 次，推动疫情防控措施有效落实。

【传染病疫情防控】2021 年，长春海关口岸出入境检疫人员 81,110 人次，同比下降 76.1%，检出传染病 5 种 90 例，同比下降 34.3%。其中入境检疫人员 39,774、同比下降 77.1%，检出传染病 90 例、同比下降 30.8%。入境口岸主要为龙嘉机场口岸、延吉朝阳川机场口岸、珲春公路口岸和珲春铁路口岸。检出传染病来自 5 个国家或地区，主要为俄罗斯和韩国。

【新冠肺炎疫情监测】2021 年，长春海关建立陆上邻国疫情防控研判机制，成立由职能处室任组长单位，各陆路口岸隶属海关为成员单位的陆上邻国新冠肺炎疫情防控工作专班，建立会商和监测疫情信息报送工作机制，做好陆上邻国新冠疫情监测和研判预警工作，连续报送日报 67 天，周报 9 期。充分调动全关区人才力量，成立境外疫情研判评估工作组，每日监测并开展 46 个非洲国家的新冠肺炎疫情防控措施收集和综合研判。充分发挥总署全球传染病疫情监测作用，将总署每日发布的全球传染病疫情信息日报及时转发至关区卫生检疫工作群，密切跟踪新冠肺炎等各类传染病疫情形势发展变化。

【新冠肺炎疫情风险评估研判】2021 年，长春海关动态开展新冠肺炎疫情风险研判。根据疫情防控形势组织视频风险评估会议 5 次，结合关区通航/接壤国家（地区）的疫情形势，评估周边国家（地区）疫情输入风险，有针对性地强化疫情防控措施，解决疫情防控重点难点问题。密切关注入境货运包机机组人员风险，针对可能存在的新冠肺炎传播风险开展分析研判 6 次。持续提高关区国境口岸公共卫生风险管理水平，为口岸精准防控打下良好基础。

【北京冬奥会备降保障】2021 年，长春海关全力做好北京冬奥会、冬残奥会备降保障工作。成立北京冬奥会和冬残奥会工作专班，明确职责，提前做好人员、物资等能力储备，确保能及时妥善做好备降航班的卫生检疫保障和其他应急工作。2021 年，开展 2 次卫生检疫工作协调会，制订冬奥会和冬残奥会备降航班卫生检疫保障相关工作方案预案 3 个，确保各项工作落到实处、取得实效。与北京海关建立北京冬奥会和冬残奥会联系保障机制，明确涉奥卫生检疫事宜联系人。北京冬奥会和冬残奥会期间，组织长春龙嘉机场海关定期开展实战演练，坚持问题导向，通过演练查找短板、漏洞，严密工作措施、理顺工作流程，做好备降应急值守工作。

【多维度防控】2021 年，长春海关坚持"人、物、环境""多病共防"。在"人防"方面，从严从紧做好入境交通工具登临检疫，落实"三查三排一转运"，充分排查所有入境人员涉疫风险。对来自重点国家或地区的入境人员严格实施健康申明卡验核、"两道"体温监测、医学巡查等工作。在"环境"防控方面，长春海关根据国务院联防联控机制文件要求，进一步明确相关单位消杀、消毒主体责任，海关同步加强监督责任。进一步压紧压实航空公司主体责任，明确终末消毒指征和监督要求。根据总署统一部署，对入境后继续执飞国内航班和入境后立即离境的客运航空器，分类实施终末消毒，在确保消毒效果的同时提高消毒效率。在"多病共防"方面，根据总署发布的疫情公告、警示通报和工作通知，有针对性地加强对重点国家和地区、重点航班、重点人群的卫生检疫，严防疫情叠加。

【**个人安全防护工作**】2021年，长春海关始终强化疫情防控个人防护工作，严格执行海关工作人员防护监督机制，全面梳理安全防护关键风险控制点，明确口岸卫生检疫区域设置、污染控制和废弃物收集、暂存、转运以及洗消作业等技术标准。健全完善"培训考核、监督管理、自查督查"的"三位一体"安全防护体系，严格落实"岗前检查、工作巡查、全程督查""双人作业、互相监督"的"3+2"安全防护监督制度。建立直属海关、隶属海关和作业班组三级专兼职安全防护监督员队伍。各级监控指挥中心对各业务条线作业现场进行全流程实时监控巡查，形成及时发现问题、反馈问题、督促整改，落实成效反馈的形成闭合链条。自2021年1月起，长春海关个人安全防护专班对人防、物防、实验室各条线疫情防控工作人员的安全防护等进行视频监控检查，针对不规范问题制发反馈协调处理单并追踪整改落实情况，每月对发现的问题进行通报。召开专班会议16次，通过长春海关视频监控指挥中心开展个人安全防护监督检查773次，查发各类问题970余个，均已整改完成。

【**联防联控工作**】2021年，长春海关严格落实国务院联防联控机制有关疫情防控部署要求，将口岸疫情防控工作有机融入到地方联防联控机制整体链条中，持续完善口岸疫情防控工作方案和应急处置预案，做到与地方疫情防控政策和应急机制的充分对接。积极参与省级疫情防控7个工作组及口岸城市防控专班，从海关职能角度提出多条防控建议，有效扎紧疫情防控闭环，凝聚防控整体合力。经过沟通协调，地方政府为长春龙嘉机场海关支援经验丰富的医护人员3个班组，累计100余人次，保障海关采样工作，极大缓解入境检疫工作人力不足问题。长春龙嘉机场海关、珲春海关封闭管理人员由地方政府提供全部封闭管理场所。

【**专业队伍能力提升**】2021年，长春海关不断提升疫情防控一线人员能力，采用"现场演练+视频观摩+专家点评"模式，开展应对新冠肺炎疫情应急处置演练，切实提高一线关员安全防范意识和职业暴露等突发事件应急处置能力。贯彻落实国务院联防联控机制关于疫情常态化培训要求，组织相关隶属海关进行为期1个月的疫情防控岗位跟班作业，实现以干代训。充分发挥长春海关卫生检疫专家组技术咨询、综合研判作用，成立长春海关机关内部疫情防控流调溯源工作专班，如发生内部人员感染新冠肺炎等突发状况，及时对相关人员进行流调和情况排摸，为后续处置打下扎实基础。2021年开展机关内部流调评估20余次，评估人员324人次。以"集中培训、送教上门、以考代训、以练代训、跟班作业、网络培训"相结合的联动模式，组织开展个人防护、采样等培训47期，参加人员1,500余人次，提升口岸一线关员应对疫情的能力和水平。

▲2021年10月18日，长春海关举办个人安全防护专班业务知识培训

口岸公共卫生安全

【口岸卫生监督】2021年，长春海关全面做好口岸卫生监督工作，关区2个空港口岸完成口岸食品监督抽检实验室检测170件次和现场快速检测234件次的抽检任务。各口岸隶属海关积极开展国境口岸病媒生物监测工作，全年捕获鼠67只、蚊275只、蝇22只；开展26次"一带一路"专项病媒监测，捕获鼠类5属10种501只，检出汉坦病毒阳性2例、钩端螺旋体阳性6例、巴尔通体阳性2例、博卡病毒阳性13例。按照"双随机、一公开"工作要求开展日常卫生监督和抽查。全年开展卫生监督抽查和日常监督工作200余次，受理口岸卫生许可行政审批19件。

【口岸公共卫生核心能力建设】2021年，长春海关不断加强口岸公共卫生核心能力建设，制订印发年度口岸公共卫生核心能力建设推进工作实施方案，明确组织机构、实施内容、实施步骤及完成时间。组织关区参加自查的16个口岸以发现问题为导向，于7月6日至8月6日认真开展自查，于8月7日至10月31日结合自查发现问题分析整改。推动各单位切实履行职责，全面发挥作用，持续推进口岸核心能力建设工作，确保口岸公共卫生安全。

【国际旅行卫生保健中心能力建设】2021年，长春海关持续推进保健中心能力建设。根据保健中心需求更新关区《国际旅行健康检查证明书》签发人员名单。先后下发2次通知，指导保健中心做好疫情防控工作，加强制度建设，严格执行属地医疗卫生机构各项疫情防控管理规定。优化工作流程，加强日常环境消毒和医疗废弃物管理；加强应急处置，强化应急演练和应急预案的建设；严格安全防护，加强医护人员个人防护。

【特殊物品卫生检疫监管】2021年，长春海关按照总署要求，持续推进关区特殊物品出入境卫生检疫分级分类监管工作。严格办理卫生检疫审批和通关验放手续，加强对高风险特殊物品的监管，对季节性流行性感冒病毒疫苗株等生物安全高风险的特殊物品加强风险评估，在确保生物安全的前提下给予审批及通关便利，助力企业临床研究、疫苗生产及检测试剂研发等工作。2021年，完成特殊物品出入境卫生检疫审批1,488批次，比2020年增长25.15%；为申请出入境特殊物品的7家企业开展14批次生物安全风险评估，支持吉林省生物医药产业发展。

【生物安全宣传】2021年，长春海关按照总署统一部署，以"筑牢口岸检疫防线、守护国门生物安全"为主题开展宣传教育活动。将海关内部学习和对外宣传有机结合，通过宣传片、海报、走进校园和企业、线上答题等多种形式对海关关警员、出入境人员、学生、有进出口业务的企业人员等重点人群进行国门生物安全宣传，提高国门生物安全意识。

【国际旅行健康宣教】2021年，长春海关按照总署统一部署，组织开展以"生命至上，终结艾滋，健康平等"为主题的"世界艾滋病日"和以"消除疟疾控新冠，同防输入再传播"为主题的"全国疟疾日"的主题宣传活动。通过宣传片、宣传手册、走进企业、知识培训等多种方式，结合"我为群众办实事"，对海关关警员、出入境人员、有进出口业务的企业人员等重点人群进行艾滋病、疟疾等防控知识宣传，加深公众对艾滋病、疟疾的了解，提高国际旅行中的防范意识。

（撰稿人：万艾玲　张　宪　周　浩　周煜博）

动植物检疫

概况

2021年，长春海关践行习近平生态文明思想，坚持总体国家安全观，按照总署的安排部署，扎实做好关区进出境动植物及其产品检疫监管工作。成立长春海关外来入侵物种口岸防控工作领导小组，强化外来入侵物种口岸防控，筑牢口岸生物安全防线。参与制订吉林省外来入侵物种普查工作方案，启动相关工作。开展"4·15全民国家安全教育日"国门生物安全宣传活动。组织开展长春海关国门生物安全监测和安全风险监控。派员参加总署智慧动植检建设、进境植物检疫性有害生物名单修订、疫情解禁风险评估、境外预检、进境大中动物隔离检疫督查、预检制度改革、境外企业注册、进境种用动物隔离场考核、2022年国门生物安全监测计划制订以及"国门生物安全系列丛书"编写等专项工作。严格执行进出境动植物及其产品企业注册登记/备案要求，完成273家企业注册登记/备案。落实新冠肺炎疫情防控要求，严防新冠病毒随动植物及动植物产品传入。精准聚焦地方产业特色与发展需求，开展动植物检疫技术性贸易措施研究，实施专班专服制度，助力吉林省动植物及其产品进出口。支持企业对外注册。2021年，关区进境动植物及产品主要包括食用水生动物、种用陆生动物、板材以及从其他口岸进境后调入的粮食和非食用动物产品等。出境动植物及产品主要包括木制品、饲料和饲料添加剂、粮食、稻草、种苗以及少量的羽制工艺品。

进出境动物检疫

【新冠肺炎疫情与动物疫情防控】 2021年，长春海关严格按照总署布控指令，开展进口高风险非冷链集装箱装运动植物及其产品的口岸环节新冠病毒核酸检测和预防性消毒工作。研究制订长春海关进境动植物及其产品新冠病毒风险监测阳性结果应急处置预案，并组织实施应急演练。落实个人安全防护监督制度，举办专题讲座，对《总署关于加强对来自动物疫区运输工具监督管理的公告》和进境活动物检疫监管人员新冠肺炎疫情防护和作业指南进行解读和培训，督促隶属海关一线动植检作业人员做好检疫监管过程中的个人安全防护工作。在全面落实新冠肺炎疫情防控措施的同时，结合长春关区工作实际，加大口岸非洲猪瘟、高致病性禽流感等重大动物疫病防控力度，防止疫情叠加。2021年，对关区各口岸作业现场进行1,636次485小时的实时监控，截获猪肉及其制品62批次113.38千克。

【进境陆生动物检疫】2021年，长春海关发挥职能作用加快进境动植物检疫审批。大力支持引进种猪、种鸡等国外优质种质资源，减少新冠肺炎疫情带来的影响，严格落实各项隔离检疫措施，对进境陆生种用动物开展入境和隔离检疫监管工作。共完成1批1,500头进境种猪、4批12.8万羽种鸡的检疫监管工作。在总署动植物检疫司的指导支持下，解决企业种猪引进过程中遇到的问题和困难，根据种猪进口企业的实际需求，完成中粮家佳康吉林有限公司进境种猪指定隔离场的初审、上报工作，配合海关总署考核专家组顺利完成隔离场的考核验收，并成功引进丹麦种猪。依据海关总署国门生物安全监测方案（动物检疫部分）相关要求制订长春海关国门生物安全监测工作方案（动物检疫部分），对进境动物开展布鲁氏菌病、非洲猪瘟、禽流感等16项疫病监测，检出猪繁殖与呼吸综合征阳性1头、猪传染性胸膜肺炎阳性1头。报送的"聚焦国家种业振兴全力服务吉林省生猪产业新征程"项目入选全国海关"'我为群众办实事'百佳项目"。向进口企业提供进境隔离场选址、建设等方面的政策支持，对修订实施的《进境种猪指定隔离检疫场建设规范》和《进境牛羊指定隔离检疫场建设规范》进行宣贯。组织完成3家进境种鸡指定隔离场的考核，进一步缓解吉林省种禽生产企业种源缺乏问题，助力吉林省种禽生产企业进一步做大做强。积极扶持吉林省"秸秆变肉"暨千万头肉牛工程。成立肉牛工作专班，开展隔离场建设等方面的政策解读，协调使用北京国家隔离场引进种公牛，帮助企业在吉林省内选址建设检疫隔离场，与总署动植物检疫司沟通协调完成阿根廷输华牛胚胎准入程序。

【进境水生动物检疫】2021年，长春海关检验检疫进境食用水生动物（帝王蟹、扇贝等）1,902批、1.4万吨、货值35.7亿元。长春海关在珲春口岸设立进口鲜活产品绿色通道，提供"5+2""7×24"全天候预约通关，"优先查验"等服务，做到"即到、即验、即放"，减少进口鲜活货物在口岸停留时间，实实在在解决进口企业的鲜活产品易腐难题。开展进境水生动物疫病监测，全年完成疫病监测28批，安全风险监控监测20批，检测结果均为阴性。

【出境水生动物检疫】2021年，长春海关检验检疫出境食用水生动物（活林蛙）20批、38.09吨、货值487.4万元，贸易伙伴为韩国、日本、阿联酋。活林蛙作为吉林省特色农产品，受野生动物禁止交易政策影响，出口一度被禁止。随着林蛙由野生动物调整为水生动物管理，活林蛙恢复出口迎来机遇。长春海关通过深入研究相关法律法规，积极与林业、农业等有政府关部门联系沟通，明确最新政策要求，协助企业申请相关资质证明。实地检查活林蛙养殖基地，指导企业完善消毒、防疫措施，改善林蛙生态环境，减少疫病疫情发生，帮助企业再次实现活林蛙出口。共完成出境水生动物养殖场、中转场注册登记5家。长春海关严格按照海关总署相关要求，对出境水生动物实施检疫监管，动物疫病监测结果均为阴性，有毒有害物质安全风险监控均未检出。

进出境植物检疫

【外来入侵物种口岸防控】2021年，长春海关组织开展"国门绿盾2021"专项行动，制订进一步加强外来物种入侵口岸防控工作方案。上报截获外来物种10批次、截获外来有害生物12批次。积极落实国家十三部委《关于进一步加强松材线虫病疫情防控工作的通知》要求，加入吉林省森林和草原重大突发性生物灾害应急处置临时指挥部，参加吉林省联防联控工作会议，加强与相关部门配合，形成防控合力。派员赴白山地区开展松材线虫发生情况调研，撰写调研工作报告。加大对进境原木、板材、木质包装的植物检疫证书验核力度，严格按布控指令开展查验、取样检测。从进境（过境）货物木质包装中检出6批次活体伞滑刃属和滑刃属线虫，均按规定实施退运或除害处理。与省农业农村厅等7部门联合印发关于进一步加强外来物种入侵防控实施方案和吉林省外来入侵物种普查方案，参加联席会议，按分工落实海关职责。

【国门生物安全监测】2021年，长春海关制订进出境动植物检疫国门生物安全监测计划实施方案，明确职责分工、监测任务和相关要求。针对番茄褐色皱果病毒、马铃薯纺锤块茎类病毒、红火蚁等重点监测对象开展专题培训，有序开展监测工作。对隶属海关2021年国门生物安全监测工作开展情况进行抽查、监督检查和实地调查，建立问题台账，督促跟踪整改。对首次监测到的外来有害生物开展溯源调查，形成调查报告，对监测到的外来有害杂草进行监督铲除。

▲2021年6月16日，长春海关关员开展检疫性实蝇监测

【检疫处理监管】2021年，长春海关贯彻落实总署相关要求，完成所属3家企业的出入境检疫处理资质注销工作。与地

方政府和相关单位联系，引进符合相关技术规范要求的企业承接出入境检疫处理工作，实现口岸出入境检疫处理业务平稳过渡。成立关区出入境检疫处理监管工作专班，制定监督检查工作制度，明确职责分工，按条线细化5份监督细则，建立隶属海关自查、职能部门抽查和不定期现场监督相结合的监督模式。组织开展关区出入境检疫处理情况调研，形成专项报告3份。组织人员进一步梳理总署有关出入境检疫处理文件要求，完善长春海关出入境检疫处理工作管理制度，印发长春海关出入境检疫处理工作操作指南，明确应当签发检验检疫处理通知书情形。制定长春海关口岸新冠肺炎终末消毒处理监督工作操作指引等11份监管作业指引。召开出入境检疫处理要求视频宣贯会，压实检疫处理企业主体责任。按要求对获得核准的6家检疫处理企业证书进行更换，明确标出适用范围。结合长春海关实际，确定检疫处理单位季度检查频次和对象，组织开展实地监督检查和跟踪检查，督查检疫处理单位整改。严格档案管理，规范填写记录表，实现一企一档，一事一档。

【扩大粮食进口】2021年，长春海关开展进境粮食相关政策宣贯，指导加工企业建立完善防疫措施，强化进境粮食后续监管。实施"优先审单、优先查验、优先检测"等便利措施，将进境粮食跨关区调运审核程序简化为一级审核。支持企业使用"互联网+海关"远程申报，推广应用预约办、电话办、网上办等"不见面"方式办理通关手续。疫情期间，采取文件审核和视频方式进行进境粮食指定加工企业考核，减少疫情影响。2021年，关区进境粮食指定加工企业29家，新增18家（含延续），调入进口粮食94批次150余万吨。

【支持稻草出口】2021年，长春海关加大对稻草热处理厂和原料厂监督管理和服务支持力度，协调总署动植物检疫司解决疫情期间日本驻厂检疫官派遣事宜。认真审核热处理厂扩建方案，按照中日双方协议约定，取得日本农林水产省同意后，指导企业按照方案开展建设。组织相关隶属海关成立工作专班，满足输日稻草热处理企业节假日生产出口需求。加大与日本农林水产省相关部门沟通，开展调查分析，协商解决稻草夹带干青苔问题，避免退货造成损失。2021年，出口稻草及制品2.3万吨、4,879万元，连续3年稳定增长。

【安全风险监控】2021年，长春海关按照总署2021年度进出口食用农产品和饲料安全风险监控要求，成立长春海关进出境食用农产品和饲料安全风险监控工作组，结合长春海关实际，制订长春海关进出口食用农产品和饲料安全风险监控计划，并组织实施。2021年，长春海关安全风险监控送样48份。其中，进境送样20份，全部为进境食用水生动物；出境送样28份，分别为出境粮食2份，出境饲料和饲料添加剂 26 份。抽取的样品，经实验室检测全部合格。

【动植物检疫岗位资质管理】2021年，长春海关组织开展关区动植物检疫岗位资质培训学习及考核认定工作。利用点对点培训，采取电话和送教上门等方式，提升一线人员检疫执法能力。组织隶属海关关员参加进境种用动物隔离检疫以及国门生物安全监测等专项业务培训。全年关区具备动植物检疫岗位资质人员共 720 人次，包括高级签证兽医官 24 人次，高级签证植物检疫官 35 人次，签证兽医官 32 人次，签证植物检疫官 54 人次，动物检疫现场专家查验岗 70 人次，植物检疫现场专家查验岗 86 人次，动物检疫现场普通查验岗 207 人次，植物检疫现场普通查验岗 211 人次。

（撰稿人：王 政 王金丽 王春雨
孔德鑫 李艳丰）

进出口食品安全

概况

2021年，长春海关坚决贯彻落实习近平总书记的重要指示批示精神，努力担负起严防新冠肺炎疫情通过进口冷链食品输入风险的重任，在强化口岸风险监测、实施预防性消毒、对输华产品检出核酸阳性境外企业采取紧急预防性措施方面上下贯通，成效显著。全年抽检进口冷链水产品等1,769批、114,125吨、货值15,489万美元，抽检样品34,005个；监督消毒进口冷链食品56批、3,811吨、货值578万美元，消毒件数167,617件。长春海关坚决贯彻习近平总书记关于食品安全"四个最严"的要求，严防、严管、严控进出口食品安全风险，全力推进进口食品"国门守护"行动，建立源头到口岸的闭环管理模式，严格处置进出口食品安全问题。2021年，长春海关对10类进口食品、15类出口食品开展进出口食品安全抽样检验工作。抽检样品208个，完成检验项次956个，其中，进口食品、化妆品抽样61个，抽检项次数为560项；出口食品、化妆品共抽样147个，抽检项次数为396项。对19.3吨不合格进口食品进行退运或销毁处理。

进口检验检疫

【进口冷链食品新冠肺炎疫情防控】2021年，长春海关严防新冠肺炎疫情通过进口冷链食品输入。召开疫情防控专题会议25次，制定长春海关进口冷链食品监管工作全流程操作指引（第二版）、进口冷链食品风险监测阳性结果应急处置预案（第二版）、进出口食品新冠肺炎疫情防控个人安全防护要求（第一版）和进口冷链食品和高风险非冷链食品秋冬季口岸新冠疫情防控工作要求。开展各类业务培训4次，培训320人次。建立视频监控值班制度，依托长春海关二级监控指挥中心，对口岸业务现场采样作业、安全防护、消毒监督和作业区域消毒处理等工作进行实时监督指导，确保每次采样作业均有专班人员进行全流程监控。

【进口冷链食品核酸监测和预防性消毒工作】2021年，长春海关落实总署部署要求，开展进口冷链食品新冠病毒核酸监测检测监管工作。长春海关密切关注国内外疫情变化，加强风险评估研判，做好应急处置和监测数据报送工作，加强对隶属海关的现场作业指导，严防进口冷链食品及其包装可能带来的新冠肺炎疫情传入风险，筑牢进口冷链食品安全关。严格按照国务院联防联控机制部署和总署相关要求，切实做好口岸环节进口冷链食品预防性消毒监督工作。按照"逢掏必消、应消尽消、顺势作业"原则，细化长春海关进口冷链食品监管工作全流程操作，将预防性全面消毒工作措施执行到位。

【个人安全防护工作】2021年，长春海关按照总署相关要求，制定长春海关进出口食品新冠肺炎疫情防控个人安全防护要求，明确各岗位人员防护要求、防护装备穿脱顺序及注意事项，认真开展个人安全防护岗前培训考核，配备安全防护监督员，从严从实规范工作人员个人防护用品穿脱操作。依托海关二、三级监控指挥中心，加强对业务现场个人防护工作的实时监督检查，及时发现问题，指导完成整改，确保工作人员个人防护工作落实到位。

【强化能力提升】2021年，长春海关开展"进口冷链食品核酸阳性结果应急处置桌面推演"和"口岸职业暴露突发事件应急处置演练"，提高现场关员阳性结果报送、职业暴露等问题的处置能力和自我防护能力。利用"长关讲堂"等形式组织开展"进出口食品安全监管及突发安全事件应急处置"专题讲座，解决关区现阶段进口冷链食品个人安全防护以及采样过程中存在的问题，规范开展进口食品个人防护工作。组织各隶属海关选派一线执法科长（人员）支援珲春海关，开展进口冷链食品风险监测跟班作业，学习、分享珲春海关工作方法和经验做法，做好二次培训将跟班学习成果延伸至各隶属海关。按照"四不两直"（不发通知、不打招呼、不听汇报、不用陪同接待，直奔基层、直插现场）方式，针对进口流程中进口检疫准入、核酸检测、预防性消毒、监督抽检、紧急预防性措施执行、证据链固定、废弃物处理等重点环节进行实地检查，及时发现工作不规范、监督不到位的问题，研究整改措施，跟踪验证落实情况，确保对账销号、立行立改。

【参与全省物防工作】2021年，长春海关作为吉林省新冠肺炎疫情防控工作领导小组物防组副组长单位，认真履行海关职责，积极建言献策，与地方联防联控机制密切配合，形成物防监管合力。参与物防组日常应急值班工作，参与制定物防工作手册，细化物防工作要点，参加全省物防工作会议12次，撰写工作总结、汇报材料6篇，向物防组上报物防工作信息10条，先后4次派员参与地方联防联控机制联合督导检查，及时发现物防工作存在的问题和不足，为全省物防工作贡献海关力量。

【开展"国门守护"行动】2021年，长春海关按照海关总署进口食品"国门守护"行动方案（2020—2025年）中进口食品监管9个方面18项工作要求，结合关区业务特点，全面有序推进进口食品安全制度建设、智慧监管、源头治理、不合格食品处置、食品安全事件应对和打击进口食品走私等工作，守护人民群众"舌尖上的安全"。按照总署要求，制订长春海关2021年"全国食品安全宣传周"活动方案，通过制作海报、发放宣传手册及知识问答卷、电子屏滚动播放食品安全宣传视频、在报关窗口设立宣传台、微信推送等方式，向公众宣传进出口食品安全小知识及法律法规。深入进出口食品生产企业开展现场宣讲，引导食品从业者牢固树立法律、道德、诚信意识，全面落实食品安全主体责任。各隶属海关与地方食安部门开展联合宣传活动，与广大市民进行互动，提高社会各界对海关工作及进出口食品安全的认识。建立与地方公安机关、市场监管等部门的沟通联系机制，提升打击食品走私工作效能。活动期间出动工作人员198人次，制作展板27块，举办讲座6次，印发宣传材料2,888册。

出口检验检疫

【强化出口食品安全监管】2021年，长春海关密切关注重点国家风险预警信息要求，组织开展关区重点出口食品自查，要求各隶属海关严格出口食品安全监管，督促食品出口企业落实企业主体责任。组成食品安全风险信息业务交流小组，强化关区进出口食品安全信息的搜集整理和报送。2021年，按照总署相关要求，对出口腌制食品、植物油、干制蔬菜等6家涉事出口备案食品生产企业开展专项核查，监督完成后续整改落实，有效压紧压实出口食品企业主体责任。按总署要求，完成出口动物源性食品安全风险监测。全年共对肉类、蜂产品和蛋等3类产品进行抽样，采集样品220个，完成农药、兽药、污染物和生物毒素4类项目、33个项目合集、829项次检测，结果均为合格。

▲2021年9月3日，长春海关关员对出口日本的绿豆开展查验工作

【助力地方经济发展】2021年，为助力吉林省梅河口优势产品松子出口，长春海关积极对接当地政府，全力支持推进松子加工园区建设，收集主要贸易国家检验检疫要求，助力企业掌控国际市场主动权，2021年，梅河口市企业出口松子5.6亿元，同比增长42.4%。为协助吉林省特

色食品企业扩大出口，长春海关指导相关企业积极完善质量安全管理体系建设，加强原料接收控制和投入品使用管理，引导企业做好有毒有害物质自检自控，不断提高国际市场竞争能力。帮扶吉林省敦化市非物质文化遗产煎饼疏通出口"瓶颈"，积极搜集相关国家进口食品有关法律法规及重点查验项目，指导企业在原材料选购、生产加工、质量控制等方面进行严格把控，突破贸易技术壁垒，打通出口通道，现已与8个国家建立起稳定贸易关系。对出口兔肉采取"优先查验检测、快速评定放行"监管模式，保障货物快速通关。2021年，出口欧盟兔肉994.32吨、货值2,175.42万元，同比分别增长27.97%、27.86%。

（撰稿人：杨　冬　张凯琦　高　薇）

商品检验

概况

2021年，长春海关按照总署统一部署，在强基提质、新冠肺炎疫情防控、监管与服务职能上发挥作用，严格落实进口高风险非冷链集装箱货物口岸环节新冠病毒检测和预防性消毒监督工作。制定长春海关进口高风险非冷链工业品新冠病毒风险监测安全防护、应急预案等相关措施，组织开展培训演练和监督检查，持续推进能力提升。压紧压实进出口危险品及其包装检验监管责任，坚持"周自查、月报告、季督查"机制，确保检验监管全流程工作规范。强化风险排查，摸清长春关区120个主要进出口品种和83家进出口企业风险底数。制定出口危险化学品检验监管操作指引，压缩检验流程时长，优化长春关区营商环境。落实总署惠企措施服务地方经济发展，对进口大宗资源依企业申请实施重量鉴定，对进口铁精粉"先放后检"和"品质依企业申请实施检验"，对部分进口汽车零部件产品实施采信认证认可部门认可的认证机构出具的认证证书和"先声明后验证"的便利化措施，多措并举降低企业运营成本。积极参与总署岗位练兵和技能比武活动，长春关区400人参加"万人争先"线上考试竞赛，通过制作能力进阶视频课程、梳理练兵要点解析、开展视频培训答疑等方式实现检验监管能力整体提升，助推2人入围"全国个人百强"。落实进出口商品质量安全风险监测任务和东北、内蒙古六关联合风险监测机制，积极发挥长春关区3个二级风险监测点作用，将采集风险信息和不合格典型案例及时报送总署。2021年，检验监管进出口危险化学品246批、8,760.9吨，检出不合格9批；开展出口烟花爆竹口岸查验17批，检出不合格1批；检验监管进口矿产品2,399批、265.0万吨，检出不合格20批、2.2万吨；检验出口医疗物资50批、5,437.8万件、1.76亿元，无不合格。

进口商品检验监管

【进口高风险非冷链集装箱货物口岸环节新冠病毒检测和预防性消毒监督】2021年，长春海关制定加强非冷链进口商品检验关员个人安全防护要求和进口高风险非冷链工业品新冠病毒风险监测阳性结果应急处置预案。组织开展2次病毒采样视频培训、1次现场培训、1次现场演练和2次阳性结果应急处置演练。采取监控指挥中心视频检查、现场检查等方式开展33次监督检查，发现问题75个，并监督指导完成整改。长春关区2021年开展进口高风险非冷链集装箱货物口岸环节新冠病毒检测26批、采样数量361个，检测结果均为阴性，在总署历次"物防"检查中均无问题被通报。

【进口矿产品检验监管】2021年，长春海关落实进口煤炭环保项目取样送检和重量鉴定依企业申请实施的政策要求。针对国内其他口岸进口俄罗斯煤炭不合格检出率骤增情事，做好俄方出口煤炭矿脉排查，确认长春关区进口煤炭与其他口岸进口煤炭非同一矿脉，协商俄方强化出口煤炭品质前置控制。针对检出环保指标接近《商品煤质量管理暂行办法》规定临界值的进口煤炭批次，及时约谈关区进口企业进行风险预警，强化进口企业的质量安全第一责任人意识。落实进口铁精粉"先放后检"和"品质依企业申请实施检验"模式，将通关时长从传统方式的10天缩短为3小时以内，压缩比达98%以上，大幅提升口岸货场的周转速度和整体运营能力，降低进口企业经营成本。2021年，检验监管进口煤炭2,386批、263.0万吨，同比分别增长55.2%、12.3%，未出现环保项目不合格情况；检验监管进口铁精粉13批、2万吨。

【进口液化气检验监管】2021年，长春海关严格落实进口危险化学品口岸"批批验核+抽批检测"模式，做好进口俄罗斯液化石油气和液化天然气口岸查验。针对部分批次需取样送检但进口口岸不具备取样条件问题，由口岸查验海关向风控分局提出申请，追加目的地事中取样送检布控指令。经口岸查验合格的办理结关手续并放行货物，转由目的地实施取样送检，通过以上措施压缩口岸通关流程时长，避免出现危险化学品口岸积压。2021年检验监管进口液化气42批、788.0吨、284.2万元。

【服务地方经济发展】2021年，长春海关采取"线上+线下"相结合方式，积极向企业宣讲总署商品检验惠企政策，帮助企业充分享受政策红利。对部分进口汽车零部件产品实施采信认证认可部门认可的认证机构出具的认证证书、"先声明后验证"的便利化措施，加快通关速度，降低企业运营成本。享受政策优惠的汽车零部件货值101.3亿元，占全省进口汽车零部件总额的36.3%。开展"我为群众办实事"实践活动，针对长春关区部分企业反映的进口汽车零部件命中查验比例偏高问题，及时向总署提出优化涉检查验规则建议，指导隶属海关及时查验放行，大幅提升通关效率，解决企业"急难愁盼"问题。

出口商品检验监管

【出口危险品及其包装检验监管】 2021年，长春海关压紧压实检验监管责任，制定责任清单，明确长春海关党委、相关职能部门、隶属海关党委、一线查检科室4个层级责任，构建纵向到底的责任体系。建立覆盖辖区83家主要危险化学品进出口企业、危险货物包装生产企业的企业信息库，120个主要危险化学品和危险货物包装容器产品信息库，精准掌握辖区危险品风险隐患，实时掌握企业危险品质量安全控制动态。完善危险化学品危险特性分类鉴别报告、安全数据单和危险公示标签电子档案管理，设置危险货物包装容器包装类别、性能检验和使用鉴定情况台账。收集整理危险品检验监管现行法律法规、规章制度等300余个，建立危险品检验监管法规标准信息库，提高关区检验监管执法统一性规范性。建立危险品检验监管"周自查、月报告、季督查"机制和"问题清单、责任清单、措施清单"，强化执法合规性检查，对查发的问题及时整改。

【优化检验监管流程】 2021年，长春海关制定出口危险化学品检验监管操作指引，明确审核申报信息、审核申报单证、现场检验、取样送检、合格评定全流程各环节工作规范，基于风险评估设置3种取样送检模式，在保障国门安全前提下合理降低取样送检比例，将检验监管流程时长由3~7个工作日压缩至4小时以内，最高压缩95%以上，大幅提高通关效率，实现"管得住、放得开、效率高、成本低"。全年检验监管出口危险化学品185批、7,954.7吨、9,259.7万元。

【岗位练兵活动】 2021年，长春海关开展商检领域岗位练兵活动。每周总结活动开展情况、相关业务问题和建议，通过专题授课、专项攻坚、实战演练等多种方式持续提升学习成效。聚焦检验监管实操环节，制作7门能力进阶视频课程，开展2次关区范围的视频培训、36次小范围的集体视频培训答疑，详细讲解危险化学品判定方法、危险公示标签制作方法、安全数据单内容审核要点等难点内容，提升关区整体检验监管能力。制作6套岗位练兵模拟试题及辅导解析，精准聚焦每道试题每个选项对应知识点。组织关区400人参加总署进出口危险品岗位练兵"万人争先"线上考试竞赛，2人获评"全国个人百强"称号。

▲2021年11月22日，长春海关关员对出口危险化学品实施产地检验

【进出口商品质量安全风险监测】
2021年，长春海关按照总署部署，组织开展2021年法定检验商品以外进出口商品抽查检验工作。发挥长春关区3个二级风险监测点作用，结合长春关区实际，对质量安全风险高、消费者关注度高的进出口商品实施风险监测，从进出口货物检验渠道采集风险信息34条，及时将相关信息录入进出口商品质量安全风险管理系统，向总署商品检验司报送典型案例4篇。落实东北、内蒙六关联合风险监测机制，完成5批进口儿童彩泥监测任务，经检测全部合格。

（撰稿人：杨　洋　陶连志　虞海涛）

口岸监管

概述

2021年，长春海关全面贯彻落实总署关于口岸监管工作各项部署，坚持总体国家安全观，夯实基础建设，聚焦改革攻坚，切实提升实际监管能力，抓准抓实口岸新冠肺炎疫情防控，深入推进智慧监管建设，创新和完善监管方式，服务地方开发开放，口岸监管治理能力和水平不断提升。2021年，长春海关监管进出口货物779.6万吨，同比下降27.6%。其中，监管进口货物726.3万吨，同比下降29.2%；监管出口货物53.3万吨，同比增长2.5%。

口岸物流监管

【进出境运输工具监管】2021年，长春海关不断强化进出境运输工具监管，防控运输工具夹藏违禁品等违规行为，严格按照布控指令开展进出境航空器登临检查，做好新冠肺炎疫情防控相关工作。加强运输工具登临检查工作，重点防范登革热、埃博拉、中东呼吸综合征等疫情和非洲猪瘟、禽流感等动物疫病输入，严防疫情叠加。

【进境客运航空器终末消毒监督】2021年，长春海关不断加强进境客运航空器终末消毒监督工作，根据总署专题视频会议精神，积极响应，迅速反映，多部门联动，第一时间成立由分管关长任组长，相关职能部门及隶属海关为成员单位的长春海关加强进境客运航空器终末消毒工作专班，切实强化组织领导，扎实推进各项工作要求。建立"隶属海关主要负责人审核—专班审核—分管关领导审核"的三级审核制度，层层把关，严格细致审核航空公司提交的航空器终末消毒方案及相关佐证材料，做到终末消毒相关佐证材料上报总署"零失误"。

口岸货物监管

【货物口岸检查】2021年，长春海关不断强化货物口岸检查工作，进一步规范查验作业，对审计发现、专项检查、日常监控中暴露的问题和薄弱环节进行梳理分类，明确问题高发频发业务节点，制定口岸监管业务重点指标监控指南，对重点节点如何监控进行详细说明，确保关员在监控过程中能够精确理解监控的依据、准确掌握监控方法并且能够进行正确处置。推进H986智能审图工作，关区9台H986设备加载智能审图模块，实现报关单比对、空箱夹带检测、夹带检测、禁限品检测等功能，结合关区陆路口岸进出口货物特点，探索建立关区标准图像库，通过长春海关联网集中审像中心有效开展智能审图工作。严格落实"双随机"要求，通过新一代查验管理系统实施随机派员检查，落实"一公开"要求，将报关单号、检查时间、检查结果等信息通过现场公告栏进行公开，保障企业权益。

【口岸货物新冠病毒防控】2021年，长春海关深刻领会"人物同检"的重要意义，针对总署关于冷链食品采样的最新要求，第一时间以视频会议形式开展培训，对文件内容进行解读，确保相关现场准确理解最新采样作业标准和要求，指导现场规范操作。加强监督监控，事中监督和事后监督相结合，积极指导现场严格执行总署布控指令，科学规范实施采样检测，加强预防性消毒监督，严格按照要求做好拍照录证工作，确保证据链有效完整。

【支持中欧班列发展】2021年，长春海关支持"长满欧"班列稳定运行，推广"顺势监管"方式，指导企业对于符合相关要求的报关单申请舱单归并，降低企业报关成本。深入推进智能审图应用，支持开通"长珲欧"班列，提前宣讲海关政策措施，指导现场在货物运抵、俄方运输工具入境等工作环节做好对接。2021年4月30日，首列"长珲欧"班列顺利办理出境手续。

行邮及跨境电商监管

【进出境旅客和寄递渠道卫生检疫】2021年，长春海关持续加强进出境旅客卫生检疫和寄递渠道安全防护监督。严格两次测温，强化健康申明卡验核，提高进境电子化申报比例。持续优化口岸卫生检疫作业流程，优化卫生检疫区域设置和污染控制，降低人员感染风险，创新开展空港口岸健康申明卡远程验核，加强验核要点等相关工作的培训，进一步提高验核作业效率，节省人力资源，将空港口岸应用成果推广至关区所有陆路口岸。加强现场监督检查，落实个人安全防护相关要求。

【快件邮件及行李物品监管】2021年，长春海关从强化监督制约和日常管理机制、改革优化监管模式、聚焦治理关键风险点、切实提高风险防控力度和提升监管链条严密性5个方面加强管理，2个典型案例被总署采用并全国通报。加强旅检口岸打击"水客"工作，从强化风险防控、严密现场监管、加大处置力度、坚持高压严打等方面遏制"水客"走私漂移。初步构建关区旅客通关诚信评估体系，引导旅客主动申报纳税，建立特殊旅客黑名单制度。加强现场监督检查，落实寄递渠道个人安全防护相关要求，全部督促完成整改。

【跨境电商监管】2021年，长春海关积极支持跨境电商发展。召开专题新闻发布会，通报和解读进出口监管试点政策。指导长春兴隆海关、珲春海关开展跨境电商出口"9710""9810"业务，指导吉林海关制定跨境电商出口"9610"监管方案。开展打击跨境电商进口走私"断链刨根"专项整治行动，严厉打击濒危动植物、野生动物及其制品走私。

口岸安全

【口岸监管环节反恐】2021年，长春海关持续开展口岸监管环节反恐工作。组织召开关区反恐怖工作电视电话会议，推动关区反恐怖工作责任落实到位。掌握关区反恐手持式核辐射探测设备情况。组织开展关区突发事件应急处置演练，联合地方特警、反恐、应急管理、120应急中心等联防联控部门实施现场排查、预案启动、应急处置、预案终止等演练环节，提升口岸突发事件应急处置监管合力。落实总署、吉林省反恐办要求，指导隶属海关开展口岸监管环节反恐自查工作。

【场所场地监管】2021年，长春海关积极开展监管作业场所（场地）滞留危险货物排查和清理工作，研究优化口岸危险品监管流程，对危险品车辆采取"甩挂""吊装""接驳"等非接触式货物交接模式，协调地方主管部门在口岸区域划设专门的危险品车辆甩挂、吊箱、交接区，确保"专区专用"，同时加快口岸环节交接速度，做到危险品口岸环节"随到随验随放"，实现"零等待、零滞留、零积压"。对珲春铁路口岸集装箱场站监管作业场所完成验收，为"长珲欧"国际货物班列、内贸货物跨境运输常态化运行打下坚实基础。经与总署相关司局沟通协调，总署批复同意在珲春通关服务中心设立进境冰鲜水产品、食用水生动物指定监管场地，为吉林省进口优质水产品提供保障。

【安全生产管理】2021年，长春海关持续巩固完善安全生产责任体系，成立安全生产工作领导小组，建立领导小组会议制度，建立关区安全生产专项整治三年行动"突出问题隐患清单""制度措施清单"。建立长春海关"底数清单"，动态更新各项清单，全面抓好整改落实，确保专项整治工作取得成效。采取多种形式广泛开展宣传教育培训，召开党委会议学习《安全生产法》组织关区866人观看学习《生命重于泰山》专题片，开展消防演练、安全知识讲座、安全生产进企业及校园等"安全生产月"系列活动，切实推进学习教育全覆盖，强化"人民至上、生命至上"理念，把确保人民生命安全放在第一位落到实处；开展安全生产集中攻坚，派出4个督导检查小组分赴关区所有隶属海关，围绕重点领域和关键环节，采取视频检查、实地巡查等方式对风险隐患进行督导检查，对发现的问题第一时间采取措施进行整改。

口岸运行监控指挥

【重大任务专项监控】 2021年，长春海关持续强化对口岸疫情防控一线的监督检查，对进出境191架次航班检疫监管、537票进口商品新冠病毒检测采样和安全防护工作开展监控，参加总署疫情防控专项连线会商33次，向总署报送疫情防控专项监控检查情况39份，参加总署值班点名205次、夜间应急值守演练13次，"常态化值班+应急值守"的口岸疫情监控指挥保障机制进一步夯实。关领导55次到监控指挥中心进行带班巡查，对各现场下达安全防护要求、业务操作、区域设置、安全生产等指令49条，监控指挥中心反应迅速、直达一线的优势进一步突显。

▲2021年5月18日，长春海关各职能部门在监控指挥中心指导隶属海关新冠肺炎疫情防控工作

【业务运行指挥体系建设】 2021年，长春海关进一步优化完善关区监控指挥体系。开展每周例行研判40次，与三级监控指挥中心月度连线会商11次，每季度发布关区业务运行监控报告，办理各类联系单295票，比上年增长7.5倍。启用监控指挥体系数据监控处置成效电子台账，实现对两级监控指挥中心数据监控处置成效的高效准确统计、自动分类汇总和状态智能提示。编制口岸监管业务重点指标监控指南，在长春兴隆、珲春等业务量较大的隶属海关推广应用。音视频监控检查设备管理和应用更加规范，全年摄像头在线率98.3%，UC连线检查1,307次。加强职能部门间的协作配合，联合开展业务会商6次，创新开展"数像结合"联合会商3次。展示窗口作用进一步发挥，先后接受吉林省省长韩俊、驻署纪检组组长陶治国、天津特派办主任乔惠同等领导同志的检查指导。

智慧监管

【智能审图】 2021年，长春海关全面深入推进智能审图应用，结合关区陆路口岸进出口特点，探索建立关区标准图像库，推进智能审图信息化平台推广应用，各现场通过智能审图系统审核图像43.17万幅，查获案件23起，同比增长200%；关区H986设备接入联网集中审像中心，审图7,339幅。

【监管设备保障】 2021年，长春海关加强口岸非侵入式查验设备保障，向总署申请为图们海关公路口岸调拨H986设备1台，受总署委托顺利完成设备安装验收，推进设备接入长春海关联网集中审像中心。推动监管设备智能化升级保障，对关区X光机、辐射探测设备等进行全面维护保养，推进关区CT机、X光机、辐射探测设备等设备完成入网升级改造。持续做好新冠肺炎疫情防控设备保障，为口岸现场配发健康申报一体机、红外测温设备等疫情防控设备60余台，其中以长春龙嘉机场航空口岸为试点，配置卫检自助验核终端和智能验核闸机，进一步优化远程验核模式，提高口岸疫情防控能力。

支持服务地方经济

【服务中国—东北亚博览会】2021年，长春海关主动对接融入，制定支持措施、提供通关便利、驻会监管服务，全力保障第十三届中国—东北亚博览会（以下简称"东博会"）顺利举办。展前全力支持，成立"东博会"监管工作领导小组，制订监管服务保障工作方案及现场监管应急预案；通过吉林省政府新闻办组织的新闻媒体吹风会、长春海关官网及官方新媒体平台，提前通报海关政策及支持措施；制定通关须知，包含备案审批、进口展览品报关流程、展览会期间驻场监管等6方面内容。展中全力保障，出台展品清单预审核、统一税款担保等10项便利化措施；依托"单一窗口""互联网+海关"办事平台，实现展品备案、通关、监管、政策解读、核销"一站式"服务；在关区主要口岸开通贵宾礼遇通道、进境展品专门通道及专用窗口；展会期间发放通关政策宣传册300册；选择业务骨干驻会监管，采用监管与服务同步的"定时巡场+重点查验"监管模式，展会期间共解答企业及群众问题206个。展后跟踪支持，优化展品后续处置流程，对以暂时进出口方式报关的展品按转展、退运、留购、消耗等不同流向办理清关手续。

【促进边境贸易发展】2021年，长春海关加强与吉林省商务厅联系沟通，针对吉林省边民互市贸易进口商品落地加工第二批试点范围、支持珲春互市贸易进口商品落地加工试点建设等事宜，提出合理化建议。支持珲春发展边民互市贸易落地加工，支持以"互助组""合作社"的形式开展互市业务，支持周边5国商品通过互市贸易进口。

（撰稿人：邢玉红　刘胡升　赵津瑶）

政策研究与统计

概况

2021年,长春海关坚决贯彻习近平总书记关于调查研究和统计工作的重要讲话和重要指示批示精神,全面贯彻落实全国海关工作会议、海关全面从严治党工作会议精神,按照总署"快速、广泛、深入"做好统计研究工作的要求,紧紧围绕"数据+研究"持续发力,夯实统计工作基础,健全关区分析研究工作机制,聚焦国际国内宏观经济和外贸形势变化,努力开展高质量、有深度的分析研究,不断提升服务宏观决策的能力和水平。

政策研究和发展规划

【政策研究】2021年,长春海关全面提高政策研究工作政治站位,牵头完成对周边国家的政策储备研究署级课题,工作成果为总署制定相关政策提供参考。参与完成RCEP专题研究和中国城市外贸竞争力评价指标优化研究等署级课题。聚焦海关改革发展的热点难点问题,统筹开展关级课题研究21项,课题研究数量和质量再上新台阶。修订关级课题研究管理办法,探索建立跨部门联合研究工作机制,课题研究管理机制不断完善。

▲2021年11月10日,长春海关召开署级课题评审会

【落实《"十四五"海关发展规划》】2021年,长春海关按照总署关于深入贯彻落实《"十四五"海关发展规划》的相关工作要求,成立分管关领导任组长的专项工作推进组,组织召开专题会议,布置推进"十四五"海关发展规划落实的任务分工和细化措施等工作。研究制定长春海关贯彻落实《"十四五"海关发展规划》重点工作任务分解表和长春海关贯彻落实《"十四五"海关发展规划》专栏二十项重点工程任务分解表,形成长春海关贯彻落实《"十四五"海关发展规划》任务分工

及细化措施，推动各项任务举措在长春关区落地落实。

【长春海关学会】 2021年，长春海关对海关学会的组织机构进行调整，进一步明确职责任务，加强学会机构建设，推动各项工作有效落实。按照中国海关学会关于开展"海关在总体国家安全观中的历史使命与责任担当"主题征文活动的要求，长春海关学会精心组织关区38个基层学会小组积极发动广大关警员撰写55篇论文。经与各业务部门联合评审，选出6篇优秀论文上报大连分会。其中2篇论文经大连分会专家评审入选分会优秀论文，上报中国海关学会（以下简称"总会"）。经总会评审，《总体国家安全观视角下陆路边境口岸海关安全治理能力研究——以吉林省陆路边境口岸为例》获入选奖。积极向总会刊物《海关研究》推荐2篇论文。

统计分析

【数据分析】 2021年，长春海关全面落实总署党委对分析研究工作提出的"快、广、深"要求，充分应用内外部数据，强化贸易分析与业务分析相融合，积极打造分析研究品牌。每月对吉林省外贸总体情况，吉林省对欧盟、东盟、俄罗斯、日本、韩国、"一带一路"沿线国家和地区等重点国家（地区）贸易情况，汽车零配件、水产品、煤炭、钢材、大豆等重点商品进出口情况进行常态化监测分析，组织撰写进出口监测预警信息、速报和业务统计分析、省长工作专报等各类信息、报告，多篇被总署内刊、省政府《每日政务要情》采用，获得省领导批示，为各级领导决策提供了参考。

【全球贸易监测分析工作】 2021年，长春海关积极参与总署统计司和全球贸易监测中心工作，高质量完成《"十三五"期间对外贸易发展报告》国有企业篇撰写任务。开展我国纺织纱线、织物及制品进出口异动情况监测，完成重点商品进出口异动监测预警工作任务。参与全球贸易监测日报工作，对国际经贸形势、全球产业链、国内经贸政策与市场要闻等进行动态监测。参与国际小短文撰写及审核工作任务，参与撰写的《中国—波兰贸易简况》为中国—中东欧国家（17+1）领导人峰会提供材料支持。

统计数据质量管控

【统计调查】 2021年，长春海关认真落实《中国外贸出口先导指数调查制度》，督促指导关区8家出口先导指数样本企业及时填报出口先导指数调查问卷，全年企业填报完成率保持100%。参与开展2021年度跨境电商全业态统计试点调查工作，指导关区2家跨境电商企业及时完成半年度统计调查表填报工作。指导关区11家企业按时完成2020年进口货物使用去向调查工作。积极参与总署统计分析司修订海关统计调查作业规范（2021年版）相关工作。落实中俄海关合作机制，通过视频会议方式与俄罗斯远东海关局开展数据比对分析，严厉打击对俄不实贸易。

【贸易统计】2021年，长春海关增强数据质量意识，加强进出口贸易统计数据审核工作，进一步健全统计数据审核机制，全力维护统计数据真实准确。落实"全国海关统计数据质量控制中心工作机制（试行）"，数据审核模式实现从单条报关单记录条审核转向"宏观、中观、微观"三级管控的转变，积极配合组长单位，做好审核中心相关工作。认真审核贸易统计数据，及时纠正数据差错。完善统计监督核查机制，开展统计数据核查工作，及时将疑似不实贸易进出口数据纳入暂缓统计。

【业务统计】2021年，长春海关认真审核业务统计数据，及时纠正数据差错。积极参与全国海关数据业务统计数据审核专家组工作，对全国业务统计数据趋势变化进行深度审核。按照统计司组建全国海关业务统计技术骨干工作组要求，选派业务骨干入选业务统计技术骨干工作组和基础工作组。高质量完成总署"中欧班列"调研等相关工作，撰写高质量的业务统计分析。积极参与总署统计分析司制定海关业务统计工作管理办法（试行）相关工作，做好关区学习和贯彻落实工作。

统计数据安全管理

【统计数据运用和管理】2021年，长春海关向总署统计司上报CSD系统运行情况报告，检控参数维护申请被采纳并启用。巩固深化加强海关业务数据安全专项行动成果，及时清理统计应用系统用户授权。组织开展宣贯《中华人民共和国数据安全法》，制发实施方案，提升全员数据安全意识。按照《中华人民共和国数据安全法》要求，查找关区数据安全问题隐患，完善工作制度和作业流程，强化责任落实。落实保密工作主体责任，深入推动保密工作与数据安全管理工作相融合，有效防范失泄密风险。

【统计服务】2021年，长春海关依托形势分析会议，及时通报关区业务数据异动情况和风险点，加强职能部门间协调配合，规范使用统计数据。落实总署数据共享管理规定，在确保数据安全的情况下，及时准确地编制和公布海关统计资料，2021年编制和公布《吉林省进出口统计月报》11期。全面落实规范提供贸易统计数据相关要求，依法合规地向地方行政机关和社会公众等提供统计数据服务，确保对外统计数据服务更加安全可控。

（撰稿人：王　晶　张　涛　张　靖
　　　　　张丽娜　姜　华　曾　平）

企业管理和稽查

概况

2021年，长春海关深入推进吉林省注销便利化改革，加大AEO企业培育认证力度，充分宣传信用管理改革红利，稳中求进开展对外注册推荐工作。积极推进落实加工贸易残次品管理改革试点工作，认真落实"三管"要求。全面落实国家全面禁止进口固体废物政策，贯彻以"查发问题为导向"的稽查制度改革，推动稽查工作高质量发展。推进核查分类改革，开展进境大豆后续监管专项行动、跨境电商企业"断链刨根"专项行动。推动属地查检改革落地落实，研发属地查检"随机选人"新模式。

企业信用管理和资质管理

【信用管理】2021年，长春海关继续加大对优质企业的宣传和信用培育力度，成功培育高级认证企业2家。截至2021年年底，关区高级认证企业达20家，同比提升11%。贯彻新发展理念，落实企业信用管理制度改革。成立改革专班，制发长春海关贯彻落实企业信用管理制度改革工作方案，召开不同类型企业视频宣讲会，针对海关信用体制改革中"取消一般认证企业信用等级、增加信用修复制度、扩大普惠措施享惠范围"等重点内容做好政策解读，解答企业提出的问题。对12360工作人员开展企管业务培训，准确解答进出口企业普遍关心关注的问题，并以此为契机更好地宣传信用管理改革红利。向吉林省政府报送相关工作情况，向省商务厅和市场监管厅通报海关信用管理制度改革具体情况。成立长春海关认证专家人才库，按照海关信用管理专家型人才管理要求，评定关区中级认证专家7人、初级专家13人，通过大力培养认证专业人才，解决个别海关认证人力资源紧缺情况，壮大吉林省AEO认证专家队伍，推动进出口企业提升信用管理水平。

【资质管理】2021年，长春海关有序开展6家对英国注册企业信息、2家对加拿大注册企业信息、7家有意向对乌兹别克斯坦出口企业信息、3家输韩食品企业调查表等对外注册推荐工作，指导企业核对注册信息，助力企业顺利出口。指导属地海关及时通知本关区内对英国、乌克兰有出口或有意向出口的相关出口食品生产企业，将出口或有意向出口的企业名单上报总署，向国外推荐，支持企业走出去，服务高质量发展。

加工贸易和保税监管

【加工贸易】2021年，长春海关作为总署确定的"加工贸易残次品管理改革试点工作"直属海关之一，多措并举推进改革试点工作。结合国家和吉林省公布的涉企保证金目录清单，开展关区加工贸易及保税监管业务领域涉企保证金自查自纠工作。针对疫情影响下相关陆路口岸长期关闭，导致出境加工货物大面积、长时间无法复运进境的情况，请示总署，专题研究解决措施，最大限度降低出境加工企业经济损失。按照总署总体部署，完成关区H883、H2010系统手（账）册清理，非涉案手（账）册清理工作实现清零。

【保税监管】2021年，长春海关认真落实新《安全生产法》中"三管"要求，连续三年下发加强关区加工贸易、特殊监管区域、保税监管场所保税监管安全生产的相关工作要求，加强保税监管作业安全风险防范工作。推进跨境电商进口走私"断链刨根"专项整治行动，始终保持打击跨境电商违法活动的高压态势，通过金关二期系统，梳理跨境电商网购保税进口账册情况，完成对关区网购保税进口（1210）跨境电商企业盘库核查的全覆盖，发现问题移交相关部门后续处置。助力兴隆综合保税区企业办理保税货物出区，搭建中韩城市馆商品推广展示平台，有效落实"我为群众办实事"实践活动。

后续监管和属地查检

【稽查工作】2021年，长春海关落实国家全面禁止进口固体废物政策，保持打击"洋垃圾"入境高压态势，开展两轮再生金属稽查专项行动。总署推行以"查发问题为导向"的稽查制度改革后，长春海关聚焦查发能力、转变工作理念，以稽查发成效为核心指标，重点研判分析涉及税收安全和检验检疫安全准入风险，深入开展涉税领域稽查，在传统特许权使用费、归类、运保费等补税基础上，拓宽视野，深挖纰查，确保国家税收安全。

【核查工作】2021年，长春海关积极推进核查分类改革，加大重点企业、敏感商品的核查力度，有效提升核查作业的查发率。开展进境大豆后续监管专项行动，有效打击妨害动植物检疫行为。通过对关区18家跨境电商企业盘库核查全覆盖，其中未见异常9起，发现问题9起移交相关部门处置，有效开展跨境电商企业"断链刨根"专项行动。办结核查作业400余起，比上年增长50.4%，涉案货值500余万元，涉税80余万元。

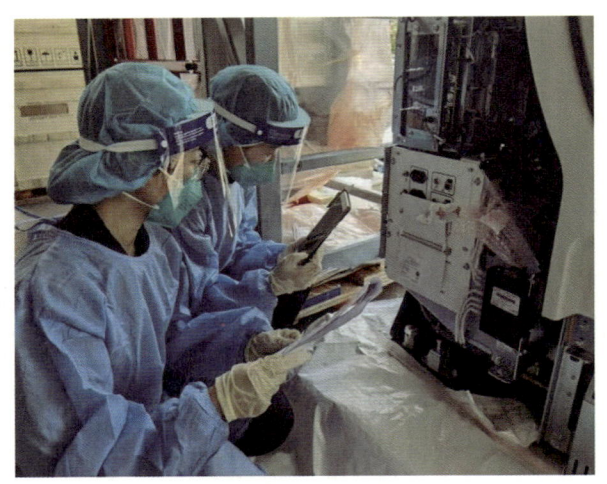

▲2021年7月16日,长春海关关员开展进口机电设备核查

【属地查检】2021年,长春海关全面推动属地查检改革落地落实,制订推进进出口货物属地查检工作的实施方案,研发"随机选人小程序",开展出口查检作业随机选人工作,通过新一代查验作业系统加强对进口目的地布控指令的时效管理,建立查检作业管理台账,确保布控查检指令及时有效执行。2021年,长春关区共监管进出口属地查检货物9,350批,同比增长77.4%;货值84.1亿元,同比增长104.8%;占进出口总体检查作业的比值为16.4%。其中进口属地查检货物7,455批,同比增长153.2%,占进口总体检查作业的比值为26.7%;货值79亿元,同比增长142.6%;出口属地查检货物1,895批,同比减少18.6%,占出口总体检查作业的比值为6.5%;货值5亿元,同比减少40.4%。

(撰稿人:孙野平　苏东鑫　何晓庆
　　　　　赵子明　梁　卓)

查缉走私

概况

2021年，长春海关深入贯彻落实习近平总书记关于打击走私、疫情防控工作的重要指示批示精神，按照总署党委各项部署要求，立足国门安全，克服疫情不利影响，全力以赴开展打击走私"国门利剑2021"系列专项行动，始终保持打击走私高压严打态势，切实防范区域性、系统性走私风险，各项工作取得新成效。全年，刑事立案12起，案值5,248.93万元，涉税558.32万元，同比分别减少55.56%、88.30%和71.60%；行政立案72起，同比减少53.80%，案值2.75亿元，同比增长49.30%。

打击涉税走私

【打击"水客"走私】2021年，长春海关针对中央关注的"水客"走私问题，加强对海南离岛免税、跨境电商等新兴领域、新型业态、新贸易方式衍生的走私风险的研究，重点针对"水客"走私口岸漂移风险，加强情报研判和大数据分析，严密口岸正面监管查验，实施跨区域精准打击，立案侦办"水客"走私手表案3起，查证走私进境手表12块，案值1,562万元，坚决防控"水客"漂移走私。

【打击重点商品走私】2021年，长春海关持续严厉打击化工原料、汽车及零配件、电子产品、水产品、奢侈品等重点涉税商品走私，立案侦办走私重点涉税商品案件4起，案值1,700万元，其中侦办走私水产品案件1起，案值156万元。立案侦办走私农产品案件3起，涉案货品包括干榛蘑、红小豆等，案值2,500万元。

【打击骗取出口退税】2021年，长春海关扎实开展打击虚开骗退税专项行动，充分运用"智慧缉私"模式和货运渠道异常数据监控体系，统筹发挥海关缉私、风控、统计、稽查等部门作用，强化与地方公安、税务等部门合作形成打击合力，切实维护国家财税安全。2021年，联合税务、公安、银行等部门破获关区首起骗取出口退税案件，案值4,255万元。

打击非涉税走私

【打击涉毒走私】 2021年，长春海关开展"净边2021"专项行动、"寄递渠道禁毒百日攻坚行动"，立案侦办走私毒品案件3起，查扣走私进境LSD"邮票"毒品5张、唑吡坦1,000片、"咖啡因"片剂91.63万片。其中，"3·16"走私新型LSD"邮票"毒品进境案是吉林省禁毒领域查获的首起此类案件；"10·25"快件渠道走私毒品进境案，查获的91.63万片"咖啡因"片剂为2021年全国海关查获单次走私"咖啡因"片剂最大剂量。

【打击涉枪走私】 2021年，长春海关滚动开展"国门勇士2021"缉枪线索清查专项行动，持续保持打击涉枪走私高压严打态势，切实发挥好国门一线缉枪堵源截流作用。

【打击"洋垃圾"走私】 2021年，长春海关坚持将禁止"洋垃圾"走私进境作为生态文明建设的重要标志举措，集中优势力量，开展打击走私废物"蓝天2021"专项行动，查办国际寄递渠道走私废物进境案件1起，查扣旧相机、旧貂皮大衣260件。同时，针对涉案走私进境废物，明确证据要求，提高办案效率，完成无害化处置，切实维护国门生态安全。

【打击象牙等濒危物种及其制品走私】 2021年，长春海关针对象牙、犀牛角、红珊瑚等传统热点，以及珍稀动物宠物、水生珍贵动物等新兴热点，聚焦货运、旅检、邮递快件、跨境直购等渠道，组织开展打击象牙等濒危物种及其制品走私"护卫2021"专项行动，在总署缉私局统一部署下开展多次线索排查，立案侦办走私羚羊角案1起，查扣走私进境羚羊角130根，案值1,040万元。

【打击防疫物资、疫苗非法出境】 2021年，长春海关始终保持高度的责任感和紧迫感，深入开展防疫物资、疫苗走私专题风险分析和情报经营，密切关注货运、旅检、快件等渠道伪报、藏匿等走私风险，实施严格监管、严厉打击，严防防疫物资、疫苗非法出境。加强医疗物资出口监管，规范出口申报秩序，全力打击伪瞒报、逃检等违法行为，促进地方防疫物资的合法依规生产、销售及出口，推动地方经济建设和防疫工作开展。

智慧缉私

【司法鉴定中心】 2021年，长春海关缉私局落实总署缉私局"实现CMA认证全覆盖"要求，组建专班，加强调研，对照评审标准，撰写质量手册、程序文件，于7月份顺利完成长春海关缉私局司法鉴定中心CMA资质认证，4人获得电子物证司法鉴定人资格证书、1人获得电子数据调查分析师资格证书，司法鉴定中心投入实体化运作。

【公安大数据应用】 2021年，长春海关缉私局依托公安大数据战略，完善情报作战云平台功能，实现对资金查控平台数据的快速清洗导入、检索、碰撞等功能，并建成办案库、案管库、取证库、邮件库等业务库。与此同时，将刑侦技术建设与数据应用融为一体，服务实战，利用分析工具，为办案部门开展数据研判服务，协助查询各类信息、调取相关证据，出具电子物证检验报告，为办案民警提供准确参考，提升办案时效。

【缉私保障】 2021年，长春海关缉私局为刑事执法一线增配警务通；配置公安网专用台式机，为保障2022年1月1日起办案系统"单轨制"运行做好各项准备。接入公安视频专网，增加和调整相关工作权限。加强情报作战系统升级改造，实现情报线索"线上"处置闭合链条。制发智慧缉私相关制度3项，举办智慧缉私专业培训6次78人次。

刑事法制建设

【完善法制机制】 2021年，长春海关缉私局全面深化缉私执法监督管理机制改革，制发刑事案件统一审核统一出口工作机制实施细则、刑事执法质量管理办法，严格执行刑事案件"两统一"、网上考评预警机制。制发进一步加强规范刑事执法工作的通知，对规范执法重点领域、重点环节工作提出具体要求。定期开展刑事执法质量考评和情况通报，发挥执法监督、指导力度。发挥案管中心效能，制发网上执法巡查工作方案，对2018年以来办理的案件开展网上执法巡查，并推动问题逐一整改。区分刑事积案形成不同原因，依法依规对积案进行分类处置。

【建立联系配合机制】 2021年，长春海关缉私局深索新形势下与检、法及各警种联系协调配合机制，为畅通批准逮捕、移送审查起诉机制，提高批准逮捕、审查起诉质量和效率，初步建立了与长春市人民检察院就重大、疑难、复杂、新类型案件提前介入侦查、报捕、审查起诉及补充侦查、检察建议及时反馈的协调机制；为保证案件顺利交付审判和执行，加强与长春市中级人民法院审判、执行等部门的衔接，就走私类违法犯罪案件的性质、特点进行解释和说明，确保案件诉讼质量；走访吉林省公安厅法制总队、长春市公安局法制支队等部门，就"逃避商检罪""妨害国境卫生检疫罪""妨害动植物防疫、检疫罪""走私人类遗传资源材料罪""非法引进外来入侵物种罪"、洗钱犯罪、骗取出口退税罪等新增管辖罪名认定、管辖法律进行交流、研讨，建立联席配合机制，积极履行案件审核办理职能，防范化解执法风险。

执法合作与综合治理

【跨关区案件协查】 2021年，长春海关缉私局协办大连、天津、深圳、南宁等兄弟海关缉私局跨关区案件86起，接待来人40人次，协助抓捕犯罪嫌疑人6名，协助调取各类单证374余份，出动警力187人次，出动车辆101车次，行驶里程

11,000千米。

【"战区"联动】2021年，长春海关缉私局制发跨关区办案协作规定，不断深化"缉私战区"应用，加强同各兄弟海关缉私局在打击跨境电商走私、"水客"走私、淫秽物品走私等领域的执法联动，实现优势互补、资源共享，扩大打私规模效应。2021年，侦办"水客"走私手表进境案3起，参与"5·06"查缉淫秽书刊专项整治，核查线索11条，缴获书刊400余册。

【深化警种合成作战】2021年，长春海关缉私局发挥公安专业优势，加强与经侦、刑侦、禁毒、治安、国安等警种在反走私、反渗透、反颠覆领域的协作，对于缉私办案中发现的涉枪涉毒、涉恐涉暴、涉黑涉恶以及洗钱等违法犯罪线索，实施多警种同步上案、循线打击、综合整治，扩大打击综合效果。

【国际执法协作】2021年，长春海关缉私局加强与俄罗斯远东缉私海关的联系配合，落实与俄罗斯远东缉私海关执法合作备忘录内容，就共同打击水产品、濒危动植物及其制品、矿产品等走私开展双边执法协作，办理案件线索协查函34件，答复相关信息216条，努力把打私战线向境外延伸，进一步加大源头打击治理工作力度。

行政处罚与打私宣传

【行政处罚案件】2021年，长春海关立案查办各类行政案件72起。其中，普通程序案件29起，作出行政处罚案件22起；快速办理案件及简易程序案件43起，均已作出行政处罚，立案案值2.75亿元，涉税450.60万元，罚没收入173.95万元，查获的物品主要为食品类、粮食类、化妆品类、药品类等。

【行政法制工作】2021年，长春海关开展网上执法巡查，做好行政案件执法质量考评和情况通报，加强内部执法监督，推动落实执法主体责任，防控执法风险。制发行政案件专项清理工作方案，对关区在办17起行政案件进行清理，并将清理情况报总署缉私局。开展新修订的《行政处罚法》学习活动，制发关于加快办理行政处罚案件的通知，明确行政案件办案时效，确保在办案件按时限办结。参与海关行政处罚法规修订，向总署缉私局反馈海关行政处罚案件办理工作规程（审理部分）、海关行政处罚法律文书相关修订意见。

【打私宣传】2021年，长春海关牢固

▲2021年9月6日，长春海关缉私局开展"我为群众办实事"反走私进社区活动

树立"宣传也是打私"的工作理念，充分利用新闻媒体做好打私新闻宣传。侦办的吉林省禁毒领域首起走私新型LSD"邮票"毒品进境案件，被《人民日报》、"中国反走私"等媒体报道。利用国家安全日、国际禁毒日等重要时间节点，开展"反走私进社区、进校园、进企业、进口岸现场"普法、禁毒宣传活动，相关活动情况得到中国吉林网、"中国反走私"等政务微博账号的转发转载。

（撰稿人：刘　平　韩永革）

第五篇

政务及后勤保障

政务管理

概况

2021年，长春海关全面加强政务管理工作，从强化各级政务部门的政治机关建设入手，从根本上提高工作能力和水平。长春海关办公室通过党建品牌领军关区政务管理能力建设，以习近平总书记到中办调研时对办公厅（室）条线工作提出的"五个坚持"重要指示精神为根本遵循，围绕不断提升"办文、办会、办事"和"服务领导、服务机关、服务基层"水平，创建"五三三先锋队"党建品牌。形成讲政治，建设一支绝对忠诚、严守规矩队伍；讲担当，建设一支心怀大局、服务大局队伍；讲严谨，建设一支极端负责、精益求精队伍；讲奉献，建设一支埋头苦干、爱岗敬业队伍；讲廉洁，建设一支艰苦朴素、廉洁奉公队伍的"五讲"创建机制。总结提炼目标、制度、教育、服务和示范"五引导"工作法，引导党员干部立足岗位担当作为。各级单位发挥党委办公室作为党的工作部门职能作用，在政治机关建设和基层组织建设中走在前、做表率、当先锋，坚定不移走好"两个维护"第一方阵，强化办公室部门"从政治和全局高度思考问题"意识，提升长春关区办公室条线人员履职尽责能力水平，坚决贯彻习近平总书记重要指示批示精神和党中央重大决策部署，全面履行各项职责任务，推动各项重大决策部署落地落实。

▲2021年6月24日，长春海关办公室党支部开展党史学习教育主题党日活动

督查督办

【**创新督办模式**】2021年，长春海关整合每月各领域重点工作，建立覆盖"第一议题"、重要会议、领导批办等重要事项统筹督办落实和限时办结反馈工作机

制，形成研究部署、定期通报和督办落实全流程"机制化、图表化"。对重要事项统筹督办落实、限时办结反馈、实行"问题清零"。对各项重大决策部署落实落地情况进行检查、实行关区通报制度。2021年，通报习近平总书记重要讲话、重要指示批示精神贯彻落实情况130件，总署重要工作推动落实情况76件；督办重点工作任务87项。

【形势分析及工作督查例会】2021年，长春海关每月召开形势分析及工作督查例会。规范会议流程，合理设置议题，提升例会的政治性、实用性。从讲政治的高度抓好"第一议题"制度贯彻落实。建立"上下贯通、执行有力"抓落实工作机制，制定贯彻落实习近平总书记重要指示批示精神总施工图和推动落实总署党委、长春海关党委重要工作部署专项任务台账，按月度逐项做好更新维护，使形势分析及工作督查例会成为推动重要工作落实落地的抓手。

政务值班

【总值班室建设】2021年，长春海关加强政务值班工作，规范政务值班流程，落实三级值班带班制度，做到7×24小时值班值守。加强值班人员管理，确保每一名值班人员熟知突发事件报告处置流程、值班信息模板使用和系统报送方式，熟练掌握上级单位值班电话、值班设备操作使用等应知应会事项。落实值班和突发事件第一时间报告制度，确保第一时间响应，并根据形势变化适时提高值守级别和方式，妥善应对处置。推进长春海关总值班室建设，建立预警、应急响应和处置连锁机制。

【快速反应机制建设】2021年，长春海关深入贯彻中央关于形式主义、官僚主义专项整治，强化条线指导，建立基层减负监测点和基层工作直报机制，对关区各类微信工作群进行清理规范，坚决防止"指尖上的形式主义"。持续巩固"大调研、大排查、大培训"工作成效，以问题不断清零推动各项工作高质量发展。持续推动国办《政府网站与政务新媒体检查指标》贯彻落实，建立读网巡网工作机制，即时推动问题整改，确保文字、格式等差错当日清零，栏目设置、运维规范等问题当月清零。

【回应社会诉求】2021年，长春海关审慎对待信访工作，严格按照海关信访工作制度、依法分类处理信访诉求清单等要求，制发长春海关依法分类处理信访诉求清单，进一步规范长春海关依法分类处理信访诉求工作。2021年，共受理各类信访诉求、关长信箱咨询事项35件次，已全部办结。畅通长春海关12360统一服务热线接访渠道，建立热线接访转办工作机制，以化解矛盾为目标做好热线信访事项答复工作。

公文管理和机要档案

【公文管理】2021年，长春海关严把

公文政策关、程序关、审核关，进一步提高办文能力，保障公文办理质量。逐步完善公文审核机制，全面推广"退文查错工作法"，重要文稿实行"双人唱校"，减少文稿差错，实现全年报送总署"零退文"。坚持"非必要不发文"原则，持续巩固精简文件成果，发文数量逐年递减。规范公文处理操作流程，编制长春海关发文、收文工作一系列操作指引，定期通报公文办理情况等，全面提升关区公文办理科学化、制度化、规范化水平。

【保密管理】2021年，长春海关组织召开专题会议7次，传达学习贯彻各类机要保密、国家安全相关制度，修订完善各类文件9份。强化涉密网络保密管理，6月，顺利完成海关涉密网络终端国产化替代。组织开展关区保密自查自评及保密巡查，为关区终端设备安装网络保密检查工具，加大保密自查自评力度，在吉林省保密局2021年度保密检查及绩效考评工作中被评为"优秀"。

【档案管理】2021年，长春海关推进数字档案室、智能型档案库房建设，新建库房建筑面积248平方米、使用面积200平方米，室藏纸质档案5万余件。规范档案收集归档工作，持续推进疫情防控专项档案工作，编制长春海关2021年度疫情防控专项档案资料汇编。强化档案安全，严格落实档案库房的工作日巡查登记制度，组织开展关区档案安全专项检查，确保档案实体安全。深入挖掘红色档案资源，形成2篇征文入选总署《追寻红色记忆 传承红色基因——海关档案故事100篇》。

信息宣传

【信息工作】2021年，长春海关坚持"第一时间"向总署、省委、省政府编报各类信息，积极回应地方领导关注，及时汇报长春海关工作成效，反映工作中发现的新情况、新问题，提出对策建议，有效发挥辅政作用。信息工作管理方面，建立信息会商机制，制发长春海关内部信息载体操作指引，强化政务信息稿件公开点评和错情通报，年内编发内部信息刊物505期，获吉林省领导批示信息5次。

【新闻宣传】2021年，长春海关以庆祝中国共产党成立100周年为主线，多维度、全方位报道海关工作。实现中央电视台播发长春海关新闻19次、吉林电视台播发25次；《中国国门时报》刊发长春海关新闻17篇，《吉林日报》刊发66篇；"海关发布""两微一抖"推送长春海关相关报道40次，"学习强国"中国海关专栏推送12次，组织召开新闻发布会2场。充分利用各级各类宣传平台，全覆盖宣传长春海关各项工作成效，让社会各界充分了解海关、理解海关、支持海关工作。

政务公开

【政府信息公开】2021年，长春海关制定年度政务公开工作要点，明确各部门单位政务公开任务分工，加强政策文件领学解读，大力推进基层政府信息公开标准化，持续提升关区政务公开工作质效。强化关区政务公开工作联络员队伍建设，组织关区政府信息公开业务培训、书面调研和业务测试，指导隶属海关规范落实基层政务公开标准指引，检查关区16个隶属海关政府信息公开渠道可用性和依申请公开受理答复规范性，着力推动关区政府信息公开工作水平稳步提升。

【海关12360热线】2021年，长春海关提升接线员政治能力、业务能力和服务水平，着力保持直接答复率。强化热线后台专家队伍建设，定期组织举办海关业务知识培训，持续推进热线答复规范化、专业化、标准化。大力推进与12345热线对接，高质量完成规定动作，强化工作交流，积极提供海关咨询答复知识库，在全国海关系统中较早实现话务通、服务通，做到件件及时办、事事有回音。

对外合作

【国际合作】2021年10月，长春海关与俄罗斯远东海关局举行视频会议。12月，中、俄双方海关以远程方式签订关局长会晤会谈纪要，讨论确定2022年合作计划，及时反馈俄方关于珲春—马哈林诺24小时通关有关意见，并指导珲春海关与乌苏里斯克海关开展边境海关合作会谈。在双方合作机制框架之下，先后于8月25日和12月9日，与俄罗斯远东海关局分别召开年度统计工作组和监管工作组远程视频会议，就相关业务问题深入沟通、交流，达成共识。

【"三智"工作】2021年，长春海关严格落实习近平总书记关于中国—中东欧智慧海关、智能边境、智享联通"三智"工作指示及总署有关方案要求，结合长春关区工作实际，制定细化落实措施。成立"长春海关贯彻落实习近平主席在中国—中东欧国家领导人峰会上的重要讲话精神工作领导小组"，细化部门分工，抓好措施落实。推进"三智"工作框架项目"中俄海关特定商品监管结果互认合作"。长春海关与俄罗斯远东海关局以"优化流程、提升效能"为重点，将中俄海关特定商品监管结果互认合作智能升级项目作为议题进行充分研讨并达成共识，争取尽快实现数据、图像等监管结果互认。会晤期间，长春海关向俄方宣传"三智"合作新理念，推广中国海关"三智"国际合作项目。依据《中华人民共和国海关总署和俄罗斯联邦海关署关于开展特定商品监管结果互认的议定书》，长春海关持续与总署沟通，推动将长春海关对俄口岸纳入中俄海关关于货物监管结果互认合作项目特定口岸。以集装箱（或箱式货车）运输的列表商品确定为监管结果互认合作特定商品，推动中俄海关特定商品监管结果互认合作纳入长春海关与俄远东海关局边境互访活动议题，提高通关便利化水平。

【边境会晤】2021年，受新冠肺炎疫情影响，长春海关与俄罗斯海关定期边境互访改为以视频会议形式开展。按照惯例，两国边境海关每年例行开展会晤2次。7月27日，珲春海关会同哈尔滨海关隶属绥芬河、东宁、虎林、密山海关与俄罗斯乌苏里斯克海关进行视频会晤。会谈内容主要是珲春—克拉斯基诺基础设施建设和便利化通关措施；促进珲春—马哈林诺铁路口岸便利化通关；加强"合法捕捞产品通关证明"（俄方）证件验核合作；俄方建议增加通过马哈林诺铁路口岸出口水产品；俄方通报木材出口税率上调等。

机关内部新冠肺炎疫情防控

【内部新冠肺炎疫情防控】2021年，长春海关组织召开新冠肺炎疫情防控指挥部会议18次。成立流调溯源专班，加强风险评估，将全体干部职工及共同居住人纳入管理，第一时间组织开展排查、评估、处置，实行人员闭环管理，强化科学防控。统筹推进重点防控工作，落实"应检尽检"要求，成立封闭管理工作专班统筹推动重点人员封闭管理，积极推动疫苗接种。圆满完成总署办公厅机关疫情防控电话及视频检查，按时上报长春关区疫情信息、核酸检测、"日报告、零报告""日收集、周报告"等台账资料。

【常态化防控机制】2021年，长春海关制定安全防护工作"责任清单""问题清单"，坚持"精准、动态、从严"原则调整疫情防控措施，累计制定印发各类内部防控指引文件178份，梳理文件依据17份。根据吉林省和相邻省份疫情形势建立内部疫情防控措施自动启动和解除机制，修订内部疫情防控暂行规定2版，应急处置工作指引3项。借鉴吉林省有关单位内部疫情防控工作经验，建立5项15条工作机制，分类制定常态化防控措施、从严防控措施、综合保障措施，建立长效工作机制。

（撰稿人：李懿达）

财务管理

概况

2021年，长春海关以习近平新时代中国特色社会主义思想为指导，稳妥严密做好财务领域各项工作，为海关正常履职提供必要的财力保障。落实党中央、国务院的决策部署，与吉林省相关部门建立走私冻品归口处置工作机制和非法入境固体废物移交处置机制，将海关查获走私冻品、"双无"（无确定责任人、无法退运）固体废物移交地方相关部门或县级以上人民政府处理工作落到实处。坚决落实国务院减税降费决策部署，建立健全海关涉企收费管理长效机制。严格落实中央"过紧日子"要求，采取强有力措施压减非刚性非急需支出，统筹协调落实节能指标，广泛开展节能宣传，创建节约型机关，推动建立健全厉行节约长效机制。在2020年压减基础上进一步压减一般性支出，严控会议、差旅、"三公"经费，紧密围绕"五关"建设，集中财力优先保民生、重点保运转、精准保发展，有效落实总署党委支持保障边关"22条措施"。全面保障常态化新冠肺炎疫情防控物资平稳充足，为统筹新冠肺炎疫情防控和促进外贸稳增长、筑牢国门安全提供必要的财力保障。国有企业改革稳步有序推进，智慧财务建设取得阶段性成果，国库集中支付系统监控、资金支付动态监控成效明显，财关库银横向联网持续优化，稳妥推进部门预决算公开。

2021年，长春海关财务工作在总署对直属海关领导班子量化考核中名列前茅，预算执行全国排名实现跨越式进步。国家审计署、海关总署对长春海关开展经济责任审计，未提出财务领域重大问题。

预算管理

【部门预算编制】2021年，长春海关严格落实"过紧日子"要求，建立定期评估机制，把评估结果统筹应用于预算编制和管理中。围绕中心工作，科学统筹各类资源，提供可持续保障，初步构建新海关预算保障机制。2021年，长春海关全盘统筹，合理调整财政拨款预算。财政资金保障工作取得新突破，在资金不足的情况下，为维护业务运行和保障疫情防控工作，指导推动关区各单位加强与地方政府联系协调，增加地方拨款资金，解决关区经费保障缺口。持续调整优化支出结构，不折不扣保障党中央重大决策部署落实，精准有效保障国门安全、疫情防控等关区重点工作任务，优先保障关警员工资津补贴、医疗、养老等刚性民生支出。加大对基层边关的支持保障力度，推动长春海关艰苦地区边关生活保障设施建设项目落地落实。

【部门预算批复及公开】2021年，长春海关严格执行《中华人民共和国预算法》及其实施条例，进一步落实主体责任，完善管理机制，改进工作方法，明确工作流程，规范、有序完成2021年度部门预算批复工作。按照深化预算管理制度改革要求，组织关区各独立核算海关，认真履行信息公开主体责任，加大部门预算公开力度，依法依规公开部门预算和政府采购信息，确保公开的预算找得到、看得懂、能监督，提高部门预算透明度，促进透明政府、廉洁政府建设。

【预算绩效管理】2021年，长春海关完善预算绩效管理新机制，修订长春海关项目支出绩效评价管理办法、长春海关预算绩效运行监控管理办法。建立健全关区预算绩效指标体系，结合主要工作内容和重点支出方向，修订编制2021版长春海关项目支出核心绩效指标体系，一般公共预算拨款项目全面实施绩效目标管理，对16个单位41个二级项目、167个三级项目开展支出绩效自评，选取5个项目开展2020年度重点项目绩效评价。运用考核结果，压减低效无效支出，促进预算资金充分发挥效益。

【建立"过紧日子"长效机制】2021年，长春海关继续牢固树立"过紧日子"思想，艰苦奋斗、勤俭节约、精打细算，杜绝铺张浪费，进一步优化和调整支出结构，硬化预算约束，加强审核把关，大力压减一般性支出，压减非刚性、非重点项目支出，严控会议、差旅、"三公"经费，集中财力保民生、保运转、保发展。严格执行总署落实中央八项规定精神细化措施，结合反对铺张浪费、厉行节约有关规定，认真梳理低效无效支出、铺张浪费等漏洞和薄弱环节，扎实推进节约型海关建设。建立健全制度机制，年内多次印发相关文件要求各隶属海关、事业单位严格落实"过紧日子"要求，每季度开展评估，并将评估结果汇总上报总署，及时整改评估过程中发现问题，建立"过紧日子"长效机制。

【新冠肺炎疫情防控保障】2021年，长春海关全力做好常态化疫情防控保障工作，健全以中央财政为主、积极争取地方联防联控机制支持的多渠道疫情防控后勤保障机制。统筹谋划，向总署申请疫情防控专项资金，确保临时性工作补助、防护物资采购、专用设备购置等方面经费需求，缓解关区疫情防控经费压力。发挥长春海关应急物资储备库作用，自主开发"疫情防控综合管理系统"，科学精准做好疫情防控物资保障。强化防疫物资储备制度建设，制发长春海关启动应急响应机制后的财物保障工作预案、应急物资储备库管理办法和工作预案。开展物资储备库安全大检查，疫情期间特别是在重要节假日，采取各单位自查为主、视频随机抽查为辅模式，多次开展储备库安全检查，确保防疫应急物资安全。

【预算执行】2021年，长春海关综合运用通报、督导和约谈等工作机制，高质量、高效率推进预算执行工作。2021年，长春海关如期完成预算执行进度，执行情况好于2020年度。坚持"提高预算执行率"和"严守财经纪律"齐抓共管，在加快项目实施和资金支付进度的同时，加强资金审核，认真落实"三重一大"集体决策和重大财务事项集体审批制度，严格履行资金使用审批手续，严禁超进度、超预算、超标准拨款，确保财政资金使用的安全性和规范性。

【"135预算执行工作法"】2021年，长春海关通过推广"135预算执行工作法"，使关区预算执行进度实现3年内在全国排名跨跃式发展。长春海关总结提炼的该工作法获得总署副署长王令浚专门批示。该工作法的主要内容是贯穿"1条主线"：坚持以统筹推动为主线，总体部署，掌控进度，齐抓共管；围绕"3个阶段"：将预算执行分为事前、事中和事后3个阶段，针对每个阶段工作特点，突出重点，分类推动，精准施策；突出"5个强化"，就是强化组织推动、协同配合、攻坚克难、形势研判、依法依规。

决算管理

【部门决算编报】2021年，长春海关克服所属单位数量层级较多、新冠肺炎疫情导致不能组织现场汇编等不利因素影响，组织17家独立核算单位，依托信息化手段，根据总署文件要求，第一时间布置工作任务，组织关区财务人员开展部门决算编报。其间与软件公司、兄弟海关等积极交流沟通，协调解决系统问题、优化账务处理等，累计审核数据万余条，按时保质完成决算汇编、报送决算编报说明和分析报告，顺利通过总署会审。

【部门决算批复及公开】2021年，长春海关根据《中华人民共和国预算法实施条例》要求，及时平稳有序做好2020年部门决算批复及公开工作，公开质量稳步提升。根据批复文件对预算执行有关事项进行调整，调整事项涉及会计处理的，严格遵循政府会计准则制度的规定。三级单位自长春海关批复决算之日起15日内，按要求向所属四级单位批复决算。按照决算审核审计意见，进一步加强财务管理，改进预算编制，规范预算执行和会计核算，提高预算绩效管理水平。

国库集中支付管理

【银行账户管理】2021年，长春海关

积极开展全年银行账户管理工作，制发进一步加强银行账户管理相关要求，切实规范关区银行账户管理，督促各隶属海关及事业单位及时规范、变更银行账户事项，有效提高财务人员对银行账户管理的重视度，强化财政资金监管，防范资金存放安全风险，为加强银行账户日常规范管理、部门资金管理规范化夯实制度基础。向总署报送1家海关单位变更零余额账户资料，向财政部吉林监管局报送8个银行账户变更及销户资料，配合完成2020年度银行账户年检。

【资金支付动态监管】2021年，长春海关优化海关国库集中支付系统监管效能，严格财政资金支付动态监控，制定国库集中支付业务指引，创新手段、优化工作流程，逐步形成有效的资金风险防范体系。及时掌握财政部门资金监管要求，组织关区各预算单位对财政部通过动态监控系统发现的财政资金支付疑点信息进行逐条核实，做好政策解释和问题整改。按照总署要求开展实有资金动态监控试点工作，对长春海关实有资金使用情况进行摸底调研，编报季度存量资金报表，督促关区各预算单位及时开展往来款清理。

涉案财物管理

【建立走私冻品移交处置工作机制】2021年，长春海关认真贯彻落实习近平总书记关于食品安全"四个最严"重要指示精神，与吉林省市场监督管理厅、财政厅联合制发《吉林省走私冻品归口处置工作管理办法（试行）》，确保查获走私冻品由地方归口处置政策的规定落地落实，有力化解走私冻品处置中的食品安全和廉政风险。2021年，向珲春市市场监督管理局移交走私水产品1.93吨，白山海关向临江市市场监督管理局移交冻鸡脚18.1吨。

【建立非法入境固体废物移交处理工作机制】2021年，长春海关认真学习习近平总书记关于推动禁止"洋垃圾"入境、推进固体废物进口管理制度改革的重要指示批示精神，贯彻落实党中央、国务院关于固体废物污染防治工作重大决策部署，根据《中华人民共和国固体废物污染环境防治法》和《吉林省生态环境领域财政事权和支出责任划分改革方案》，与吉林省生态环境厅、财政厅联合制发吉林省非法入境固体废物移交处理工作联系配合办法，建立"双无"固体废物由地方组织处理工作机制，长春海关查扣无法退运的固体废物一律移交地方处置。

【涉案财物处置与安全管理】2021年，长春海关加强对隶属海关业务指导，进一步规范管理、防范风险、夯实基础。加大涉案财物处置力度，解决长期滞库问题，积极处置已结案的涉案财物，协调吉林省文物局办理长期库存未结案文物的移交手续，已有濒危野生动植物制品全部移交给地方政府主管部门。推广涉案财物网络拍卖，建立多次流拍涉案财物处置新机制，通过互联网平台采取无底价拍卖，年内组织38宗拍卖活动。完善仓库配套设施建设，更换RFID电子标签电池105个，督导库房楼顶完成修缮。加强涉案财物安全管理，动态更新问题隐患和制度措施"两个清单"，持续完善"底数清单"，建立健全私货仓库安全生产风险隐患排查和自查自纠长效机制。2021年，关区涉案财物普通仓库、精品仓库无危险化学品库存。

▲2021年6月23日，长春海关财务处与后勤管理中心联合开展涉案财物仓库、应急物资储备库应急抢险救灾演练

企事业单位财务管理

【国企改革及集体所有制企业改制】2021年，长春海关按照国务院国有企业领导小组及海关总署关于公司制改革的有关要求，依法依规、平稳顺利转让脱钩企业产权，维护海关事业单位合法权益，保持职工队伍稳定，组织开展长春海关事业单位所属集体所有制企业改制。部署相关改制工作方案，完成2家集体所有制企业的公司制改制工作。落实事业单位所属企业脱钩工作，完成3家检疫处理公司的注销工作。完善海关所属企业治理结构，按照国企改革要求，在关区范围开展国企改革工作。

【促进企事业单位提质增效】2021年，长春海关支持事业单位积极参与市场竞争并合法合理取得收入，提高事业单位经营创收水平。充分发挥长春海关事业单位监督管理委员会作用，指导事业单位加强资金运营、成本核算、政府采购等重点环节管控，进一步降低成本，为"过紧日子"创造必要条件。进一步规范事业单位财务管理工作，推动问题整改，指导和监督事业单位完善财务内控制度建设。逐级落实责任，组织事业单位编报国有企业经济效益月报和2021年度国有企业财务会计决算，由专人进行汇总审核，顺利通过总署和财政部集中验审。

【检验检疫降费】2021年，长春海关严格进出口环节涉及企业收费管理，贯彻党中央、国务院深化"放管服"改革、优化营商环境等重大决策部署，深入推进降低检验检疫环节收费工作，严格执行收费政策，建立涉企收费项目严格审批机制，排查口岸环节新冠病毒预防性消毒涉企收费情况，取消长春海关全部口岸涉企收费项目，进出口环节检疫处理费比上年下降82.14%。建立健全收费管理长效机制，制发长春海关收费管理办法，指导事业单位及所属企业规范收费工作。

基建管理

【基建项目管理】2021年，长春海关

坚决落实总署"保在建、保重点、保安全"、有序控制基建项目立项及开工等要求。针对关区实验室整体布局调整，及时调整海关业务技术用房及附属用房改造项目可研方案。主动对接项目建设单位，对在建项目进行全过程指导和监督。项目建设过程中同步引入"工程造价动态管控机制"，基建项目预算执行进度得到全面提升。创新验收机制，结合口岸应对重大疫情卫生检疫基础设施项目特点，首次采用"线上验收改造现场+线下审核相关资料"方式，完成多个项目竣工验收。

【艰苦地区边关生活设施保障】2021年，长春海关落实总署支持艰苦地区边关建设22条措施，改善关区业务办公及生活条件，干部职工获得感、幸福感不断提高。建成蔬菜大棚、倒班宿舍等设施51处，总改造面积3万平方米，涉及5个隶属海关单位，惠及边关干部职工800余人。推动中心海关保障用房建设，为关警员子女上学、看病就医、疗休养等需求提供便利条件。推动长春海关艰苦地区边关生活设施保障能力提升工程项目获得总署立项批复，涉及4个边关单位，批准改造面积超7,500平方米。对部分内陆基层海关在经费预算和项目安排方面予以倾斜保障，推动做好业务技术用房及附属用房维修改造项目实施。优先保障一线需求，推动3个海关开展业务技术用房维修改造。扎实开展"我为群众办实事"实践活动，长春海关艰苦边关生活保障设施建设项目作为优秀案例在海关系统内进行经验交流，入选总署"'我为群众办实事'百佳项目"，形成可复制、可推广的民生保障经验。

政府采购

【海关政府采购管理】2021年，长春海关修订长春海关本级一般采购管理办法，进一步优化流程、防范风险夯实制度基础。严格执行"集体决策""管建分离""建采分离"工作要求，完善细化海关政府采购措施，建立健全行之有效的内控制约机制。强化政府采购监督管理，推动政采程序与业务需求论证"无缝衔接"，提高采购效率和服务保障水平。压实采购人履行主体责任，强化政府采购监督管理和检查，完成关区政府采购备选库、名录库、资格库专项清理工作，优化政府采购营商环境。贯彻落实巩固拓展脱贫攻坚成果同乡村振兴有效衔接总体部署要求，按照不低于农副产品采购额10%的比例预留年度食堂食材采购份额，完成比例达103.65%。

【应急装备配置】2021年，长春海关按照"集中统筹、突出重点、解决急需"原则，综合考虑应急装备需求缓急、预算执行进度和装备设备配备周期、配套环境、覆盖范围等因素，将应急装备配备预算直接细化下达艰苦边远地区海关，实施应急装备配备台账管理和跟踪问效。年内配发净水器、除雪、发电设备等40余台（套），有效改善边关工作生活条件，解决海关业务发展及民生保障的装备需求问题，将"我为群众办实事"和关心关爱一线艰苦边关具体举措落到实处。

财务综合管理

【智慧财务】 2021年，长春海关积极探索财务领域科技创新，完善优化"预算报销审批系统"，实现线上远程、线下报销两种方式并行操作，累计完成报销4,000余条。升级长春海关"财务机器人"系统，网上审批、实时监控、智能预警、查询统计等功能运行流畅。利用"财务机器人"实现国库集中支付端、银行网银端、智慧财务系统端数据登记、会计核算、转账记账自动化等功能。年内累计在预算执行审批支付管理系统录入6,000余条支付信息、智慧财务系统记账1,800余条，工作效率提高60%以上。实施"无纸化报销"，全流程业务无纸化办理，解决外地非独立核算隶属海关报销难问题。开发智慧资产管理平台，引入RFID等物联网技术手段，在固定资产盘点工作中同步推广应用智慧盘点模块，实现对长春海关固定资产盘点的精细化管理，提高盘点的管理效率和效能。

【税费财务管理】 2021年，长春海关征收关税和进口环节税净入库91.34亿元，同比减少13.78%。其中，征收关税27.8亿元，同比减少14.01%；征收进口环节税63.54亿元，同比减少13.68%。加强新成立海关税费资金管理工作，积极沟通相关部门，梳理各业务环节流程及要求，明确新设海关税费财务管理准备工作流程，实现新成立独立核算海关税费资金账套新设、财关库银横向联网及税收报表上报。

【资产管理】 2021年，长春海关建立"定期盘点、随机抽查"机制，组织关区相关部门、隶属海关单位，收集数据，制成资产清单，梳理形成固定资产盘点报告，核对关区各类资产，建立关区资产档案。加强资产报废及实物处置力度，及时开展实物处置回收，督导加快处置已批复未处置报废资产。依法依规逐步理顺行政、事业单位固定资产使用管理，确保固定资产功能与单位职能相匹配，保障固定资产的安全完整和高效使用。

财务监督

【监控与监督】 2021年，长春海关制定国库集中支付管理工作规范指引，细化工作责任，强化资金监控，统筹联动上游资金监控与下游基础工作。构建资金监控信息共享、反馈、沟通、创新平台，及时交流疑点信息。强化职能监督指导，规范基层单位财务基础工作。修订印发长春海关经费支出管理办法、涉案财物管理实施细则等规章制度。开展"加强财务管理，严守财经纪律"专题培训及缉私局专场培训。落实"问题清零"机制，制定问题整改时间表、路线图，推动解决历史遗留问题。集中力量，解决团购房产权问题，狠抓整改，完成合同备案、确权、分户产权办理等工作，妥善解决历时 10 余年的遗留问题。

【内控机制建设】2021 年，长春海关全面加强风险防控和财务职能监督，切实防范财务领域重大风险。持续推进中央巡视、历次审计整改，坚持问题导向查摆各类问题整改落实情况，指导督促查发问题整改到位。完善制度，加强管理，建立健全审计整改长效机制，巩固深化整改成果。集中梳理署级内控节点，整理财务领域制度文件，调整内控节点。运用"科技+机制"手段，在 HLS2017 系统认领内控节点，夯实海关单位财务基础工作，防范财务领域重大风险。

（撰稿人：万　璐　王　峥　王　禹
　　　　　刘光伟　李　霞　李明峰
　　　　　张　越　陈铁锐　贺　岩
　　　　　程子旺　程晓芳　蔺祥宇）

科技应用

概况

2021年，长春海关认真贯彻习近平总书记关于科技创新的重要论述，认真落实长春海关工作会议和全面从严治党工作会议精神，深入推进科技兴关战略实施，全面落实口岸疫情防控工作部署和智慧海关建设，有力支撑了长春海关各项工作良好开局。2021年，长春海关着眼当前，谋划未来，认真分析海关科技工作面临的形势及要求，研究制订落实海关科技"十四五"发展规划工作方案，从科研管理、信息化建设、实验室建设、科技创新、科技人才发展和科技创新体制机制等方面对关区科技工作进行布局。2021年，长春海关强化科研管理，全方位支持科研工作，并取得成果；全面落实相关防疫措施，用信息化手段支持口岸防疫措施落实，取得明显效果；全面加强实验室管理和建设，实验室软硬环境和实力得到明显提高；规范开展项目管理，从立项论证、研发、验收、监督、绩效等环节，按照规范科学有序开展，项目质量明显提高；全面加强网络与信息系统安全管理，通过网络攻防演练、数据与信息安全检查等手段，全年未发生系统网络和数据与信息安全事故；积极开展信息化建设，通过项目开发和推广，以信息化应用支持业务工作和防疫工作开展，关区业务工作信息化数字化程度进一步提高，应用效果明显；认真做好信息系统运维，通过采取科学手段及时发现和解决系统运行遇到的问题，确保各系统安全稳定运行；加强队伍建设，采取有效措施激励干部队伍和开展梯队人才培养，使干部队伍凝聚力和战斗力得到提高。

信息化建设

【**新冠肺炎疫情防控保障**】2021年，长春海关利用eSpace技术平台，完成健康申报远程验核应用的技术方案设计，并组织实施，优化口岸卫生检疫工作流程，降低新冠病毒交叉感染风险，有效节约人力资源，降低防控人员的上岗压力，也为机场等高风险场所防疫安全积累宝贵经验；同时完成现场CT设备的智能审图算法部署工作，实现关区内利用信息技术检查疫苗夹藏等违规行为；为防疫工作的应急指挥和进境航班疫情防控等提供安全可靠的通讯保障，确保监控指挥中心和视频会议系统平稳运行，截至 2021 年 11 月 30 日，完成各类会议和培训保障 312 次。

【网络安全管理】2021 年，长春海关召开 2 次网信领导小组会议，审议通过网信领导小组和网信办成员组成调整方案以及网上相关工作责任分工清单；审议通过 2 项网信工作规则、7 项信息化管理制度，为网络安全提供组织保障和制度遵循。2021 年，长春海关在全关区开展业务网国产办公设备替换部署工作，截至 11 月 30 日，完成国产客户端加电上桌任务，从办公设备硬件层面，保证办公系统的数据和信息安全。年内组织关区敏感时期网络安全保障和年度网络攻防演习，截至 2021 年 11 月 30 日，抵御互联网攻击 110 次，处置内网攻击 3 次，禁封风险互联网地址 2,430 个，IP 地址段 4 个。通过网络安全软环境的建设和强化网络安全管理，关区未发生网络安全事件。

【信息安全管理】2021 年，长春海关在关区梳理出 104 项信息化应用系统，建立长春海关信息化应用系统明细清单。针对梳理出的应用系统开展信息系统应用账号授权清理，共清理授权账号 4,946 个。清理后，关区账号管理符合海关信息系统应用账号授权管理要求，也有效降低应用系统出现超授权现象。在配合主管部门进行数据安全审计工作的同时，对 6 个隶属单位进行信息安全检查和梳理，从制度层面和硬件设施管理两个方面规范隶属海关、特别是新成立的隶属海关的信息安全管理。

【信息化系统优化升级】2021 年，长春海关按照总署的统一部署，完成总署统一推广信息系统的升级和 50 余次技术支持工作。完成 RTNET 域控服务器升级改造、12360 统一服务热线平台综合管理系统切换、新版国产化邮件系统切换、智能审图信息化平台等重要信息系统部署和推广。通过对系统的升级优化，不仅进一步完善了各系统的功能，同时系统安全性和系统运行稳定性也得到进一步提高，进一步满足了各项业务信息化需求。特别是智能审图信息化平台的升级更新，为进一步提高口岸监管提供了现代化科技手段。

▲2021 年 4 月 30 日，长春海关科技人员进行系统运维

实验室建设

【实验室技术保障能力建设】2021 年，长春海关围绕执法检测的需求，通过组织

协调，动态调整关区实验室布局，依据关区实际撤销3家常规检测实验室。同时优化升级实验室硬件设施，更新及增配精密仪器50余台。组织技术机构根据实验室发展开展CMA扩项申请评审，提升关区法检自检率。新增57个检测项目，23个标准方法，使关区实验室CMA检测能力达到5,573个检测项目、2,718个标准方法，CNAS检测能力达到5,474个检测项目、2,661个检测方法。截至2021年年底，长春关区有4个从事实验室检测工作的具有独立法人资格的技术机构，规划建设5个国家级检测重点实验室，12个区域性中心实验室，11个常规检测实验室，1个进出口粮谷及制品应急检验检测实验室。实验室技术保障能力显著提高。

【新冠病毒核酸检测】 2021年，长春海关针对关区实验室实际情况和新冠病毒检测的特点，及时组织发布相关实验室管理的办法和实施方案，完成实验室现场验收并取得临床基因扩增资质，为长春关区移动P2+实验室正式投入使用做好筹备工作；组织专家和相关部门完成技术中心、保健中心P2实验室改造项目验收；为进一步提高新冠病毒检测能力，为实验室配置46台套新冠病毒检测设备。2021年，关区实验室检测样本64,355份，为口岸外防输入提供技术支持。

【实验室安全管理】 2021年，长春海关严格落实实验室安全生产责任制，有针对性的制定安全责任指引，建立三级联动指挥机制，并压实安全责任。对实验室水、电、火、盗、危险化学品、放射源、微生物等严格"双人双锁"，对重点区域实现视频全覆盖。对新冠病毒核酸检测实验室生物安全防护开展巡察、检查，指导相关实验室设立安全监督员，对隐患问题日巡查、日结清。运用新媒体手段，发现并及时整改实验室安全隐患73项。通过采取有效手段、科学管理，进一步提升了全员安全意识，实现实验室全年安全生产零事故。

科研管理

【项目管理】 2021年，长春海关以规范关区应用项目开发、减少重复建设、提高项目应用效率为出发点，全年完成业务网门户网站、财务固定资产盘点、数据共享交换、人事考勤和信息辅助管理等4个项目立项审批。长春海关对因2020年疫情影响导致延期的7个署级科研项目加强跟踪管理，每周到技术中心跟进项目推进情况，并与总署科技司保持不间断联系，了解总署集中验收工作计划。截至2021年年底，长春海关7个署级科研项目均顺利在延期时限内通过总署集中验收，完成在总署的成果登记工作。

【科技创新引导】 2021年，长春海关从各边境口岸和机场的业务需求出发，以问题为导向，引导关区科研实力较强的单位，开展传染病疫情、动植物疫情、病媒生物的快速查验、风险监控等关键技术研究的项目申报。组织开展进口固体废物、危险化学品鉴别、食品化妆品真伪鉴别、口岸食品精准高通量检测等技术方向的科研。组织各领域业务专家对申报项目进行初筛，在此基础上，推荐8个科研项目参加2021年度总署科研项目评审。其中《口岸入境冷链食品包装物新冠病毒2019-nCoV应急快速检测及溯源的应用研究》获总署批准。

（撰稿人：闫敬伟）

第六篇

隶属海关

长春龙嘉机场海关

【概况】长春龙嘉机场海关（以下简称"龙嘉机场海关"）于2019年3月29日正式对外办理业务，机构规格为正处级，由原长春海关驻机场办事处及转隶划入的原吉林出入境检验检疫局长春机场办事处组成。龙嘉机场海关下设11个正科级内设机构，业务辖区范围为长春龙嘉机场口岸，承担监管、征税、缉私、出入境检验检疫、统计等职责。截至2021年年底，龙嘉机场海关行政编制70人。

2021年，龙嘉机场海关共监管进出口货物1,049吨，其中，进口300吨，同比下降31.78%，出口749吨，同比增长超11倍。税收实际入库1.46亿元，同比增长18.7%，其中征收关税1,900万元，同比下降5.9%；征收进口环节税1.27亿元，同比增长23.1%。受理报关单1.34万票，同比增长4%，其中，进口报关单量1.02万票、同比增长5%，出口报关单量2,113票、同比增长30%。监管进出境航班149架次，其中入境75架次、出境74架次；征收行邮税17票，征收税款5.19万元；查获禁止携带进境物36批次；采集样本1.92万人次。

【党的建设】2021年，龙嘉机场海关强化党建引领，抓好贯彻执行，坚定不移加强政治机关建设。深入学习贯彻习近平新时代中国特色社会主义思想，常态化坚持"第一议题"制度，健全完善党委会议及时学、党委理论中心组系统学、形势分析及工作督查例会结合实际学的学习贯彻机制，及时传达学习习近平总书记重要讲话和重要指示批示精神75件（次）。把政治建设摆在首位，建立健全学习研讨、定期通报、督办落实的闭环工作机制。学习贯彻党的十九届六中全会精神，充分发挥党委理论学习中心组示范带动作用，研究制定学习宣传贯彻全会精神工作方案，专题研究推动各支部学习宣传措施，扎实开展党史学习教育，以"学史明理、学史增信、学史崇德、学史力行"为目标，制定党史学习教育活动实施方案，开展"百年党史百人小讲堂"活动87次，党委成员及各支部书记讲授专题党课累计20余次。

运用机场海关党建"三位一体"领导体制，充分发挥党委的塔台指挥、党建引领作用，以合格支部建设、"星级党支部"争创为抓手，制定党建工作指引手册、基层党支部党建基础工作指导手册、主题党日指导性计划，落实"第一议题"制度进支部。规范党内政治生活，深化"强基提质工程"，认真落实"三会一课"、谈心谈话、党员评星考核制度，充分发挥基层党组织红色堡垒作用，将"一支部一品牌"落到实处。综合业务科党支部、旅检一科党支部获得 2021 年度长春海关"四强"支部，旅检一科党支部"四强"支部示范点。扎实推动机场海关"新时代吉林党支部标准体系（BTX）"建设工作，建立层级管理制度，保持绿灯常亮。

综合运用讲授廉政主题党课、观看廉政警示教育片、举办廉政主题党日活动、开展廉政提醒等形式，常态化开展理想信念和党纪国法学习教育，做到时时传递廉政"最强音"，筑牢廉政"防火墙"。把严查严管节日期间"四风"问题作为履行主体责任的重要抓手，强化对重点岗位、重点人群的监督管理。扎实推进"现场监管与外勤执法权力寻租"专项整治。向辖区50家企业公布专项整治告知书，组织一线关员撰写专项整治心得体会，成立机场海关、第二派驻纪检组双重复审小组，严把心得体会质量关。围绕现场监管与外勤执法领域廉政风险点，排查风险岗位 10 个，业务薄弱环节 26 个，制定风险防范措施40 条，有效提升执法一线廉政风险防控能力。组织全体干部职工学习《海关工作人员廉洁从政法律法规制度选编》，并开展"10+3+3"案例及关区查处违纪违法典型案例警示教育，有效提升执法一线廉政风险防控能力。

【**新冠肺炎疫情防控**】2021 年，龙嘉机场海关形成"一套日志、三类清单、一次研判部署会、N 项改进举措"的工作模式，召开 24 次岗前风险排查会，排查并解决问题268 个；完善组织领导机构，成立龙嘉机场海关安全防护领导小组、安全防护专家组、个人安全防护专班，修改制定进出境航班医疗垃圾运送处理制度、境外疫情防控实操手册（4.0 版）等 8 项制度；健全应急处置机制，提升应急处置能力，修改制定新冠肺炎疫情期间龙嘉机场国际进境航班工作人员突发事件应急处置方案、长春龙嘉机场海关口岸新型冠状病毒肺炎疫情应急处置预案等 7项应急预案；每周组织开展一次航班检疫监管操作演练，2021 年开展 2 次"桌面推演"，2 次长春海关关区范围内视频演练，提前研判、完善应急预案，及时梳理各岗位、各环节间联系配合的盲点漏洞，确保出现紧急情况时"有案可依"。

2021 年，龙嘉机场海关在长春海关科技处、口岸监管处、技术中心的支持下，于 9 月 14 日实现远程申报验核及复杂流调，每班次减少隔离人员 8 人；在符合规定的前提下，对现场检疫监管岗位再行优化，2021 年上岗关员及协管员由每组 35~38 人减少至每组 18 人，真正实现"自我保障为主、关区支援为辅"的人力资源配置模式，在高质量完成航班检疫监管工作的同时做好日常工作及机关保障；探索科技手段，在旅检现场设置4套自助验核机、2套闸口验放机，实现旅客自助扫码验核，于12月28日开展自助验核申报模式，优化检疫流程，提高检疫时效。韩亚入境航班检疫时长由原来的3.5~4小时缩短至2.5~3小时。2021年，龙嘉机场海关完成13轮次，347人次封闭人员管理。

【税收征管】2021年，龙嘉机场海关税收实际入库1.46亿元，同比增长18.7%，其中征收关税1,900万元，同比下降5.9%；征收进口环节税1.27亿元，同比增长23.1%。受理报关单总量1.34万票，同比增长4%，其中进口报关单量1.02万票、同比增长5%，出口报关单量2,113票、同比增长30%。充分发挥组织优势，主动对接企业，梳理出6票涉及轨道交通领域重大技术装备进口退税货物，在规定时限内完成全部改单退税手续，退还企业关税33.52万元。

▲2021年2月4日，长春龙嘉机场海关关员进行窗口服务

【检验检疫】2021年，龙嘉机场海关开展口岸非洲猪瘟、高致病性禽流感、沙漠蝗等重大动植物疫病防控。2021年，在旅客行李物品中截获动植物产品35批次，其中来自非洲猪瘟疫区猪肉制品9批次6.75千克；检疫放行伴侣宠物17只。加强进出境美容针剂、疫苗等特殊物品监管，严厉打击旅客非法携带新冠肺炎疫苗出境，全年验放特殊物品2批次。

2021年，龙嘉机场海关加强国境口岸病媒生物监测，开展国境口岸鼠类及体表寄生虫（蚤、螨、蜱）本底调查，开展鼠类监测4次，布夹1,200频次，捕获鼠类4只；开展国境口岸蚊类监测11次，捕获成蚊样本11只；开展国境口岸蜚蠊监测9次，捕获蜚蠊样本2只；对辖区内食品生产经营单位开展日常卫生监督57次，对饮用水供应单位进行日常卫生监督16次，对公共场所开展日常卫生监督6次，对国际区储存场地开展卫生监督4次，对机场集团地服公司开展日常卫生监督1次，对国航公司开展日常卫生监督1次，对机场集团下发终末消毒卫生监督意见书3份。对口岸免税店转关车监管1次，出库监管9次，到店面开展现场销售监管和视频远程监管10次。开展现场快速检测156件次，开展实验室抽样检测105件次。

【监管业务】2021年，龙嘉机场海关共监管进出口货物1,049吨，其中进口300吨，同比下降31.78%，出口749吨，同比增长11倍。监管进出境航班149架次，其中入境75架次、出境74架次。征收行邮税17票，征收税款5.19万元；查获禁止携带进境物36批次；采集样本1.92万人次，转诊57人次。

【查缉走私】2021年，龙嘉机场海关严格落实总署"三个100%"、2021年长春龙嘉机场海关知识产权保护专项行动方案、"国门利剑2021"等专项行动要求，严厉打击象牙等濒危动植物及其制品、"洋垃圾"、涉枪涉毒、重点涉税商品、农产品、冻品等在旅检环节的走私等各类违法违规行为，全年征收行邮税5.19万元。查获违禁印刷品5份。

【优化口岸营商环境】2021年，龙嘉机场海关深化"放管服"改革，持续简政放权，推进"智慧卫生检疫"线上审批系统使用服务，派员到企业现场开展培训工作，详细告知申请所需要材料内容，指导企业工作人员完成企业端资料上传，压缩口岸卫生许可办证时间，将审批时限由正常13个工作日缩短至3~5日。真正做到让企业"最多只跑一次"，减轻企业负担，营造良好营商环境。

对进出口防控物资开辟绿色通道，实行24小时预约通关，确保快速通关，全天候验放"零延时"。为保障丹麦种猪包机顺利进境，专门召开口岸监管协调会，建立协调沟通机制，研究制订监管工作方案，明确责任分工，梳理业务流程，积极帮助中粮家佳康（吉林）有限公司、中国牧工商集团有限公司、中外运跨境电商长春分公司进行"一对一"精准指导，确保进境种猪"零滞留"。2021年，监管从丹麦进境的种猪包机2架次，验放各类种猪1,500头，货运量113吨，货值2,606万美元。

支持龙嘉机场口岸开通各类临时包机及全货运包机，搭建货运"空中走廊"，疏通国际物流"堵点"，9月7日，长春—莫斯科—法兰克福全货运包机正式通航，填补吉林省无洲际航线的空白。为保障航线的顺利开通，多次沟通相关企业，在对航线开通的海关监管事项、时效需求做好预案的同时，加强舱单数据风险分析，明确监管重点，将航班到达、货物装运、航班离境各个环节纳入监控范围，确保"通得快、管得住"。全年监管进出境包机36架次，出口货物3.3万件、749吨，货值1,614万美元。

▲2021年4月25日，长春龙嘉机场海关监管进口丹麦种猪

【政务管理】2021年，龙嘉机场海关夯实基础建设，对各科室岗位职责、工作流程、工作依据等进行梳理，制作岗位操作手册，以"清单化"明晰工作职责，以"手册化"规范业务流程，以"机制化"

加强制度建设。2021年制定工作制度25项、工作流程及工作指引103个，修订制度13项，废止制度4项，通过整合各科室工作制度、操作规范、运行机制等，进一步提升龙嘉机场海关整体工作效能。

【财务和后勤保障】2021年，龙嘉机场海关完善阅览室等硬件设施，满足关员精神文化需求。建立关员体质健康档案，开展心理疏导，为140人购买疫情期间新冠病毒肺炎保险；重新划分办公场所功能，将原有宿舍改设办公室9间，增设男、女更衣室2间，规范业务库房使用5间，解决旅检关员长期没有固定办公场地、没有办公设备等问题。

2021年，龙嘉机场海关沟通长春市卫健委等部门，按照航班具体情况为机场海关拨发部分基础防护物资，缓解长春海关防疫物资的采购压力；制定防疫物资管理暂行办法，从防疫物资入库、领用、出库、库房管理、监督自查5个方面做出详细规定，切实做到防疫物资管理安全规范、精准高效。

【安全生产】2021年，龙嘉机场海关全面落实总体国家安全观，认真学习习近平总书记关于安全生产的重要讲话精神及总署、长春海关关于安全生产的相关规定，第一时间召开党委会对安全生产、极端天气工作等问题进行反复强调，形成主要负责人亲自抓、分管负责人具体抓、科室负责人重点落实的机制，全面提升安全生产意识，努力实现安全生产"零事故"目标。制定安全生产工作要点，深入贯彻落实全国海关安全生产电视电话会议精神和长春海关工作会议精神，扎实推进长春龙嘉机场海关安全生产工作，有效防范化解重大安全风险。

开展安全生产风险隐患排查工作。制定公共区域安全管理规定，建立"每日自查、每周检查、每月联合检查"的安全检查机制，细化办公楼、作业现场、库房、食堂、车辆等安全管理措施24条。2021年8月起，主要负责人带队重点围绕航班检疫监管场所、机关办公场所等领域进行了7次地毯式排查，查找安全隐患，切实做到不留死角、不留盲区，将排查的风险隐患问题列入"隐患清单"，明确整改时限，确保排查中发现的安全风险隐患和问题全部整改落实到位、问题清零，筑牢安全生产防线。

【队伍建设】2021年，龙嘉机场海关坚持党管干部、党管人才原则，实施"人才强关"战略。坚持新时期好干部标准，防范选人用人上的不正之风和腐败问题，激励干部担当作为，健全容错纠错机制，加大关心关爱力度，建设忠诚干净担当的高素质专业化干部队伍。围绕办公综合、业务建设、从严治党、卫生检疫等重点领域制定培训课程，搭建"龙嘉青年小讲堂"活动平台，成立龙嘉机场海关青年理论学习小组2个，《聚焦机关党建职能定位，推动长春海关党建和业务工作深度融合》被省直机关工委评为"年度优秀调研成果一等奖"。安排新关员到旅检现场跟班作业，全面、整体、实地感知新冠肺炎疫情防控背景下海关各项业务工作情况，以老同志的"传、帮、带"促进新关员的"补、转、提"，尽快达到疫情防控工作基本业务要求，巩固"强基提质工程"成果。成立龙嘉机场海关一线应急梯队，有效做好疫情防控人员保障。积极与长春海关职能部门对接支援人员12批次，计129人，协调招聘10名护士、协管员。

（撰稿人：王　伟　王　勇　朴仁淑
　　　　　刘鹰扬　杜　跞　李雨杭
　　　　　李　翠　李晓娜　张　烨
　　　　　董铧婷）

长春邮局海关

【概况】 长春邮局海关于2020年10月30日正式对外办理业务,机构规格为正处级,下设6个正科级内设机构,管辖业务为长春国际邮件互换局海关监管区内的相关海关业务,承担监管、征税、出入境检验检疫、统计等职责。截至2021年年底,长春邮局海关行政编制25人。

2021年,长春邮局海关受理进口报关单153份,出口报关单57份;监管进出境邮件73.21万件,其中进口62.58万件,出口10.63万件;开具税单1.3万票,同比增长21.81%;征收税款380.45万元,同比增长38.45%。监管进境印刷品36.3万件,出境印刷品1.86万件。

【党建工作】 2021年,长春邮局海关制订全面从严治党工作计划,加强对全体关员廉政思想状况分析,强化廉政教育和警示教育。每季度与长春海关党委第三派驻纪检组共商全面从严治党工作。全年召开党委会议23次,开展党委理论学习中心组学习24次。强化基层党建,提升管理能力。按照支部建在科上的要求拆分2个联合党支部,新成立3个党支部和1个联合党支部。2021年,办公室党支部获批"四强"支部。

开展党史学习教育活动,把党史学习教育作为"三会一课"必学内容。成立青年理论学习小组,深入开展青年理论学习提升工程。通过打造红色阵地、党史情景沙盘培训、参观党史教育基地——二道沟邮局旧址、拍摄"海关小姐姐"微党课及迎"七一"唱红歌MV等,引导广大党员感悟思想伟力,赓续红色血脉。

【"我为群众办实事"实践活动】 2021年,长春邮局海关建立"我为群众办实事"实践活动重点民生项目清单,列出8项重点任务,优化服务措施。以"减材料""减时限""减环节""减跑动"为重点,通过"亲身办""陪同办""协助办""模拟办"模式,解决堵点问题,提升执法效率,使各项惠民措施落到实处。2021年,长春邮局海关答复12360咨询电话和其他问题咨询700余次。

【专项整治】 2021年,长春邮局海关对涉及现场监管与外勤执法领域人员的配偶、子女及亲友从业情况进行摸底排查;

开展纪法教育、警示教育，针对驻署纪检监察组下发的"10+3+3"典型案例进行深入学习。建立分级审核+总体审核的工作机制，对执法关员和协管人员撰写的心得体会进行全面审核把关。同时，以推进专项整治"回头看"工作为契机，针对自查阶段排查出的重点关注问题，建立"两个清单"，确保"回头看"工作落实落细落到位。

【新冠肺炎疫情防控】2021年，长春邮局海关强化联动配合，与长春海关相关关职能部门就防疫工作开展多轮次检查。与邮政公司沟通，制定内部新冠肺炎疫情防控指南"八必须"。2021年，就防控工作下发内部通知8个，向邮政公司发函4次。落实"过紧日子"要求，精准核算防疫物资需求，按照时间节点做好统筹规划。2021年，在确保一线工作人员防护需求的前提下，退还长春海关防护服51套、护目镜69个、鞋套826双。

【监管业务】2021年，长春邮局海关组建科技监管改革小组，按照海关监管作业场所设置规范和总署推进进出境邮递物品监管改革的通知要求，对国际邮件监管现场进行改造，优化监管环境。通过确定12个重要风险点，开展路单、清单比对，对邮件数据不清不予查验等措施，实现转关邮件全流程闭环监管。

【查缉走私】2021年，长春邮局海关查获涉及侵犯知识产权保护邮件2批，涉及疑似侵犯知识产权保护品牌商品502件。查获涉嫌走私进境毒品案件1起，查扣LSD"邮票"毒品5片。查获涉及精神管制类药品案件38起，查扣二类精神药品7,889片。查获濒危野生动物及其制品走私案件2起6批，其中1起含红珊瑚24.1克，红珊瑚制品17件，鹿角1.6千克；含马鹿尾1起22个，象牙饰品1件，愈疮木2件。查获进境疑似管制刀具案件26起，查扣疑似管制刀具368把。查获涉及危险化学品案件1起，查扣危险化学品液化石油气（LPG）6罐2,520克。查获禁止邮寄进境检疫物品175批335千克，主要包括：畜肉制品59批102.6千克（包括来自非洲猪瘟疫区的猪肉制品35批66.3千克）；非即食类水生动物产品79批121.1千克；植物及其繁殖材料13批17千克（均为外来物种）；动物源性饲料11批84.5千克。针对长春邮区中心局擅自投递未经海关监管邮件违法案件，向长春邮区中心局主要负责人当面送达海关行政处罚决定书，对504件涉案邮件进行归类计税。召开案审会，通过现场以案说法增强长春

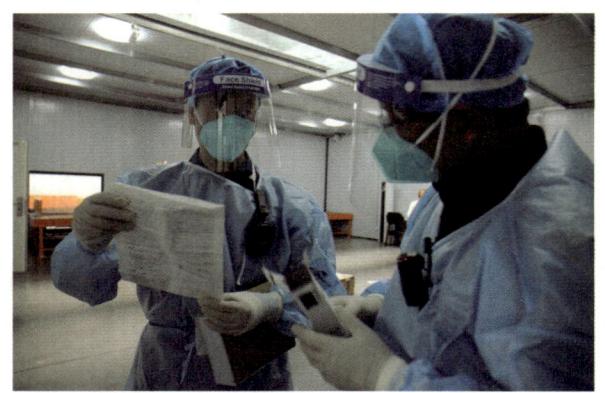

▲2021年2月26日，长春邮局海关关员对进境邮包实施查验

邮区中心局人员的守法意识和责任意识。

【科技发展】2021年,长春邮局海关落实总署关于推动邮递物品监管改革的各项要求,推进"选、查、处"分离改革,做到精准筛选、严格查验、合规处置,2021年优化作业流程6处。强化科技兴关,推进"智慧监管"建设。邮递物品信息化系统全面上线,实现现场监管+远程监督模式改革。2021年,长春邮局海关完成视频监控室建设,邮件监管现场新增摄像头,设置监管场地电子卡口,确保24小时封闭管理。

【内控机制建设】2021年,长春邮局海关建立督审联络员制度,结合各科室职责职能确定内控节点,确保内控机制有效运行。认真学习内控操作系统和HLS2017内控平台系统应用,2021年派专人到长春海关跟班作业2次。按照非执法领域内控节点,结合自查盘查,对长春邮局海关537项固定资产中存在账实不符状况的346项资产与长春海关关财务处、科技处、后勤管理中心等相关部门逐一沟通核对,切实有效消除国有资产流失隐患。

(撰稿人: 关 艺 邱娜丽 张 月 张 林)

长春绿园海关

【概况】长春绿园海关于2019年10月16日正式对外办理业务，机构规格为正处级，内设14个正科级机构，管辖业务为吉林省内依照有关规定实施集约化管理的审批备案业务和稽查业务。截至2021年年底，长春绿园海关行政编制55人。

2021年，除海关特殊监管区域外，长春绿园海关备案加工贸易手册459份，同比增长10.7%，备案金额为15.14亿美元，同比增长34.5%。办理手（账）册变更1,091份；手册核销420份；核批风险类保证金征收业务24份。备案出境加工账册1份；核批账册变更82份。办理征免税证明435份，同比下降65%；减免税款3,814万元，同比下降74.9%；实际进口货值8,803万美元，同比下降45%；办理进出口收发货人注册869家，同比下降20%；办理报关企业注册22家，同比下降8%；办理信息变更1,305家，同比增长113%；办理注销483家，同比下降56%。完成非贸核批业务5,934笔，同比增长17.4%。其中，本地留学生购车核批481笔，同比增长28.6%；异地留学生购车签注5,278笔，同比增长16.7%；非居民长期旅客自用物品核批165笔，同比增长7.1%，办理使领馆人员自带车辆申请10笔。办理备案309家。其中，备案进口食品、化妆品进口商95家；备案出口食品生产企业198家；备案出口食品原料种植场9家，备案出口食品原料养殖场4家，备案进口肉类收货人3家。办结专项稽查作业55起，办结主动披露作业13起，查发问题作业46起，稽查有效率76%。

【党建工作】2021年，长春绿园海关坚持"第一议题"制度，党委会议、形势分析及工作督查例会，将学习贯彻习近平总书记重要讲话和重要指示批示精神作为"第一议题"，通过党委会、形势分析及工作督查例会传达学习、研究贯彻落实意见、通报跟踪督办情况，形成贯彻落实工作闭环，切实将"两个维护"落实到实际行动中。全年学习习近平总书记重要讲话和重要指示批示精神及重要文件101篇，召开形势分析和工作督查例会12次，督办落实事项123件。组织学习贯彻党的十九届六中全会精神，积极宣讲全会精神。组织开展党史学习教育活动，举办党史知识竞赛、青年理论学习活动，创建"悟思"学习品牌，开展庆祝建党100周年系列活动。累计解决企业和群众"急难愁盼"问题47个，对外宣传稿件40余篇。管党治党责任进一步压紧压实。修订全面从严治党主体责任清单，落实加强对"一把手"和领导班子监督措施，自觉接受派驻纪检组的监督，与派驻纪检组开展会商2次。突出政治标准选人用人，进一步完善了科级班子梯队建设。党委委员与科室"一把手""一对一"谈话，督促个别关员按要求整改兼职问题，对个别违反防疫规定出行的关员采取批评教育等组织措施。"强基提质工程"不断夯实，加强党支部基础建设，11个党支部全部完成新时代吉林党支部标准体系建设，并跨入五星党支部行列；首批选树本关党建示范品牌1个、培育品牌2个；被评为关区"四强"支部2个，其中1个党支部同时被评为"四强"支部示范点和培育品牌。

▲2021年6月11日，长春绿园海关青年理论小组开展"感悟百年荣光铭记初心使命"学习交流活动

【**新冠肺炎疫情防控**】2021年，长春绿园海关严格落实"四方责任"和"五有要求"，按照"从严、精准、动态"原则，科学、精准、有效做好常态化疫情防控工作。建立内部防控联防联控机制，召开联席会议，制定新冠肺炎疫情联防联控工作手册；及时将总署、长春海关下发的疫情防控文件第一时间传达给每位干部职工，确保措施不折不扣落实到位。严格执行干部职工健康监测"日报告、零报告"制度，密切关注共同居住人健康情况；严格执行"绿码"上岗制及"非必要不出行""非紧急不出差"纪律要求，认真履行出差出行审批、登记报备程序及核酸检测要求。开展内部疫情防控突发事件应急处置工作桌面推演，规范应急处置程序，提升内部疫情防控突发事件应急处置协调联动效能和迅速应对处置能力。

【**保税核批**】2021年，长春绿园海关多措并举，不断提高核批服务效能。设立区外加工贸易手册459本，同比增长10.7%，备案货值97.9亿元，同比增长34.5%。对辖区符合条件的36本出境加工账册进行首批二次以上延期，累计对出境加工账册进行二次以上延期80次，最大限度降低企业经济损失。推动加工贸易禁限类新政落地见效。助力吉林省企业顺利开展炼铜、石墨电极、飞机零部件、冰箱线束、大豆等新兴行业加工贸易。累计设立账册7本，备案总值980万美元。支持吉林省轨道客车加工行业平稳发展，指导中车长春轨道客车股份有限公司应用集中内销征税模式，减少50%的保税料件专用库房面积，节约管理成本60万元/年。为3家企业免除风险类保证金1,575.86万元，有效提升企业资金周转效率。积极解决加工贸易手册数据异常问题，解决7家企业14本手册数据传输不畅影响出口退税的问题。积极推进关区加工贸易残次品管理改革试点工作，核批2家试点企业自行销毁处置残次品申请2次，销毁处置残次品货值20.75万元。

▲2021年2月2日，长春绿园海关主要负责人在某汽车电子净月工厂调研

【减免税核批】2021年，长春绿园海关坚持问题为导向，发挥政策优势，着力解决企业"急难愁盼"问题，积极做好《中华人民共和国海关进出口货物减免税管理办法》、"十四五"期间支持科技创新等税收优惠政策的宣传工作，帮助企业规范化申报，减少退单率。为辖区施慧达药业集团（吉林）有限公司、通化东宝药业股份有限公司、飞鹤（镇赉）乳品有限公司等药企、食品生产企业有针对性的进行政策讲解，使减免税申请人用足、用好、用对减免税优惠政策。累计减免税款4,083万元，货值6.56亿元。

【企业管理】2021年，长春绿园海关着力解决注销环节多、耗时长等"注销难"问题，认真落实海关报关单位注销操作规程要求，加强与长春海关相关职能部门联系配合，加大工作力度，解决企业办理注销的难点堵点问题。制发25份《提请综合业务协调单》，注销企业146家。按照职能部门关于组织对注册企业信息迁入工作跟班作业的通知要求，长春绿园海关对松原、四平、辽源、白城、长白山等5个海关企管工作人员开展跟班作业轮训，并协助各关完成属地企业数据迁入工作，涉及企业968家，均已顺利完成企业迁入工作。为落实国务院"宽进严出"要求，做好新旧规定衔接时期报关企业注册登记工作，对报关企业实施备案管理，并及时提醒各隶属海关停止报关企业注册登记许可业务受理，改为备案制管理。全年完成报关企业注册登记21家，均在10分钟内在线审核通过。

【非贸核批】2021年，长春绿园海关规范开展集约核批，迅速落实总署关于疫情期间留学回国人员回国时间起算事宜的相关规定，对疫情发生前已前往境外留学的人员，其在疫情期间回国并于此后在境内完成学业，未再次出境就学的留学人员，以毕业日期或学成日期的次日作为学成回国日期，用以办理申请购车审核手续。认真落实总署《关于对定居证明等证明事项实施告知承诺制的公告》的要求，对涉及非贸业务的定居证明、法人或其他组织注册登记证明、常驻人员身份证件的告知承诺事项，对照相关业务初始规定逐一比对，分析新要求对核批环节的影响。持续加强业务建设。注重归类、学习总署关于非贸业务新制定下发的通知要求，对疫情期间留学人员在国内上网课情况回国日期如何确定的新要求进行统一学习，确保准确落实；针对常驻人员自带车申请解除监管的历史遗留问题，积极与职能处室沟通请示，促成对当年征税进境车辆申请解除监管的条件进一步明确，积极推动合法合规解决历史遗留问题。

【检验检疫审批】2021年，长春绿园海关认真做好企管特定资质管理，推进集约化备案审批，落实好简化程序和"无纸化"备案，做到企业"零跑腿"即能办理备案；建立双人同步审核机制，指导企业完成备案审批流程，做到即办即结。针对进口食品化妆品进口商备案业务，主动告知企业需提交的材料内容和方式，提醒企业办理备案注意事项，降低申请差错率；认真做好业务咨询，及时对12360热线转接的企业电话咨询解答，累计接听解答1,167人次。开展好"我为群众办实事"实践活动，针对农业农村部将林蛙从陆生动物管理划归水生动物管理这一政策变化，在长春海关职能部门指导协调下，会同吉林海关进一步加强政策研究，规范单证审核与现场核查，顺利完成养殖场出口水产品养殖场资质备案工作。该养殖场属于全国首家获得出口水产品养殖场资质的林蛙养殖场。

【"国门利剑2021"专项行动】2021年，长春绿园海关开展固体废物加工企业、再生金属行业专项稽查。办结此类专项稽查作业4起，企业遵纪守法情况良好，无查发问题；开展重点行业专项稽查。查发某水产品加工企业存在未经海关批准擅自抵押加工贸易保税进口货物、保税进口货物无正当理由短少及溢出等违规情事。涉案货物908吨，涉案货值1,125万元，罚没收入40.7万元。严查重点商品，防控税收风险。按照京津税管局稽查指令要求，对关区重点进口商品帝王蟹开展价格专项稽查。全年办结稽查作业55起，同比增长7.8%。

【政务管理】2021年，长春绿园海关在办文方面严格收、发文程序，始终坚持严把起草关、审核关。全年长春海关网站采用各类政务信息148条，其中被总署信息快报采用信息2篇，被分管领导批示1次。组织本关优秀政务信息点评1次。本关网站全年采用各类政务信息及图片信息200余条。全年本关在各类新闻媒体上发表新闻稿12篇，采编15次。在办会方面，制定长春绿园海关形势分析及工作督查例会制度，进一步规范例会的程序和议题设置，提高例会质量。在制度建设方面，健全完善办公综合规章制度体系，制定办公综合规章制度5项。在值班值守方面，严格落实领导带班和干部24小时值班制度。在档案管理方面，对2019年及2020年档案进行整理归档，完成纸质及电子档案归档工作。在印章管理方面，设专人管理印章，强化并坚持"按制度、按程序"用印，严格履行纸质审批流程，做到每次用印都有据可查。政务公开方面，主动公开政府信息1项，受理政府信息公开申请1份；通过12360答复企业备案、注销等咨询400余项。

【财务和后勤保障】2021年，长春绿园海关财务管理方面，做好年初财务预算和年中财务预算追加需求工作，办公经费使用本着"过紧日子"原则，严格执行各项费用支出审批制度，精打细算，做好各项预算支出及报销工作。固定资产方面，对各项资产进行清查、核实，盘查掌握固定资产存量、使用情况等，及时做好资产登记工作。安全生产方面，成立由分管关长任组长的安全生产工作领导小组，明确各部门责任任务。定时对办公区及公务用车等安全事项开展检查，对办公场所用电、防火、防盗等安全事项进行逐一排查，教育干部职工杜绝酒驾醉驾行为，确保安全工作不出问题。

【课题和政策研究】2021年，长春绿园海关多次召开专题会议研究部署课题研究工作，引导全体关员将课题研究作为夯实业务基础的重要载体和抓手，实现课题研究在业务部门全覆盖，各条线业务均有课题研究任务；开展广泛调研。汇总各条线业务在集约化改革中出现的困难和问题，确定2021年长春绿园海关课题选题12个，其中两项选题被列入关级课题范围，分别取得一等奖、二等奖的优异成绩；加强专项督导。成立课题研究小组，撰写课题开题计划书，明确分工与完成时限，由分管关长牵头，利用业务研讨会督促推进，召开现场开题报告会。6个课题负责人以PPT形式现场汇报课题进展情况，分管领导进行点评，主要负责人提出下一步工作要求。积极参加长春海关办公室组织的以推动松子进口关税税率降低，为吉林省松子产业创造更为有利的发展条件作为方向召开的信息会商会，保税核批部门提出建设性意见，参与撰写分析研究类信息。12月15日，国务院关税税则委员会公布《2022年关税调整方案》，采纳长春海关建议，将松子仁进口关税税率由25%降至10%、松子进口关税税率由24%降至10%。该方案于2022年1月1日起执行。

【内控机制建设】2021年，长春绿园海关审议通过内控工作领导小组机构调整方案。内控意识得到强化，从克服畏难情绪着手，深入理解内控工作平台的重要作用，加强沟通配合，确保内控工作的成效性和时效性。内控领域不断拓宽，主要涉及风险点包括特许权使用费稽查补税类、商品归类错误类、商品数量填报错误类、税费计核岗位业务差错类、单耗申报错误类。2021年累计制发核查联系单59份，已全部办结，超额完成全年绩效考核任务达196%，且均为有应用绩效处置。召开内控工作专题会议2次，进行内控培训1次，录入内控节点台账2次，撰写内控工作平台应用成果展示类信息1条。

【专项整治】2021年，长春绿园海关成立领导小组，制订自查实施方案，细化责任分工、监督检查重点及方式步骤。围绕廉政风险高发点，列出重点自查问题21个。如实填报个人申报表，涵盖9个业务科室36人。设立专项工作举报箱，张贴三级举报渠道公告；通过企业微信群向辖区80家企业公布专项整治工作电子告示书。向企业发送调查问卷并收到反馈13份。组织学习现场监管与外勤执法领域典型违纪违法案例26起。党委书记认真践行从严治党"第一责任人"责任，充分发挥带头示范作用。党委委员认真履行"一岗双责"，将从严治党和反腐败工作融入分管业务工作之中。用好"第一种形态"，经常性开展谈心谈话。党委班子积极支持派驻纪检组履行监督职责，主动接受纪检组监督，共同研究防范"三大风险"的思路、措施。

【队伍建设】2021年，长春绿园海关认真落实总署党委及长春海关党委关于进一步加强执法一线科长队伍建设的措施，建立党委委员基层执法一线联系点，党委委员每月与执法一线科长谈心谈话。积极参与长春海关与基层科长双向交流工作，1名执法一线科长在长春海关交流锻炼，1名执法一线科长进入党委班子。年度考核6名执法一线科长为优秀公务员，3名执法一线科长被评选为优秀共产党员。制定推进清廉海关建设措施35项。认真开展"现场监管与外勤执法权力寻租"专项整治工作，新建2项稽查外勤执法监督制度，交流10名执法一线关员。

（撰稿人：马有琳　纪　丹　李迎春
　　　　张　鑫　弭　娜　韩春放）

长春兴隆海关

【概况】长春兴隆海关于2019年1月21日正式对外办理业务，机构规格为正处级，由原长春经济技术开发区海关及转隶划入的原吉林出入境检验检疫局汽车办、经开办组成。长春兴隆海关下设23个正科级内设机构，管辖业务为长春市行政区划内的属地和口岸相关海关业务（长春龙嘉机场海关、长春邮局海关管辖的业务除外），承担监管、征税、缉私、出入境检验检疫、统计等职责。截至2021年年底，长春兴隆海关行政编制125人。

2021年，长春兴隆海关监管进出口货运量101.7万吨，同比下降67.8%；进出口额71亿美元，同比下降7.1%；税收入库73.6亿元，同比下降22.7%；监管进出口集装箱71,918标箱，同比下降22.8%；办理进出口报关单45,304份，同比增长5.2%。

【党的建设】2021年，长春兴隆海关把党的政治建设摆在首位，持续强化政治机关意识教育，落实"第一议题"制度，建立党委及时跟进学、中心组深入系统学、形势分析及工作督查例会结合实际学、常态化学习机制，及时传达学习习近平总书记重要讲话和重要指示批示精神。

按照"支部建在科上"要求，新增10个党支部，选强配齐党支部班子。加强党支部书记党建能力培训，开展党支部书记培训4次，抓党建、抓管理的能力显著提升。深化"强基提质工程"，持续推进支部星级达标、合格支部、支部品牌建设和"四强"支部创建等工作，5个党支部被长春海关评为"四强"支部，1个党支部被评为"四强支部示范点"，2个党支部被评为长春海关先进基层党组织，1个党支部党建品牌通过总署复审，并被吉林省委授予"先进基层党组织"称号，综合业务科通过2020—2021年度全国"青年文明号"复审。

【党史学习教育】2021年，长春兴隆海关统筹安排，精心策划，创新载体，以"天天读、周周学、月月讲、季季展""四个一"活动为抓手，精心打造党史文化长廊、党史学习文化角和"党史学习分享汇"。2021年举办"党史学习分享汇"9期27人次。扎实推进"三走进"，聚焦地方政府、企业普遍关注的热点问题，动态更新维护"急难愁盼"问题清单，为群众办实事34件。

举办"七个一庆七一"、党史知识竞赛、红色电影周、青年理论小组品牌展示、优秀党员事迹宣讲等系列活动庆祝中国共产党成立100周年，增强党员干部的政治认同、思想认同、理论认同和情感认同，激发广大党员干部干事创业的激情和斗志。2名同志参加省直机关"百年百题"党史知识竞赛获得优秀奖。

以讲促学、以评促学，党员干部得到全面锻炼和提高。党委书记、党委委员、支部书记开展十九届六中全会精神学习宣讲26人次，学习交流研讨22次。2名同志参加省直机关"中国共产党组织工作条例知识竞赛"取得优异成绩。31篇宣传稿件和短视频作品被"学习强国"、总署政工办网站等媒体采用。

【安全生产】 2021年，长春兴隆海关把安全生产工作作为头等大事来抓，先后召开党委会2次、领导小组安全风险隐患分析会议4次，并经常通过形势分析及工作督查例会对安全生产工作进行安排部署，提出具体要求，切实履行党委主体责任，推动落实"一岗双责"。扎实开展"安全生产月""6·16安全宣传咨询日"活动，开展各类安全教育7次，组织开展"测测你的安全力"知识竞赛、"6·16我问你答"直播答题等活动，深入20余家企业开展安全宣讲，在重点区域悬挂安全标语横幅8条，张贴海报30张，进一步提升了全体关员及辖区企业的安全生产意识。

建立督办制度。将安全生产工作作为每月形势分析及工作督查例会重点汇报内容，实时跟踪、及时通报检查结果，形成一以贯之常态抓安全的工作局面。建立动态更新"清单"制度。建立定期自查、不定期互查制度。坚持法定节假日必查、党和国家重大会议必查、极端天气必查，及时消除安全隐患。

加强重点监管场所风险隐患排查。落实党中央、国务院关于安全生产各项决策部署，关领导下沉一线开展风险隐患排查20余次，主要负责人带队开展专项检查6次。深刻汲取天津港"8·12"事故、江苏响水"江苏响水"事故和贝鲁特港爆炸事故教训，每月组织专项排查清理监管区内长期滞留危险品工作，未发现问题；加强内部管理领域安全生产隐患排查。对机房、发电机房和厨房等重点部位及燃气、酒精等易燃易爆物品存放管理开展安全隐患排查，解决办公场所安全隐患3个。加强极端天气情况下的车辆管理，坚持极端天气不派车，有效降低行车安全风险。加强办公楼顶积雪风险管控，通过设置警示标志和实施人工干预，有效防范坠雪造成的安全隐患。

【清廉海关建设】 2021年，长春兴隆海关持续纠治"四风"，坚持整治不敢担当、拖沓推诿、不用心不务实问题同步治理。进一步规范领导干部配偶、子女及其配偶从业行为，认真组织开展个人有关事项申报，未发现申报不实等问题。加大准军事化纪律部队建设力度，分区开展队列训练，完善内务督察制度，加大问题通报力度，2021年下发督察通报12次。持续加强政风行风建设，组织开展"一看二听三体验"活动，深入推进政务服务"好差评"系统应用。

开展"现场监管与外勤执法权力寻租"专项整治工作，坚持利用党委会议领学、支部大会研学、内网推送"天天学"和建廉政走廊"时时学"4种学习方法深入推进专项整治工作。召开领导小组会议6次，自查自纠廉政风险16条，强化问题整改和成果运用，制定完善3项工作机制，开展一线执法科室副科级以上领导干部谈心谈话31人次。着力提升一线科级领导干部依法行政水平，组织纪法教育闭卷考试，检验学习教育效果。组织开展"执法一线科长讲案例"活动2次，切实增强全体党员干部廉洁自律意识，持续推进问题整改落实。

长春兴隆海关保持反腐败高压态势，加强正面典型引领和反面警示教育，逢会必讲廉政要求。2021年，健全完善执法和非执法领域制度机制7项；开展谈心谈话186人次；集中开展警示案例学习9次，组织一线科长以案释纪谈体会5次。落实督查督办制度，通报习近平总书记重要讲话和重要指示批示精神贯彻落实情况107件，跟踪督办长春海关重点工作79件，办结率100%。

【新冠肺炎疫情防控】2021年，长春兴隆海关做好外防输入工作，推进完善监管场地基础设施建设，协调地方政府搭建完成个人防护装备脱卸区4个、废弃医疗物品暂时存放点3个，完成脱卸区通道摄像头安装23个。组织现场查验关员个人安全防护培训12次，组织安全监督员岗前培训9次，开展检疫处理及采样送检作业现场演练2次，高风险非冷链货物新冠病毒采样应急处置演练2次。新冠病毒合计采样24票，采样样本404个，检测结果全部为阴性。

从严就高抓好个人安全防护。在长春关区率先开展"口令式"穿脱模式，提升动作规范性和一致性。2021年，组织开展培训演练36次。发挥三级监控室作用，成立"挑毛病"专家组，指定专职监督员开展实时全过程监督，开展视频督查21次，推进问题整改74个。2021年，2次被总署抽中检查，没有问题通报。

做好内部防控。加强外来人员管理，购置"测温门"，严格落实扫码、测温、登记等措施，确保外来人员管控到位。严格执行出差、出行审批制度和新冠病毒核酸检测登记备案制度，确保内部人员管控到位。严格落实一线执法人员核酸检测要求，2021年检测1,127人次，抗体检测215人次。

【税收征管】2021年，长春兴隆海关

推进属地纳税人管理工作，对辖区内重点产业、主要行业开展税收调研工作，及时了解掌握辖区企业动态，解决企业在通关各环节中存在的困难问题，推动进出口企业高质量发展。召开政策宣讲会宣传税收优惠政策，释放海关政策红利。持续推进税收征管方式多样化改革，推动自报自缴、新一代电子支付平台等网络平台的应用，2021年，汇总征税报关单在应税报关单中占比68%。鼓励企业采用保证金、保函、关税保证保险等多种税款担保模式进行担保，以企业为单元，实现一份担保可以同时用于多项税款担保业务。强化综合治税，充分运用HLS2017等风险监测系统对税费核注情况、滞纳金管理情况、到期保证金清理情况、退补税情况等进行税收监控分析。

【国门生物安全防控】2021年，长春兴隆海关坚持底线思维，综合运用多方数据信息为进境粮食后续监管对象精准"画像"，有效保障粮食安全。2021年，开展国门生物安全监测12次，监督铲除外来有害生物10次。紧密追踪国际动物疫情发展态势开展疫病监测研判，做好动物入驻隔离场前消毒监督工作，做好隔离检疫期间巡视监测。2021年，完成进境种鸡7品类、99,840只、1,890个样本、9种疫病监测，均未发现异常。

【监管业务】2021年，长春兴隆海关加强摄像头管理，提高在线率，全年在线率实现95%以上目标。加强智慧监管，2021年联网集中审像中心审核图像7,358幅。严把进出口检验关，2021年监管进出口食品1,455批次，进出口商品1,680批次，监督销毁进口旧机电中夹带的旧显示器2批4台。查获旧机电货物1批次，完成木质包装抽检225份，检出一般检疫性害虫3种。规范出入境特殊物品通关验放管理，确保疫苗等高风险生物活性物质监管到位。严格落实"四个最严"要求，持续开展出口动物源性食品安全风险监测，累计抽取牛、兔、鸡、猪组织样品183份。

【服务发展】2021年，长春兴隆海关进一步优化营商环境，千方百计压缩整体通关时间，完成与2017年相比压缩50%的目标任务。梳理亮点、倾听需求，顺利完成长春市、长春新区营商环境测评填报工作。持续推进"两步申报、两段准入"改革，全年共受理进出口报关单45,034份，占长春关区52%，同比增长5.2%，其中两步申报的报关单6,974份，占长春关区总量的74.7%，"两段准入"申报方式共34票顺利放行。分区分片对辖区70余家企业开展信用培育，解决企业存在的"吃不透标准、摸不准政策"的实际困难，助力辖区企业取得认证资质，充分享受海关政策红利。

全力支持中欧班列发展，优化多式联运监管模式，全面落实舱单归并，减少企业报关次数，提高通关效率；梳理通关流程，支持企业自主选择报关地，便利企业优化物流方案；实行"7×24小时预约通关+专用窗口"，保障"长春—天津"海铁联运、"长满欧"常态化运行，助力"长珲欧"试开行，承运货物11,336标箱、10.2万吨。支持中韩（长春）国际合作示范区建设，助力中韩城市馆正式开馆，助力第十三届中国—东北亚博览会如期圆满举办。

▲2021年12月15日，长春兴隆海关关员监管中欧班列货物

支持重点行业、重点企业进一步拓宽海外市场。支持一汽新能源汽车拓展海外市场，完成吉林省首次二手车出口及平行车进口保税业务通关监管。大力推广原产地优惠政策，签发原产地证书5,489份，为企业减免进口国关税2,277万美元，提高出口产品国际竞争力。开展RCEP政策宣传，召开重点出口企业线下培训会7场。保障输日稻草扩大产能，成立工作专班实施"5+2"监管。2021年，监管稻草2.3万吨，同比增长19.5%。

【海关特殊监管区域管理】推进促进综合保税区高质量发展"21项任务举措"政策措施落地实施，打造对外开放新高地。复制推广自贸试验区与海关特殊监管区域相关改革试点经验，落实总署促进综合保税区发展政策，推动各项改革举措有序落地。2021年，长春兴隆海关推动"四自一简"、委托加工、区区调拨等13项便利化措施落地生效，惠及企业达204家，实现区内企业全覆盖。便捷进出区1,188票，区区调拨共1,081票、货值约6,700万元，二线入区分类监管货重8,599吨、货值2.57亿元。深入调研，精准施策，实现吉林省首批2台平行车进入综合保税区保税存储，完成整车口岸检车线的场所标准符合性整改。组织成立工作专班，对企业在中韩示范区开展跨境电商保税展示业务进行全流程指导，实现吉林省首批跨境电商保税展示业务顺利开展，涉及商品500余项、货值36万元。

▲2021年7月15日，长春兴隆海关关员监管跨境电商进口保税货物

【后续核查】2021年，长春兴隆海关充分调配现有资源，结合"核查组日常监管+专家组现场考核"的有效模式，完成食品类企业日常核查12家，查发问题1家。协调长春市市场管理局，对辖区2家企业开展联合抽查，完成长春关区内首次核查领域部门间联合抽查。办理长春海关核查领域第一笔"两简"案件。2021年，完成各类核查作业245笔，实现各类查发40笔，查发率16.3%。

【查缉走私】2021年，长春兴隆海关开展"国门利剑""蓝天2021""断链刨根"专项行动。首次开展固体废物属性鉴别工作，对1批疑似固体废物塑料颗粒取样送检。在长春海关风控分局的协同配合下，首次通过快件渠道查获咖啡因片剂91.63万片、重613千克。提升"两简"案件办理水平，去繁就简，即查即办，2021年办理"两简"案件14笔，涉案货值1.36万元，共处罚款10.1万元。

【政务管理】2021年，长春兴隆海关按照长春海关相关操作指引要求，从涉密文件、涉密人员、涉密设备3个方面全面梳理本单位机要保密工作情况，确保规章制度执行落实到人、责任落实到位。开展保密安全教育，组织2021年新入关关员学习保密相关规定，增强保密意识。加强保密基础工作，为机要部门配备了"三铁一器"，确保全部计算机及存储设备粘贴"保密标识"。加强会议统筹、督查督办、信息宣传、值班应急、文档管理工作。2021年，文件办理合格率100%，实现纸质档案与电子档案同步归档，在省级以上媒体播报宣传稿件18条。

【财务和后勤保障】2021年，长春兴隆海关坚持开源节流，争取地方和长春海关财政资金支持，保障全年各项工作有序开展。落实"过紧日子"要求，开展节约型机关建设，各项节能降耗指标达到要求，全年办公经费压缩6.9%。承接长春关区未设立税费账户的4个隶属海关（辽源、四平、松原、绿园）的税费及保证金等核算相关工作。与相关职能部门、缉私部门沟通，加强三方涉案财物对账工作。做好涉案财物处置。2021年，无新增入库，处置完成9笔，做到了账账相符、账实相符。落实党中央、国务院关于安全生产各项决策部署，领导25次带队深入各业务现场开展安全检查，持续跟踪督导问题隐患整改，及时协调地方政府解决监管场所安全生产隐患。全年排查解决办公场所安全隐患5个。

（撰稿人：于　明　马双祎　王玉洋　王　锐　王　瑜　付　颖　白　文　许　淏　孙　博　李　丹　李　宇　宋　东　张　帅　张　乐　张　宇　张万新　赵　梁　姜　丽　高星雅　潘　璇　魏学远）

吉林海关

【概况】 吉林海关于1996年9月20日正式对外办理业务，机构规格为正处级，下设8个正科级内设机构，业务辖区范围为吉林市全境，承担监管、征税、缉私、出入境检验检疫、统计等职责。截至2021年年底，吉林海关行政编制40人。

2021年，吉林海关以习近平新时代中国特色社会主义思想为指导，深入贯彻党的十九大和十九届历次全会精神，提高政治站位、强化政治担当，全面落实总署党委和长春海关党委的各项要求，全面深化"五关"建设，切实履行海关职责，坚决打好新冠肺炎疫情防控阻击战，做到"外防输入，内防反弹"。强化政治机关建设，扎实开展党史学习教育和庆祝中国共产党成立100周年系列活动。全力服务地方外贸发展和对外开放。保持打私高压态势，严厉打击"洋垃圾"、象牙等濒危物种及其制品、防疫物资、涉枪涉毒走私。强化业务建设，提升监管水平和依法把关能力。

2021年，辖区出口产品主要包括化工产品、纺织品、电子产品、木制品、特色农产品、其他工业品等。进口产品以化工、纺织、电子及造纸工业原材料、生产设备和备件为主。

2021年，吉林海关3个业务现场累计接受进出口申报报关单4,709份，同比增长15.4%；监管进出口货运量76.3万吨，同比增长303.7%；监管进出口货值5.8亿美元，同比增长70.5%；标准集装箱1.4万个，同比增长34.1%；进出境货物检验检疫2,211批次，同比减少5.9%；签发原产地证书1,502份，同比减少8.02%；签证金额15,925万美元，同比增长19.64%。

【党的建设】 2021年，吉林海关落实"第一议题"制度，深入学习习近平总书记重要讲话和重要指示批示精神47次。及时传达学习习近平总书记在党史学习教育动员大会、庆祝中国共产党成立100周年大会上的重要讲话精神和党的十九届六中全会精神。统筹开展2020年度基层党组织书记抓基层党建述职评议考核、基层党建品牌创建、"合格"支部建设、"四强"支部建设、"两优一先"评选、星级达标创建等工作，向长春海关推荐2个先进基层党组织及1个优秀党建示范品牌。1人参加建党100周年省直机关"两优一先"表彰大会，并获评省直机关优秀党务工作者荣誉称号，3人主动申请支援四平、辽源海关，7人积极参与关区卫生检疫采样工作应急梯队建设，1人获评全国海关机要保密工作劳动模范称号。

深入开展党史学习教育。成立党史学习教育工作领导小组，研究制定相关工作方案，明确规定动作及自选动作23项，党委委员和各支部书记讲专题党课22次，关党委集中学习研讨20次，各支部通过"三会一课"学习研讨160余次。创新打造"红色驿站""党史文化长廊"等学习载体，开展党史知识竞赛、红歌传唱等活动；创建青年理论学习小组，开展"七个一"系列活动；选派优秀支部书记走进校园讲授党课。聚焦"我为群众办实事"实践活动，开展"强化监管、优化服务、践行初心使命"专项工作，关领导带队深入企业调研17次，征集企业意见及困难28项，落实到位28项，切实解决企业"急难愁盼"问题。

推进清廉海关建设。落实全面从严治党责任，研究制定全面从严治党工作会议重点任务分工方案、修订党委议事清单、贯彻落实"三重一大"决策制度实施办法和重大财务事项审批办法等3个内部管理制度，调整2个议事机构，提高党委决策水平，防范决策风险，用制度管权、管人、管事。深入贯彻落实中央八项规定及其实施细则精神，驰而不息纠正"四风"。用好监督执纪"四种形态"，强化政治监督，开展经常性、针对性廉政教育。组织开展"廉政警示教育月"活动，与第二派驻纪检组联合开展日常监督，守住思想"红线"和行为"底线"。全力推动巡察、审计整改落实，建立整改落实督办工作机制，经济责任审计发现的12个问题、巡察反馈意见提出的3个方面9个问题已全部整改完毕。开展"现场监管与外勤执法权力寻租"专项整治工作。查摆出18个风险点、20个重点关注岗位；深入开展纪法教育和警示教育，组织学习"10+3+3"和"15+3"案例通报，组织对41名外勤执法人员开展谈心谈话、个人违规事项申报及撰写心得体会；积极走访地方纪检监察委，向51家企业发放举报公示和调查问卷；扎实开展专项整治"回头看"，全面查摆"八个不到位"问题；认真开展专项整治整改工作，对照查摆问题10个，推动整改落实，已全部整改完毕。

【税收征管】2021年，吉林海关向总署报送税则调整建议11份，其中1项建议列入关税司年度重点行业调研范围。引导属地企业利用对美加征关税市场化采购排除政策降低自美进口税负，1家企业在全省首次实现清单外商品排除，2家企业利用归类决定及归类先例合理提出修订商品编码诉求，3家企业应用"汇总征税""关税保证保险"实现灵活缴税。完成关区首批纳税人属地管理清单企业基本信息和"双特"台账建立。对重点税源企业提供政策跟踪服务，保证企业充分享受政策优惠，吉林炭素、吉恩镍业成为辖区税收增长点。2021年吉林海关税收入库2.31亿元，同比增长199%。

【检验检疫】2021年，吉林海关开展进出境食品、动植物及其产品、商品检验检疫。落实食品质量安全"四个最严"要求，排查辖区内3家输韩泡菜食品出口企业，加强病菌检测业务指导，有效避免发生境外通报。开展出口饲料添加剂安全风险监控和进境粮食定点加工厂杂草监测。完成出境植物及其产品生产、加工、存放注册登记19项，高效完成全国首家出口加工用水产（林蛙）养殖场备案现场考核。加强危险化学品检验监管，建立危险化学品目录清单和行业清单，编制危险化学品监管手册和文件汇编。创新4个品种危险化学品合格评定程序检验操作模式，全年检出不合格出口危险化学品4批次。

【监管业务】2021年9月，吉林海关正式开通驻车站办事处（1518现场）业务，受理报关单177份、货物8,989吨、货值1.65亿元。按照稽查集合约化改革方案要求，首次开展跨隶属海关常规稽查作业，涉及辽源地区企业1家，办结稽查作业12起，稽查补税2起。首次办理稽查部门自主查发的快办案件，行政处罚5起。落实长春海关食品类特定资质企业后续管理工作方案，办结核查作业31起，查发问题作业2起。开展企业巡查10家。加强进口粮食后续监管，完成565.9吨进口玉米核销。

【查缉走私】2021年，吉林海关认真贯彻落实习近平总书记关于打击走私工作重要指示批示精神，深入开展"国门利剑2021""蓝天2021"等系列专项行动，结合实际制订相关行动方案，深化关警联动、全员打私，全力以赴打击"洋垃圾"、犀牛、象牙等濒危物种及其制品走私等违法犯罪行为。全年刑事立案2起，案值724万元，涉税312万元，抓获犯罪嫌疑人5人，扣押盐酸曲马多1,000片、雪茄烟1,403支；办结刑事案件1起（移送湛江局），案值300万元，涉税180万元；行政立案1起，扣留疑似气体动力枪支2支，结案1起，执行2起，罚没收入4.5万元；核实案件线索6起，查获疑似淫秽书刊413本。

【营商环境】2021年，吉林海关实行24小时预约通关、节假日及工作日延时服务等工作机制，持续压缩通关时间，完成较2017年同期通关时间压缩一半的目标。顺利完成2021年度营商环境国评、省考填报和现场复核。推广包容审慎监管要求，对1家企业主动报明的影响统计准确性问题依法做出不予处罚决定，法综处将其作为关区优秀案例选报吉林省司法厅。推进政务服务"好差评"系统应用，接受企业主动评价19次，好评率和满意度评价均为100%。对3家企业开展高级认证培育，1

家企业获得高级认证企业资质。支持吉林地区利用加贸政策调整拓展业务，助力吉林炭素成为全省加贸新政落地首家企业，并纳入"我为群众办实事"实践案例，被海关总署"海关发布"采用。

▲2021年10月21日，吉林海关关员指导企业开展加工贸易业务

【政务管理】2021年，吉林海关全面推进政务公开和政务信息化建设。扎实做好机要保密工作，加强对印章、印信管理，1人获评全国海关机要保密工作劳动模范称号，年内未发生违规行为和泄密事件。全面学习宣传贯彻习近平法治思想，启动实施第八个五年时期法治宣传教育工作，举办新《中华人民共和国行政处罚法》专题讲座1次，推进制度体系和治理能力建设。强化网络及数据安全，严控内外网数据交互及数据导入导出，规范移动存储介质管理，顺利通过庆祝建党100周年网络安全保障督导评估。梳理可复制推广政策措施，向吉林市委、市政府呈送吉林市外贸发展形势分析报告和吉林市外经外贸相关政策指南，助力地方发展需求与海关支持政策有效衔接。积极推动课题研究与成果转化，牵头开展吉林化工产业发展相关研究。主笔RCEP署级课题，配合参与2个关级课题。聚焦重点产业和政策变化，1篇跨境电商相关信息分获省长、副省长批示。1篇炉用碳电极产业相关信息由省政府选报国务院办公厅。

【财务和后勤保障】2021年，吉林海关狠抓预算执行，建立预算执行定期通报和调度制度，保障预算执行达到序时进度。认真落实"过紧日子"要求，落实节约能源、办公用品等措施，实现保工资、保运转、保民生。严格规范车辆管理，实行定点维修、定点加油，严控执法执勤用车使用范围；加强物品采购管理，防疫物资和日常物资采购，严格实行价比三家、货比三家，控制采购成本。把服务民生作为后勤工作的出发点和落脚点，打造"三箱"便民工程，积极协调完成院落场地和供暖管线灾损应急维修，加强基础设施建设，旧业务支术综合楼维修改造工程顺利竣工并交付使用。

【新冠肺炎疫情防控工作】2021年，吉林海关召开疫情防控指挥部会议20次，全面安排各项防控工作。坚持从严、科学、精准、高效、动态的原则，及时动态调整疫情防控措施。严格落实"四方责任""五有要求""四早措施"，坚持实行健康监测"日报告、零报告"制度，进一步加强人员管理，严格做好个人防护；全面落实安全防护措施，组织开展内部应急处置演练，制发疫情防控和安全防护工作方案10份；监管、查检一线岗位按照"就严、就高"的标准配备个人安全防护装备并严格防护服穿脱管理，按照"应检尽检"原则，定期进行新冠病毒核酸检测；充分发挥防控督导组专家小组和安全防护监督员作用，落实"3+2"安全防护监督制度，严格监督各项防护措施落实。

【安全生产工作】2021年，吉林海关落实安全生产责任制，成立安全生产工作领导小组，明确职责任务，切实做到党政同责、"一岗双责"、失职追责；建立"日巡查、月排查、季调度"的安全隐患排查机制，加强办公场所及监管场所风险排查，及时消除安全隐患；承办长春关区2021年出口危险化学品检验监管实操、涉恐突发事件应急处置演练，提升与地方联动处置效率和危险化学品监管突发事件应对能力；加强危险品进出境监管安全整治，督促企业落实安全生产主体责任，经过严谨论证确定2处重点危险监管源，帮助企业改进危险品标签5次，完善企业质量自控节点6次；对危险化学品监管实行"周自查、月报告"制度。

【精神文明创建】2021年，吉林海关持续推动文明单位、青年文明号等创建工作。深入推进总署、长春海关和吉林省精神文明建设工作要点有效落实，结合实际制定精神文明建设工作要点；春节、"七一"及重阳节期间，党委班子成员带队慰问退休老干部，加强人文关怀；组织开展慰问自闭症儿童、"知识产权海关保护"政策宣讲等志愿服务活动；开展迎冬奥会滑雪体验、丽人节江边徒步走、五四青年节"传承五四精神 践行使命担当"以及"红心向党、绳采飞扬"等群众性文化活动。年内通过全国精神文明单位复审。

【队伍管理】2021年，吉林海关开展2020年度"一报告两评议"和选人用人监督检查"问题清零"工作，对2020年以来自查及检查中发现的14个问题，实现了问题清零，对人事档案室进行了规范整改。认真开展"违规办企业自查""党建人事工作自查""机构编制核查"等专项工作。制订干部培训工作方案，参加长春海关党建工作专题培训3期，重点学习干部选拔任用、公务员职务职级并行及党建工作等有关内容；组织参加钉钉及e课堂网上培训18期，实现培训人员全覆盖，考核通过率100%。开展防护装备穿脱培训及演练等实操演练3次，组织7人通过进出口危险货物及包装检验监管岗位资质考试，3人通过动植物检疫现场查验岗资质考试，提升一线执法人员业务能力和执法水平。开展"内务规范强化月"活动，进行内务检查通报5次，组织队列训练3次，开展纪律作风专项检查5次，持续开展酒驾、醉驾专项整治活动。严肃考勤纪律，加强值班值守纪律检查，纪律作风进一步改善。

（撰稿人：冉濡圻　邢继伟　任玉峰
刘小中联　刘　洋　查　干
韩振宇　温　铁　廉冠臣
管大宇）

四平海关

【概况】四平海关于2020年11月26日正式对外办理业务，机构规格为正处级，下设5个正科级内设机构，业务辖区范围为四平市全境，承担监管、征税、出入境检验检疫、统计等职责。截至2021年年底，四平海关行政编制18人。

2021年，四平海关辖区进出口贸易方式以一般贸易为主、加工贸易为辅，主要贸易国为乌克兰、俄罗斯、日本、美国、荷兰、加拿大、土耳其、意大利、英国、德国、韩国、匈牙利、奥地利等国家，主要出口货物为头孢菌素（用于药品合成的医药中间体）及其衍生物，木制工艺品、肌醇、酸菜、花生仁、板材等，主要进口货物为煤炭、玉米等。

【党的建设】2021年，四平海关举办"铭记党的辉煌历程　纪念中国共产党成立100周年"展览，每周组织"党史小课堂"，推送"党史百年天天读""平关微讲"等栏目。先后会同长春海关口岸监管处、白山海关临江口岸旅检货管党支部、长春海关审计组、长春海关党委第一巡察组联合开展主题党日活动。深入开展"现场监管与外勤执法权力寻租"专项整治工作，形成廉政风险细化清单。配合长春海关巡察组开展常规巡察工作。2021年11月2日成立四平海关党总支，调整成立3个党支部（办公室党支部、核查科党支部、查检综合企管联合党支部），创建党总支"党旗领航·关徽闪耀"党建品牌，建立党总支"月例会、季讨论、半年检查、年总结"制度，制定出台党支部议事规则，规范支部议思想、议业务、议廉政，形成党支部会管总、科务会抓落实的一体化会议原则。形成查检综合企管联合党支部"三新、三建、三强"品牌，办公室党支部"担当·执行·先锋"品牌和"平关融党建"工作法，核查科党支部"三合三先"党建品牌和"33创优"工作法，探索形成一支部一堡垒的机制成效，一支部一品牌的落实成效，一支部一阵地的集约成效。1个党支部获评"四强"支部称号，4名同志分别被评为长春关区优秀党务工作者、优秀党员，1名青年党员在长春海关2021年优秀教学成果评比中获得三等奖，1名党员在全国海关系统新考录人员"我想对党说"演讲比赛中获得二等奖，1名同志荣获总署"庆祝中国共产党成立100周年"主题活动二等奖。《吉林日报》《四平日报》等多家媒体报道四平海关事迹20余次。

【新冠肺炎疫情防控】2021年，四平海关制定"一案、一计划、二报告、三台账、六表"的内部疫情防控登记制度，分别与服务保障单位、个人签订疫情防控协议书、疫情防控承诺书，全员第一时间完成疫苗接种工作，做到"应接尽接"。健全完善"培训考核、监督管理、自查督查""三位一体"安全防护体系及"岗前检查、工作巡查、全程督查"和"双人作业、互相监督"的"3+2"安全防护监督制度，开展培训和应急处置演练，组织66人次参加疫情防控培训演练。成立统筹疫情防控和促进外贸稳增长指挥部，建立"三支梯队"工作制度，加入四平市疫情防控指挥部物防领导小组，参与联合行动10次。

【法治建设】2021年，四平海关利用微信等新媒体平台围绕海关强化监管、优化服务、巩固拓展口岸新冠肺炎疫情防控和促外贸稳增长出台的政策措施开展普法宣传。进社区分发法律图书和宣传资料，解答法律问题；进企业宣传进出口食品安全、国门安全等与海关工作密切相关的法律法规。在报关大厅悬挂法律宣传挂图，在电子屏宣传法律法规，把报关窗口作为海关依法办事、宣传法律、维护法律的窗口。结合"我为群众办实事"活动，关注并及时解答企业在办理货物进出口时所遇难题，采取集中宣讲"静"下来学和现场查验"动"起来学两手抓的方式，为四平地区商务部门及进出口企业60余家提供法律咨询和现场答疑。开展知识产权保护"龙腾行动2021"活动，加强对输往北美、欧洲、"一带一路"沿线国家和地区的侵权货物的监管。加强与各有关部门的信息资源共享，提升对侵权货物的精准布控，探索联合培训、联合研判、联合执法等创新工作模式，形成执法合力。

【风险管理】2021年，四平海关加强企业信用管理、监测预警分析，防控企业贸易风险，定期对国内外贸运行情况进行分析。对相关企业完成资质备案、竹木草备案现场考核等业务进行指导，对杂草检测、添加剂使用等进行日常监管。拟制签发各类证书证单237份。对企业进行9次日常监管，在进行外来物种监测过程中，发现外来大豆自生苗1株，均及时完成整改；进行出口饲料和饲料添加剂安全风险监控2次，其中1次检测喷浆玉米皮游离棉酚超标，责令企业进行整改。

【检验检疫】2021年，四平海关推进外勤执法程序规范化，按照系统布控指令和相关作业规范，组织开展现场查检作业，现场进行查验66次，取样6次，1批货物不符合企业备案地生产要求，进行不合格处理。联合四平市物防组有关部门、四平市工业和信息化局对进境货物查验2

次；配合四平市物防组对超市、肉业、七号库、饭店等10余家企业联合开展物防督查工作。落实"周自查、月报告、季督查"制度，严密监控检查危险品检验监管情况，清零查发问题。2021年，监管危险化学品生产企业出口货物22批，100吨，货值786.95万元。进行危险化学品外漏安全事故典型案例和有关文件宣讲3场，建立进出口危化品管理档案，规范监管流程，建立联防联控机制，实现信息互通，形成监管合力。2021年，监管出口食品56批，货运量3,200吨，货值3,613.32万元。辖区首家出口食品原料种植场备案通过考核，保证企业及时与国外签订合同，顺利出口。全年进境设备属地查验6批，货运量50吨，货值4,769.26万元。

【监管业务】2021年，四平海关全面优化服务，助力构建新发展格局。受理进出口业务605批次，货运量15.6万吨，货值1.8亿元，征收税款1,670.5万元。其中进口货物申报7批、货运量15.1万吨、货值1.1亿元，出口货物申报598批、货运量6,669吨、货值9,488.9万元。出具证书共237份，包括品质证，重量证书、植物检疫证书、黄曲霉证书、健康证书、入境货物检验检疫证明、出境货物换证凭单7种。监管进境粮食13.6万吨。推出"平关四条"，全力保障进出口企业特殊时期海关业务需求。

【服务对外开放】2021年，四平海关根据国家减税降费、"证照分离"改革、证明事项清理、压缩办事时限等要求，进一步减材料、减环节、减时限、减费用、减跑动次数。积极探索创新服务，推广容缺后补、绿色通道、告知承诺，推行政务服务事项"不见面"办理，引导广大企业、群众通过"互联网+海关"平台等渠道办理海关业务，加大国际贸易"单一窗口"宣传力度，网上办理率达100%。开展贸易数据、业务数据和其他相关数据的综合比对，关联海关业务运行的量、质、效与进出口贸易指标数据进行印证分析。将相关数据规范提供给四平市政府相关部门，方便四平市政府及时了解四平辖区进出口贸易特点，为四平市外贸发展提供参考。

【政务管理】2021年，四平海关加强政务服务保障，不断提升"三办三服务"质量。正式开通文件交换窗口，每周接收市委、市政府文件，加强与地方的交流。扎实做好机要保密工作，开展微信等新媒体平台安全保密自查，组织全员签署保密

▲2021年5月23日，四平海关关员监管出口危险化学品

承诺书，加强保密安全教育，同时做好信息公开保密审查工作。扎实做好应急值班工作，组织开展值班培训，加强全员处理突发事件的能力，严格落实值班事务报告制度。提升政务信息编报质量，由单纯的信息传递向深度报道转变，全年被采纳信息99条。稳步推进政务公开工作，接受总署依申请公开抽查，做到答复办理依法合规。

【财务及后勤保障】2021年，四平海关把"过紧日子"要求贯穿于节约型海关建设的始终，健全节约资源能源管理制度，全面实施生活垃圾分类制度，推行绿色办公，提高能源资源利用效率，降低机关运行成本。进一步优化和调整支出结构，提升管理效能，建立厉行节约长效机制。扎实开展安全隐患排查，购置消防器材42件，更换供暖气阀17处，维修地下井水泵等，为积极应对地方限电影响，协调地方供电部门提供必要保障。完善固定资产日常管理制度，印发四平海关2021年固定资产盘点工作方案，开展固定资产盘点，遵循"以账找物、以物对账"的原则，将各类固定资产全部纳入盘点的范围，全面摸清本关固定资产存量、分布、使用情况，逐一核对登记，不重不漏，账、卡、物相符。

【内控机制建设】2021年，四平海关完善内控工作组织机构，召开内控领导小组工作会议3次，开展内控培训3次。加强内控成效应用，实现全关执法领域内控节点应用零的突破。推动46个内控节点落实到科。完成四平海关关长离任审计发现的履行业务执法管理、数据安全管理责任情况等方面问题整改。

【队伍建设】2021年，四平海关加强与驻地纪委监委沟通与协作配合，运用监督执纪"四种形态"，尤其在使用第一种形态上下功夫，加强内控管理工作，抓早、抓小、抓长。在业务规范化、人员专业化上持续发力，理顺各科室职责，划分为政务保障、业务前期、业务后期3个条线管理，将条线管理优势转化为治理效能，鼓励和支持17人次获得包括动物、植物查验岗等6类相关资质。通过健全制度、完善流程、规范执法等措施，不断提高业务人员专业化水平。认真开展"内务规范强化月"活动，持续抓好队列训练，提升队伍精气神。持续抓好日常监督检查，重点整顿办公秩序、关容关貌、考勤纪律等方面，抓好窗口和业务一线作风建设，加大严禁酒驾醉驾教育力度。

（撰稿人：于慧姝　苏立志　李福年　黄园园）

辽源海关

【概况】 辽源海关于2019年12月25日正式对外办理业务，机构规格为正处级，下设5个正科级内设机构，业务辖区范围为辽源市全境，承担监管、征税、出入境检验检疫、统计等职责。截至2021年年底，辽源海关行政编制18人。

2021年，辽源海关主动作为，坚持绝对忠诚讲政治、把好国门强基础、改革创新抓落实、严管厚爱带队伍，全面推进政治建关、改革强关、依法把关、科技兴关、从严治关。不断提升通关便利化水平，积极助力地方外贸发展，有效降低外贸企业进出口贸易成本，打通辽源与国际接轨的绿色通道，支持"轨道列车型材+高精铝""蛋品+农产品加工""袜业+现代纺织""新能源+汽车零部件"4大特色产业，央视新闻联播、东方时空等栏目连续3年报道相关支持举措。2021年，辽源海关受理进出口报关单294票，货值3.3亿元，监管货运量5,315吨。

【党的建设】 2021年，辽源海关坚持学史明理、学史增信、学史崇德、学史力行，高质量推进党史学习教育。开展理论中心组学习和支部学习，建立"集体学习—科室学习—个人自学"的"三学联动"机制。开展"奋斗百年路，起航新征程"主题系列活动，通过"看红色电影""诵红色家书""唱红色歌曲""讲学习心得"等活动，汲取革命精神力量；开展系列主题党日活动，组织全体党员重温入党誓词，为12名党员过"政治生日"，成立青年理论学习小组，召开党史学习教育集中研讨交流会12次。扎实推进"强基提质工程"，落实支部建在科上要求，完成党总支部及下设3个党支部改选，推动党建工作和业务工作深度融合，综合企管联合党支部品牌"星火创业先锋"被评为基层党建培育品牌，办公室党支部被评为"四强"支部，企管科通过吉林省"青年文明号"复核，1人获评辽源好人。深入推进精神文明创建工作，2021年获评吉林省文明单位。

【新冠肺炎疫情防控】 2021年，辽源海关坚持精准动态从严调整疫情防控措施，印发相关制度文件10份，持续提升疫情防控能力水平。实行"台账化、制度化"管理，建立"日报告、零报告""日收集、周报告"和人员出行等台账6个，扎实推进疫苗接种，全员完成2针疫苗接种，筑牢机关内部防线。加强防疫物资储备，按照3个月需求储备防疫物资，设立安全防护监督员，建立"一线、预备、应急"3支梯队，开展防护服穿脱演练8次，开展应急桌面推演2次，做好外勤查验关员安全防护，坚决实现"打胜仗、零感染"。

【检验检疫】2021年，辽源海关着力强化监管，筑牢国门安全防线。全年受理出入境检验检疫申请835批次，出具各类检验检疫证书1,058份，同比增长6.1%。强化动植物检验监管，监管动植物产品141批次，价值445.7万美元，在对进境牛骨粒进行目的地查验中，检出非检疫性有害生物2例，有效保障了国门生物安全。强化商品检验监管，压紧压实辖区危险化学品及其包装监管主体责任，严格落实总署和长春海关各项部署，落实"双人持证上岗"制度，严格遵守相关操作规程，监管危险化学品及其包装138批次。强化食品检验监管，严格落实食品安全"四个最严"要求，对松子、蛋制品等企业制定日常监管巡查计划，完成国家出口动物源性食品风险监测22次，进出口食品风险监测573批次。强化核查工作。同步推进涉检类企业核查和定期管理类核查，以清单式作业表引导规范操作，保证核查执法的内容、程序、标准统一，共完成核查35次。

【安全生产】2021年，辽源海关坚决贯彻落实习近平总书记关于安全生产的重要论述，组织开展党委会和形势分析及工作督查例会10次研究部署安全生产工作，提升安全责任意识。加强宣传教育，在"安全生产月"及"6·16"宣传日，通过悬挂主题标语，组织参与直播答题活动，播放海报和专题片等方式系统宣传，营造安全生产浓厚氛围。通过关企微信群宣传安全生产工作，利用赴企业调研时机，积极向辖区企业宣贯安全生产工作。加强危险化学品监管，建立底数清单、问题清单、措施清单，严格落实出口危险化学品及其包装"产地检验"要求，落实"双人持证上岗"制度，严格遵守相关操作规程，做好自身安全防护。要求企业切实履行主体责任，积极对接市公安局、市市场局、市应急局等部门，就加强危险化学品等安全生产联防联控和协作配合达成共识。

【优化服务】2021年，辽源海关出具原产地证书139份，同比增长65.5%，辖区共有39家企业开展外贸业务，新增海关注册企业14家。辽源海关积极推广两步申报、提前申报、汇总征税等作业模式，巩固压缩整体通关时间成效，简化通关手续，提高通关效率，积极引导企业"回家"报关，完成"两步申报"报关单9票，报关单数量同比增长65.2%。强化综合治税，对重点税源企业开展调研工作，开展税收动态分析，加大归类和审价等日常监控力度，确保税款应收尽收，税收入库1,576.5万元。推动关税保证保险改革顺利开展，退还差额保证金5笔，担保税款118万元。持续优化营商环境。落实"首问负责制"，推进"最多跑一次"改革，制定政务服务事项指南20项，提升办事企业群众获得感。优化服务助企发展。组织政策宣讲会10次，重点宣讲企业认证标准、知识产权海关保护、RCEP政策等内容，利用关企微信群常态化推送海关政策以及国外贸易管制等情况，助力企业用好政策红利。助力启星铝业扩大出口新闻获央视新闻联播、新闻直播间等平台采用，助力松子出口、帮助企业办理减免税等新闻获吉林新闻联播采用3次，辽源新闻联播采用3次。辽源海关赴辽源市政府、企业走访调研30余次，向辽源市委市政府报送工作专报12期。

▲2021年7月28日，辽源海关主要负责人向辖区企业颁发出口食品生产企业备案证书

【队伍管理】2021年，辽源海关着力加强业务培训，积极组织参加海关e课堂和长春海关各类培训，各科室落实"每周一法"要求，开展辽关讲堂12次，派员跟班学习4次，锻造高素质专业化干部队伍。持续纠治"四风"，党风廉政教育抓在经常。加强内控机制建设，梳理非执法领域内控节点和执法领域内控节点。规范定岗定责，使科室权责清晰、职责明确。梳理操作流程及规范，制定条线业务工作指引。扎实开展廉政警示教育月系列活动，召开动员大会，开展廉政及酒驾醉驾警示教育和"以案为鉴"警示教育活动，用好监督执纪"四种形态"，开展谈心谈话，增强关员廉洁自律意识。着力锻造准军事化部队。持续加强纪律作风建设，建立"领导月督查、作风周检查、内务日自查"工作机制，注重抓在日常、严在经常，开展内务规范强化月专项活动，定期开展内务督查，对发现的着装仪容不规范、办公场所不整洁等问题予以通报并立行立改。严格开展队列训练，提升队伍的精神风貌。

（撰稿人：王艺霖　王洪岩　贺　雪　栾　纲）

通化海关

【概况】通化海关历史可追溯到1950年2月设立的集安海关。集安海关于1985年2月划归长春海关，2013年12月23日更名为通化海关，2014年11月7日迁至通化市，正式以通化海关名义对外办理业务，机构规格为正处级。2018年4月20日，原通化出入境检验检疫局、集安出入境检验检疫局管理职责和队伍划入通化海关。通化海关下设1个副处级派驻机构（驻集安办事处）、9个正科级内设机构，业务辖区范围为通化市全境，承担监管、征税、缉私、出入境检验检疫、统计等职责。截至2021年年底，通化海关行政编制85人。

【党的建设】2021年，通化海关坚持政治建关，坚决捍卫"两个确立"、做到"两个维护"。创建"四同"青年理论学习品牌，开展青年理论学习12次。邀请杨靖宇干部学院曲相东教授对十九届六中全会精神进行专题授课，开展红色主题教育活动17次，确定1项海关红色资源，宣传稿件被"学习强国"、《中国国门时报》发布，在长春海关党史知识竞赛预赛中获并列第一名。深化"强基提质工程"，梳理制定3个层面、11个事项的党建责任清单。全关11个党支部全部通过"合格支部"验收，3个口岸党支部获评长春海关"四强"支部，老虎哨口岸监管科、铁路口岸监管科党支部获评"四强"支部示范点，铁路口岸监管科党支部获评长春海关党建示范品牌；老虎哨口岸监管科党支部通过全国海关基层党建培育品牌复核，获评长春海关先进基层党组织。老虎哨口岸监管科党支部微党课在总署政工网发表，工作经验入选总署政工办《支部书记百问百答》。6名党员获评长春海关优秀共产党员，1名同志获长春海关优秀党务工作者称号。

【新冠肺炎疫情防控】2021年，通化海关辖区内3个口岸按照"一口岸一方案"的原则，制定新冠肺炎疫情境外输入防控工作方案，完善疫情防控工作方案4版。规范设置"三区两通道"，改造疫情防控专业技术用房131平方米，配齐口岸疫情防控设备共22台套。组织各项应急处置演练24次，按照最新版口岸防控技术方案和卫生检疫操作指南对一线关员开展培训30次。建立"一线在岗""二线预备""三线应急"3支梯队,开展实操培训49期。选派5名关员参与支援长春龙嘉机场海关一线疫情防控。完成检疫处理单位脱钩后的工作对接,为检疫处理单位进行6次卫生处置专业培训,9月份,检疫处理单位通过长春海关现场考核。修订各类作业指导书、联防联控方案、操作规程40项,组织开展通化海关"岗位大练兵、业务大比武",包括入境卫生检疫全流程和职业暴露应急处置培训演练14次,个人安全防护实操演练33次,技能比武2次。2021年年初通化市发生新冠肺炎疫情,制发3份通化海关关于加强内部防控工作的通知和1份疫情防控应急保障工作方案。成立内部疫情防控排查工作专班,落实"四早要求",严格履行"零报告、日报告"制度。全年对查检、稽查、办公室等部门一线及重点人员开展核酸检测485人次。为全体干部职工推送关于疫情期间心理自我调节、居家健康运动等宣传知识93条,推送减压音频45次。

【风险管理】2021年,通化海关关注口岸动向,对国家和总署列明的疫情防控、"洋垃圾"、濒危野生动植物等重点领域保持高度敏感性。执行最新版技术方案和操作指南,落实"日报告"制度,做到各项风险要素的有效识别、有效拦截。与上级风险防控部门协同联动,及时通报各项风险信息,定期交流风险工作经验。通过通关电子数据和视频监控平台,强化职能部门、业务现场的沟通联系,建立信息收集网络,形成"日监控、周研判、月通报"的线性监控工作模式。

【税收征管】2021年,通化海关对辖区内重点进出口企业进行税收调研,及时掌握企业全年进出口目标,做好重点纳税企业的监管与服务。全年受理报关单115票,征收税费2.6亿元。出具原产地证明100份。支持松子产业健康发展,反映协调企业关心的申请下调松子进口关税税率问题,为辖区果仁加工企业申请减免风险担保金963.5万元。发挥海关"数据+研究"优势,制发44期关税业务数据分析。补征税款2批次。

【检验检疫】2021年,通化海关办理出入境检验检疫申请1,743批。起草长春海关关区进出口医疗器材质量分析报告,全年监管进口医疗器械33批,同比增长17.9%;货值8,963万元,同比增长22.2%。指导柳河大米企业、通化市豆制品企业、吉林双正医疗企业实现产品首次出口。首次完成辖区引进蔬菜、工业大麻等4批种子入境。开展"进出口危险化学品及其包装检验监管"专项培训,参加"万人争先"线上测试活动,1名同志入围全国海关商检领域"万人争先"线上练兵百强名单。开展国门生物监测66次,送检样品26批次、外来有害杂草2批次、有检疫价值昆虫类24批次、马铃薯纺锤块茎类病毒2批次,辖区范围内首次诱捕有研究价值的昆虫17头。

【监管业务】2021年，通化海关巩固"海关改革2020"成效，全面推广"提前申报"海关通关一体化改革，完成辖区首笔"两步申报"通关模式报关单申报。与集安市联防联控8家单位开展联防联控机制签订和更新工作。完善通化海关一线新冠肺炎防控人员职业暴露后应急处置预案，完成老虎哨、公路口岸辐射探测和喷淋设备配套设施建设。完成H986、CT机等设备的联网，将监控摄像头接入监控指挥中心。完成集安口岸免税店首票转关监管业务，首批149.2万元免税品全部进入店面。组织成立进出口危化品工作协调小组，压缩通关时间，进口平均通关时间为58.02小时，与2017年相比压缩43.5%；出口平均通关时间为0.39小时，与2017年相比压缩92.4%。

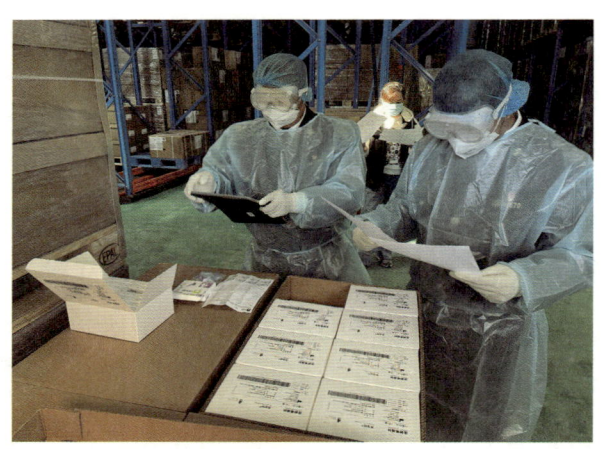

▲2021年12月22日，通化海关关员开展进口胰岛素注射笔监管

【企业管理、稽核查和统计工作】2021年，通化海关成立辖区企业AEO认证推进工作小组，培育辖区3户重点企业进行AEO认证。举办辖区企业信用管理制度改革推进会，向37家企业宣讲海关注册登记和备案企业信用管理办法。对碰市场监管部门的企业数据，将在市场监管部门已注销、吊销营业执照的企业名单反馈企管处进行处置，同时以"实地走访+远程沟通"方式了解辖区企业生产经营情况，帮助企业发起注销申请30余次。召开企业座谈会，宣传海关"证照分离"改革实施方案，指导11家申请备案的企业上传备案材料。开展"我为群众办实事"实践活动，制定通化海关党委重点民生17项清单。共办理海关备案、注销、出口食品生产企业备案等申请40次，帮助通化辖区输日稻草热处理企业首次完成备案申请。开展跨境电商企业核查7个，查发问题16个，查发率36.4%，提出规范整改意见10条。建立稽查部门风险分析团队，全年共办理常规稽查7笔、专项稽查2笔，查发率33.3%。全年在辖区内开展保税核查12次。开展出境竹木草制品生产加工企业监督管理核查、报关单位注册信息核对、加工贸易边角料核查等37个。撰写涉及农产品、人参、松子、"一带一路"、欧盟、美国等贸易数据方面的统计分析40篇。

【优化营商环境】2021年，通化海关制订落实《优化营商环境100条》实施方案，通过"线上+线下"与企业"双互动"的形式，主动联系企业宣传"因疫情延误加工贸易手册可办理延期"等惠企政策。开展"助企月"活动，以网课形式在农药残留、菌落检测等方面为41家企业答疑解惑。了解辖区林蛙出口受阻原因，指导企业办理出口水生动物备案养殖场资质证明，共出口林蛙 7 批、约 15 吨至韩国。推动政务服务大厅建设，加强"一个窗口"管理，推进国际贸易"单一窗口"的应用。针对企业反映出口种子检测时间较长的情况，协调长春海关技术中心增加自检项目，将种子检测时间压缩到 1 周以内。以"首单服务"方式助力辖区企业产品出口欧盟国家，《吉林日报》和海关总署网站均发文对通化海关特色做法加以推介。跟进重点工程冰雪项目建设需求，开辟 24 小时绿色通道实施快速验核验放，全年验放各类进口滑雪集装箱 7 个，设备 118 件，货值 892.4 万元。

【查缉走私】2021 年，通化海关关警联系配合和外部执法联动，开展"国门利剑 2021""蓝天 2021""护卫 2021""国门勇士 2021"等各项专项打击走私活动。严厉打击象牙等濒危动植物及其制品、"洋垃圾"、涉枪涉毒、重点涉税商品、农产品、冻品等走私活动。制定计划对通化地区和白山地区的外贸企业进口情况进行数据分析，拟定贸易调查的重点，配合长春海关开展打击固体废物走私专项工作。

【政务和后勤保障】2021 年，通化海关将精文简会、"过紧日子"要求落实到位。编发通化海关信息快报、要情及呈报共 94 期，上报信息被长春海关采用 424 条，宣传视频稿件被央视采用 2 篇、被《中国国门时报》采用 2 篇、被《吉林日报》采用 3 篇。落实《党政主要负责人履行推进法治建设第一责任人职责规定》相关要求，发挥党委对法治建设的领导作用。制定法治宣传教育工作计划和责任清单，开展各项普法宣传活动 6 次。开展习近平法治思想学习教育，组织干部职工开展网络学法 71 人次，年度学法考试合格率 100%。集中开展海关法治宣传日、宪法宣传周等系列法律宣传活动 5 次，制作的普法短视频被长春海关 12360 服务热线采用。全面压缩经费支出，支出比 2020 年减少 40%。开展"节省 1 度电、节约 1 张纸"活动，消耗性支出压缩 21.5%。利用"边关五小"惠民工程，为职工和两地食堂节约 10 万余元。梳理固定资产，完成资产报废工作。

【队伍管理】2021 年，通化海关制作"基层书记谈责任"访谈视频；分解全面从严治党工作任务 69 项，制定风险防控措施 81 条，开展谈心谈话 186 人次；推进"现场监管与外勤执法权力寻租"专项整治工作，针对 26 个风险点，制定 58 条防控措施；在铁路口岸监管科党支部"亲清联廉"清廉文化示范点建设的基础上，精建通化海关"清廉文化品牌体系"。开展内务规范强化月活动，深入纠治酒驾醉驾问题，推进准军事化建设。开展"中心制改革"试点工作，精简业务科室，将通化 7 个业务科室归并为 4 个中心。

（撰稿人：于立山　王云坤　王　洋
　　　　　计韶媛　付梦琳　刘　伟
　　　　　杨宝富　宋　波　陈凤程
　　　　　唐　勇　盖颖辉　焦茗舸）

白山海关

【概况】白山海关由临江海关更名而来。临江海关历史可追溯到1949年11月设立的临江分关（科级），1996年1月隶属于长春海关，1997年11月升格为正处级海关，2018年原出入境检验检疫管理职责和队伍划入。2020年12月，临江海关迁址并更名为白山海关，12月28日白山海关正式对外办理业务。白山海关下设7个正科级内设机构，业务管辖范围为白山市全境，承担监管、征税、缉私、出入境检验检疫、统计（长白县行政区划内的口岸相关海关业务除外）等职责。截至2021年年底，白山海关行政编制40人。

▲2021年3月18日，白山海关主要负责人到辖区重点企业调研

【党的建设】2021年，白山海关充分发挥政治建设统领作用，坚持把政治建设摆在首位，以"微模式+""绿江红帆"为点带动全关支部争创党建品牌，为全面推进"五关"建设提供坚强组织保证。强化党史学习教育。开展青年党员"讲党史""唱红歌""诵经典"系列活动，办公室党支部"凝心聚力学党史 砥砺奋进新征程"微党课被"钉钉"平台海关系统党史学习教育网上专题班采用，是长春关区唯一入选课程。用活红色资源，发挥驻地"拒日设领、东北抗联、四保临江、抗美援朝"等红色资源优势，全面启动"打卡红色教育基地"体验式教学。邀请杨靖宇将军嫡孙马继民以"弘扬靖宇精神 传承革命家风"为主题开展党史专题讲座，勉励青年党员在学党史中坚定信仰信念、在办实事中铸牢为民初心。把"我为群众办实事"实践活动贯穿党史学习教育始终，成立以党委书记、关长为组长的工作专班，明确职责分工，分头组织推进，推动"我为群众办实事"实践活动走深做实。"一把手"带头深入重点企业开展零

距离调研8次，通过发放调查问卷、召开座谈会等形式征集企业意见建议11条。建立"第一时间接哨、第一时间受理、第一时间办结、第一时间反馈"的快速反应机制，2021年共帮助企业解决痛点难点问题9件。组织参观白山市廉政教育基地，通过现场案例讲解，巩固全体关警员不敢腐、不想腐的精神防线。白山海关主要负责人当选为中国共产党白山市第八届委员会候补委员。

【新冠肺炎疫情防控】2021年，白山海关加强口岸防控，提升卫生检疫业务能力，结合临江口岸实际，优化旅检通道功能区布局和卫生检疫操作流程，满足国境卫生检疫功能需求。持续做好疫情防控常态化管理，制定和修订白山海关一线新冠肺炎防控人员职业暴露应急处置预案、白山海关境外输入新冠肺炎疫情应急预案等8个预案方案。按照"能打仗、打胜仗"要求，应用疫情防控系统开展应急演练21次。及时跟踪采购防疫物资，加强监管设备校准维护，做好恢复通关工作准备。设置专兼职安全防护监督员，制定一线业务临时交接预案，组建一线、预备、应急三支梯队，强化安全防护技能培训和实战演练，推动实现防疫力量的动态平衡、防控水平的整体提升。严格做好内部疫情防控，落实"四早"要求，实行健康监测"日报告、零报告"制度，做到疫苗接种应接尽接，对公共物品和公共区域每日消毒4次，定时通风换气。

【法治建设】2021年，白山海关抓住领导干部这个"关键少数"，以领导干部学法用法为重点，开展党委理论中心组学法活动。重点学习习近平总书记关于全面依法治国重要论述、以《宪法》为核心的中国特色社会主义法律体系，进一步增强领导干部依法执政、依法行政和依法决策的意识和能力。加强海关工作人员普法宣传教育，组织开展"微课堂"系列活动，鼓励领导干部、业务骨干走上讲堂开展法治培训，通过业务法规解读和执法经验分享，切实提升基层关员依法把关工作能力。探索线上学习新路径，引导关警员应用"学习强国""新时代e支部""钉钉"等网络平台开展法治学习。依托白山海关新时代文明实践站、法治宣传教育基地强化法治阵地建设，组建由业务骨干组成的法治宣传小分队，深入企业开展政策法规宣传和法治互动交流，并将海关改革、党的建设、业务建设、廉政建设等内容与普法宣传相结合。充分发挥3名公职律师普法守法宣传员、立法立规智囊员的积极作用，参与起草重要文件、排解关员个人法律疑难，全面服务法治海关建设需求。

【国门生物安全】2021年，白山海关根据国门生物安全监测工作方案完成2021年度监测工作。8项监测任务共开展监测工作180余次，送检长春海关技术中心样品23份、广东分署技术中心样品2份，经鉴定发现重要昆虫2头，为临江地区首次发现。加入白山市外来入侵物种监测联防工作组，总体研判白山市外来物种入侵趋势，发挥海关动植物疫情监测与防控技术优势，协作地方多部门制定白山市外来入侵物种普查技术方案。

【监管业务】2021年，白山海关结合白山地区发展定位和外贸实际，以推动简政放权、制度创新、转型升级为着力点，强化监管优化服务。2021年共受理进出口报关单310份，同比增长219.6%；监管进出口货物93.9万吨，同比下降51.6%，货值1亿美元，同比下降4.4%；税收入库1.15亿元，同比增长23%；检验检疫2,451批次，同比增长235.8%，货值9.3亿元，同比增长292.7%；签发各类优惠和区域原产地证书949份，同比增长21.2%，签证金额4,419.5万美元，同比增长52.1%，使企业享受进口国关税优惠约221万美元。受理进出口收发货人注册23家，完成出口食品生产企业备案6家。全年共开展监管条线工作演练7次，桌面推演4次，监管业务学习31次。

与白山市生态环境局建立口岸固体废物移交处理配合机制，签订《临江口岸非法入境固体废物移交处理备忘录》。与临江市四部门签订危险化学品联合处置协议，明确应急处置程序、各部门职责分工和模拟演练计划，建立应急联络通讯录，加强安全生产联防联控，形成安全监管合力。

【服务地方发展】2021年，白山海关做细做实10项帮扶举措，助力增设临江口岸为中药材进口口岸，有效对接吉林省"一带一路"和"一主、六双"产业空间布局，全力助推白山市绿色转型、全面振兴高质量发展。主动请示长春海关，协调通化海关、长白海关完成长白朝鲜族自治县、抚松县、靖宇县75家企业属地业务交接，方便企业就近办理海关业务，有效延伸白山海关职能辐射范围。

发挥关企联络员职能作用，上门指导白山市重点制药企业办理减免税项目备案和减免税设备免表申请，提交归类专业认定，为企业减免税款501.6万元。针对进口医疗设备快速通关需求，采取"7×24小时"预约通关便捷措施，实行"人等货"目的地检验模式，专人跟进，即到即查，即查即放，大幅精减查验作业流程至3小时以内，高效验放进口医疗设备4批次，货值2,523万元。加快推进吉林德翔集团江源区祖代鸡项目落地，指派动物检疫业务骨干赴隔离检疫场实地走访，帮助企业进一步完善隔离场软、硬件建设和管理水平。通过开展政策宣讲、实地调研等形式，靶向对接企业"回家报关"需求，充分利用业务平台，实时跟踪报关单流程，第一时间协调口岸地海关和数据中心解决通关异常情事，有效提高通关效率，帮助企业节省异地报关成本。指导企业"回家报关"100余批次，货值超8,000万元。2021年白山海关共签发原产地证书949份，同比增长21.2%；签证金额4,419.5万美元，同比增长52.1%，减免进口国关税约 221 万美元。综合业务受理检验检疫申请数据 2,451 批次，同比增长 235.8%，货值 9.3 亿元，同比增长 292.7%。受理报关单申报 310 份，同比增长 219.6%；货值 1 亿美元，同比下降 4.4%；征收税款 1.2 亿元，同比增长 23%。2021 年 4 月，白山海关获评"2020 年度白山市营商环境建设工作优秀单位"。

【查缉走私】2021 年，白山海关积极开展"国门利剑 2021""蓝天 2021"等专项行动，全年共办结行政案件 3 起，案值 31.2 万元。全年无行政复议、诉讼案件。加强辖区动态管控，组织民警对辖区重点易走私地段进行实地踏查。全年开展边境踏查 4 次，走访重点村屯 7 个，检查易走私路段 12 处，行程 400 余千米。持续深化反走私综合治理，全年共与公安、驻地部队等相关部门进行座谈 6 次，参加地方"合力治边领导小组"会议 4 次，在打击走私和防控疫情等方面得到相关部门的支持配合。营造"打击走私、人人参与"的良好社会氛围。利用法治宣传日以及周日集市等时机开展反走私宣传活动。全年共开展送法进企业、进校园、进村屯活动 6 次，发放打私及禁毒宣传单 2,000 余份。

【政务管理】2021 年，白山海关全面推进政务公开和政务信息化建设，注重文件流转时效。扎实做好机要保密工作，加强对印章、印信管理。夯实基础建设，对各科室岗位职责、工作流程等进行梳理，整理岗位职责 121 项、修订完善工作制度 35 件、制定业务操作指引 163 份、梳理相关工作依据 230 件，通过整合制度，进一步提升白山海关整体工作效能。围绕中心工作和重点工作，认真提炼信息选题，挖掘工作亮点。有关宣传稿件被海关总署政工办、天津特派办采用 10 次，被《吉林日报》、吉林电视台《新闻联播》等主流媒体采用 14 次，微信推送被"春意边关""金钥匙杂志"等新媒体平台采用 37 次。

【财务管理】2021 年，白山海关完成迁址后账户新设及其他缴费系统的开设工作，完成零余额账户及其他银行账户的开设工作，白山海关医保、社保缴费系统由临江至白山的更改，白山公积金账户设立及缴费。加强资金管理，严格财经纪律，严控"三公"经费支出，封存公务用车 3 辆，集中办公压减办公场所 3 处，合并后勤保障岗位精简聘用人员 2 人，全年压缩经费支出 72 万元。

【队伍建设】2021 年，白山海关深入开展"内务规范强化月"、准军事化队列训练等活动。认真开展现场监管与外勤执法权力寻租"专项整治活动，发放专项整治电子试卷和纸质试卷，向辖区 44 家企业公布专项整治告知书，组织一线关员认真撰写专项整治心得体会，成立关组双重复审小组，严把心得体会质量关。围绕现场监管与外勤执法领域廉政风险高发点，组织各科室开展全面深入自查，累计排查风险点聚集的关键岗位 17 个，易被利用寻租的业务管理薄弱环节 10 个，制定风险防范措施64项,有效提升执法一线廉政风险防控能力。综合运用开展廉政主题读书会、观看廉政警示教育片、参观廉政教育基地、发放助廉家书、做好廉政提醒等多种形式,常态化开展理想信念和党纪国法学习教育,做到时时传递廉政"最强音",筑牢廉洁"防火墙"。

(撰稿人:王祎婧　王　琳　王璞暄
　　　　　刘　潇　张东升　陈　阁
　　　　　单炜鑫　胡源森　高伟强
　　　　　崔　伟)

长白海关

【概况】长白海关历史可追溯到1950年设立的长白支关，1996年1月隶属于长春海关，1997年11月升格为正处级海关，2018年原出入境检验检疫管理和职责队伍划入。长白海关下设6个正科级内设机构，管辖业务为长白县行政区划内口岸相关海关业务，承担监管、征税、缉私、出入境检验检疫、统计等职责。截至2021年年底，长白海关行政编制40人。

2021年，长白海关受理进出口报关单72份，同比减少81.4%。进出口贸易额2万美元，同比减少99.8%。税收入库数为195.5万元，同比增长151%。其中，关税33.33万元，同比增长75.6%，增值税162.2万元，同比增长175.4%。

【党的建设】2021年，长白海关落实"第一议题"制度，传达学习习近平总书记重要指示批示精神87次。落实意识形态工作责任制，专题研究意识形态工作3次。扎实推进党史学习教育，组织"'重走抗联路'庆祝建党100周年"等活动17次。推进"强基提质工程"，监管一科党支部获评长春海关基层党建示范品牌。成立长白海关党建工作专班，总结提炼出"忠诚、担当、乐观、奉献"地长白海关边关精神。在长春海关党史学习教育工作简报、总署政工办网站等发表稿件6次。

【新冠肺炎疫情防控】2021年，长白海关根据"一口岸一方案"原则，制订新冠肺炎疫情境外输入防控工作方案。建立陆上邻国疫情防控研判机制，定期开展陆上邻国新冠肺炎疫情监测。建立健全长白海关一线新冠肺炎防控人员职业暴露后应急处置预案。口岸入境负压环境医学排查区投入使用。口岸卫生检疫实验室完成区域改造。协调口岸管理部门新建出境卫生检疫用房6间，完成口岸旅检现场办公区封闭改造，实现办公区、作业区的物理隔离。加强培训演练，开展疫情防控相关培训16次146人次；开展应对新冠肺炎疫情应急处置演练3次35人次；3人次到长春龙嘉机场口岸一线进行跟班作业。推进新冠病毒核酸检测实验室建设，1月成为白山市全员新冠病毒核酸检测的实验室，助力长白县地方疫情防控工作。组织开展物防演练1次。

【法治建设】2021年，长白海关根据普法工作要求，科学谋划好"八五"普法计划，制定普法工作计划和责任清单，以清单检查普法成效，促进普法工作落实。开展各项普法宣传活动共6次，形成学习《宪法》《民法典》等法律法规的浓厚氛围。开展以"美好生活·民法典相伴""学习贯彻习近平法治思想，强化依法行政，推进长白海关法治建设"为主题的"关长讲坛"活动。制作"全民国家安全教育日""中国品牌日"微信宣传。开展以"深入学习宣传贯彻习近平法治思想，奋力谱写海关法治建设新篇章"为主题的法治宣传日集中普法宣传活动。参加长春海关"普法产品库"活动，制作长白海关公益普法广告作品1份。

【风险管理】2021年，长白海关开展电力出口专项整治，全面清理电力出口企业备案、申报、日常巡查工作，与国家电网、地方水电两家公司签订《关于建立出口电力监管全面合作关系的备忘录》，强化业务协作，定期核查电力出口企业基本信息及出口情况。建立电力出口企业基本信息台账、电表施封锁登记台账以及长白海关施封锁使用作业单，联合国家电网和地方水电公司，实地勘查电力出口企业电表位置及施封情况。2021年，受理电力出口报关单33份，出口17.76万千瓦时，12.39万元。

【税收征管】2021年，长白海关加强RCEP政策宣传。指定专人做好验估工作等税收征管工作，建立验估台账，提升验估工作效能。加强未结关报关单数据底账核查清理、税款担保等税收征管工作。全力做好税款征收减免、退补税、滞报金滞纳金管理、海关事务担保、取样化验、预归类预审价等工作。完成2本手册核销处理。

【检验检疫】2021年，长白海关规范开展口岸病媒生物监测工作，开展鼠类监测4次，捕获鼠类3只；开展成蚊监测12次，捕获成蚊14只；开展蜚蠊监测12次；参与总署2021年度"一带一路"重点口岸病媒生物专项监测，48人次参加，捕获鼠类100只，蚊类8只。开展2021年全国疟疾日宣传活动，通过发放宣传手册、走访外贸企业等方式，广泛向出入境人员宣传疟疾防控知识，提高人群疾病知晓率，发放相关知识宣传手册75本。开展2021年"世界艾滋病日"主题活动，组织关员向口岸区域内商店人员、免税店人员、口岸联检单位人员等宣传艾滋病防治知识并发放宣传手册150余份。2021年3月1日起，将11家出口食品生产企业、4家木制品包装企业、11家原产地签证备案企业的属地业务交由白山海关正式办理。

【监管业务】2021年，长白海关严格进出口贸易禁限管控工作，建立健全安全生产排查整改和突出问题自查自纠长效机制。制定安全生产工作方案，开展安全生产大检查，深入查找制度漏洞和风险隐患，动态更新问题隐患、制度措施"两个清单",持续完善"底数清单",坚持"问题清零"制度,全面抓好整改落实。持续做好海关监管作业场所(场地)滞留危险品货物排查和清理工作,包括妥善处置货场非监管货物。开展监管设备核查工作,建立监管查验设备管理制度,组建3个设备核查小组,以"账实是否相符、有无遗漏"为目标开展核查工作,从"使用情况、设备状态、运维管理、存放位置、是否列入固定资产"5方面,对监管查验、单兵及音视频监控、核生化毒爆监测和安全防护、卫生检疫4类设备开展排查。制定监管查验设备管理使用制度,明确监管查验设备的管理职责、使用、备案、维护、保养、报废、封存、清点检查等工作,核查各类监管设备200台,全部设备运转情况良好且账实相符。

▲2021年12月21日,长白海关关员对电力出口实施监管

【服务地方经济发展】2021年,长白海关支持长白县互市贸易区建设,成立一把手任组长的长白海关互市贸易区业务工作专班,与长白县委、县政府、开发区等部门进行工作对接,提前介入进行政策辅导,指导相关部门对场所场地规划图不断修改完善。协调长春海关口岸监管处、科技处赴长白县为政府部门和开发区解读关于互市贸易场所场地建设的相关政策要求。针对游客不能进入交易中心交易情况提出意见,协助地方政府修改交易中心经营方向,分为互市交易区和内贸交易区。

【优化营商环境】2021年,长白海关优化办事环境,协调改造长白口岸办事大厅,11月21日正式投入使用。深入推进贸易便利化措施,实现"单一窗口"业务办理100%。推进"线上审批"建设,依托"互联网+海关"等实现业务全程网上办。持续巩固压缩海关整体通关时间,出口货物整体通关时间为0.12小时,较2017年平均水平压缩96.2%。疫情期间,依托"关企云桥会"服务品牌,网络视频直播形式深入解读海关最新政策,开展政策宣讲68次,互动对话5场,及时解答企业各类业务、问题咨询。

【海关统计】2021年,长白海关累计撰写统计分析34篇,被长春海关相关刊物采用21篇,其中参与撰写的《一季度我国钢材出口量显著增加3月份出口量创近48个月新高》被总署采用。参与撰写的《10月份我国粮食进口量环比减少近三成进口价格连续8个月同比上涨》被总署采用。同时,被吉林省政府办公厅采用1篇,省委办公厅采用2篇。参与署级关级课题研究工作,参与1个署级项目。

【查缉走私】2021年,长白海关积极

参加地方政府合力治边"平安""长安"系列行动，与驻长军警部门联合开展边境踏查2次、开展合力治边缉私主题大型群众宣教活动2次；加强执法基础建设，定期开展法制培训和执法回头看活动，不断提高执法规范化水平；主动与检察部门沟通协调，通过检察机关提前介入的方式，推动未诉案件办理；加大反走私宣传力度，通过向边民发送守法公益短信、在边境一线悬挂宣传条幅、开展反走私宣教活动，不断提高边民对反走私工作的关注度和认同度。2021年共开展反走私宣传4次、发放宣传单2万余份、在边境沿线悬挂宣传条幅15幅、发送公益短信3.2万余条。立案侦办刑事案件1起，立案查办行政违法案件1起。

【政务管理】2021年，长白海关完成2020年长白海关政务公开、2020年预决算信息主动公开工作、首次受理政府信息依申请公开1件、行政处罚决定主动公开1件。改进文风会风，减少关发文等正式发文数量。加强督办落实，共开展督办12次，督办重点工作事项24项。在《吉林日报》、吉林电视台《新闻联播》等省级媒体发稿3篇。梳理岗位职责，修订完善制度机制，印发与长春海关党委派驻纪检组业务运行监控联系配合办法等10项制度，健全保密委员会、网络安全和信息化领导小组。开展"现场监管与外勤执法权力寻租"专项整治，梳理履职依据109项，优化岗位流程图和风险防控手册。强化预算执行，落实"过紧日子"要求，建立"过紧日子"评估机制，采取3个阶段16项措施压缩公用支出82.9万元。做好国管局和财政部资产决算及固定资产报表。与地方政府沟通争取资金支持，不断改善关员的工作环境。

【科技发展】2021年，长白海关实时了解网络系统运行情况，及时排查设备运行中存在的隐患，检查内网电脑连接到控制中心的情况，全年连线率为100%。配合科技处开展4次紧急情况排查，处置高危漏洞2批次，下线办公计算机1台，2021年未发生重大网络安全事故，无计算机中毒现象。建立证书存储介质台账，为调离长白海关及业务岗位人员注销闲置设备，实现证书存储介质台账账物相符。建立互联网设备台账，规范互联网设备使用安全管理。通过网络安全信息会议等不同层面学习传达相关知识，引导全体职工深刻认识网络安全工作的重要性，持续完善网络安全应急制度，规范网络工作行为。开展科技宣传周、网络安全宣传周系列活动，组织网络安全法等专题学习。完成长白口岸3套辐射探测设备和1套门式喷淋消毒设备的减速装置和限速标牌的安装工作。推进新冠病毒核酸检测实验室、综合实验室建设。完成植物油中过氧化值检测等3个领域4项能力验证，开展内部质量控制7次、内部培训13次。

【队伍建设】2021年，长白海关深化准军事化纪律部队建设，开展"内务规范强化月"、准军事化队列训练和重要节日升国旗等活动。落实总署支持保障艰苦地区边关"22条"和长春海关"10条"措施。健全管理制度注重人文关怀,开展经常性谈心谈话、思想动态调研等活动,保持干部队伍思想稳定;加强基础设施建设,建立多个文体活动场地,配备理发室、医疗室等场所,满足干部职工文体活动和生活需求。抓好干部职工思想道德建设。贯彻落实《新时代公民道德建设实施纲要》,组织观看《毛泽东》(第11集:领袖家风)、《以案为鉴》等各题材教育影片5部。开展移风易俗行动,下发"清新清明、文明祭祀"倡议书1次,组织"安全你我他、文明靠大家"主题活动1次。

成立"长白海关学雷锋志愿者服务队",定期开展"清理小广告"等志愿服务活动10余次。参与长白县创建全国文明城市活动,完成全国文明单位网上审核工作。开设"长白讲堂",采取"集中学+自主学+研讨学"模式强化岗位练兵,截至2021年年底,具备签证兽医官、加工食品签证官等11类资质59人次,1名关员入选总署商检领域"万人争先"线上练兵百强名单。

(撰稿人:王利慧　辛丽华　张　吉
　　　　季　委　庞玉贵　姜　雪
　　　　郭　蕊)

松原海关

【概况】松原海关于2020年10月12日正式对外办理业务，机构规格为正处级，下设5个正科级内设机构，业务辖区范围为松原市全境，承担监管、征税、出入境检验检疫、统计等职责。截至2021年年底，松原海关行政编制18名。

2021年，松原海关贯彻落实习近平总书记重要指示批示精神和党中央国务院重大决策部署，围绕落实总署及长春关区工作会议确定的重点目标任务开展工作，统筹推进常态化疫情防控、促外贸稳增长、保障国门安全、防范化解安全风险等工作。全年进出口贸易总值9.57亿元，其中出口9.55亿元，进口165万元，出口业务主要品种为玉米深加工产品、花生、杂粮杂豆和冷冻辣椒等，进口业务主要品种为进口机电产品、种猪、种鸡等。开展2019—2021年度吉林省精神文明单位创建，收集整理报送创建材料，获评2019—2021年度吉林省精神文明单位。

【党的建设】2021年，松原海关坚持学习贯彻习近平新时代中国特色社会主义思想和党的十九大精神，学习贯彻党的十九届五中、六中全会精神，领导班子和领导干部以上率下，带动全员深入学习，理论素养和政治能力有效提升。开展政治机关意识教育，落实意识形态工作责任制，推动政治建关向纵深发展。落实学习贯彻习近平总书记重要指示批示精神"第一议题"制度，通过党委会、理论中心组（扩大）学习、形势分析及工作督查例会，传达学习习近平总书记重要讲话和重要指示批示精神63件（次），制定落实措施，融入日常工作。

引导加强党员干部学习培训，制订年度理论学习计划，结合主题党日活动，采取集中学习和个人自学、线上学习和线下学习相结合的形式，解决党建工作难推进的瓶颈问题。落实"三会一课"制度，按照时间、议题要求，召开支委会和党员大会，党委书记和支部书记在"七一"、警示教育月等时间节点带头讲党课。落实党支部"强基提质工程"，建设"四强"支部，完善党内制度，保证工作有序推进。制订2021年度发展党员计划，严格发展程序，按计划发展党员1人，培养党员发展对象1人。按照松原海关党组织及党员发展情况做好原党支部撤销以及新支部成立工作，按照程序组织成立核查企管办公联合党支部、查检综合业务联合党支部2个新支部。

开展党史学习教育，在全关范围内学习习近平总书记在党史学习动员教育大会上的重要讲话精神、倪岳峰署长在全国海关党史学习教育动员会上的讲话精神。制订党史学习教育工作方案，成立党史学习教育领导小组，以一把手任组长，拧紧压实责任、逐级传导压力。学习宣传贯彻习近平总书记"七一"重要讲话精神，通过观看直播、组织理论中心组学习、开展交流研讨、提交学习心得方式加深对重要讲话精神学习理解。开展党史学习教育专题组织生活会，会前组织专题学习、深入查摆问题、开展谈心谈话，在长春海关党史学习教育巡回指导组监督指导下召开专题组织生活会。开展"我为群众办实事"，完成"秸秆变肉"工程重点企业松原奥金斯公司进境种牛隔离场备案及建设工作座谈并解答相关政策；帮助中粮家佳康（吉林）有限公司顺利完成进境丹麦种猪监管；全面推广原产地证书智能审核等12件实事。

开展廉政教育警示月活动，组织学习《中国共产党廉洁自律准则》《中国共产党纪律处分条例》等党规党纪；参观松原市廉政教育基地，观看警示教育片；组织廉政主题党日活动，2名执法一线科室负责人分别进行廉政体会交流发言，核查企管办公联合党支部支部书记讲廉政专题党课。开展"现场监管与外勤执法权力寻租"专项整治工作。从专题学习研究、严肃教育警示、强化公示公开三方面入手完成前期准备。通过收集问题线索、开展个人申报、进行业务自查、撰写个人心得体会四方面发力排查问题风险。印发"现场监管与外勤执法权力寻租"专项整治整改方案，分析问题原因，研究整改方式，开展整改行动。对账销号解决长春海关自查和总署实地检查发现的问题，实现集中整改阶段问题清零。强化与派驻纪检组联系配合，共同开展整治"四风"、反对特权思想和特权行为、整治酒驾醉驾、建设"清廉家风"、落实"过紧日子"要求建设节约型机关等活动，打通全面从严治党"最后一公里"。

【新冠肺炎疫情防控】2021年，松原海关落实"四方责任"，开展疫情防控，与松原市卫健委、工信局建立联席会议机制，参与松原市疫情防控指挥部物防组应急值班。充实防疫物资，应对新冠肺炎疫情防疫需要，协调松原市疫情防控领导小组，领取防疫物资，建立防疫物资储备库。加强人员管控，按照长春海关机关疫情防控措施开展动态人员出行管控，执行"非必要不出行""非紧急不出差"纪律，落实出差出行审批制度。强化个人防护，落实进口货物查验个人防护要求，进行顶格防护，在查验现场设立安全防护监督员。开展应急演练，制订新冠疫肺炎情防控演练方案，组织关员学习疫情防控理论知识，开展防护装备穿脱实操训练。

【检验检疫】2021 年，松原海关在长春海关的协调指导和其他隶属海关的支援配合下，结合实际制定检疫工作指南和应急处置预案，细化岗位职责和工作流程，开展实操培训和演练，做好环境监测、场地消毒、人员健康体检、沿途押运、抽血采样、隔离检疫等工作，保障 1,500 头进境丹麦种猪顺利完成隔离检疫并及时投产，助力吉林省生猪养殖业恢复生产能力。隔离检疫期间，2 名兽医背景关员实施 24 小时驻场监管，连续封闭 45 天，督促企业加强隔离场使用管理，落实生物安全防护措施。

【企业管理和核查】2021 年，松原海关完成辖区 4 家进口粮食加工企业现场考核并办理备案手续，与绿园海关共同完成辖区 1 家种植场备案现场考核；整理企业档案，完成辖区 308 家企业电子档案信息的核对。成立"信用管理制度改革专班"开展 AEO 认证宣传工作，截至 2021 年年底，辖区有高级认证企业 1 家。开展企业定期监管类核查作业 20 起，核查作业情况按时限要求反馈职能部门，未发现需立案或追补税情事，通过企业备案信息核查，注销 3 家企业资质，将 10 家失联企业信息反馈职能部门。

【服务外贸】2021 年，松原海关贯彻落实总署、长春海关关于精简进出口环节监管证件和全国通关一体化改革各项要求，深化"放管服"改革，优化营商环境，鼓励并引导企业采用"互联网+海关"、"单一窗口"等"少接触""无接触"方式办理海关业务，落实业务办理无纸化要求，为辖区批次多、证书量大的进出口企业提供便捷出证及证书邮递服务。

做好企业 RCEP 宣传培训，通过关企微信群发送 RCEP 培训资料、在线答疑解惑等方式对辖区企业进行宣传。对与 RCEP 各成员有贸易往来企业进行重点宣传，使企业充分掌握原产地规则并熟练运用。推广出口货物原产地证书智能审核，对于转人工审核的原产地证书申请，采取"即报即批"的模式，降低企业签证时间成本。

【安全生产】2021 年，松原海关学习宣传贯彻习近平总书记关于安全生产重要论述，健全落实安全生产责任制，成立松原海关安全生产工作领导小组，印发安全生产工作工作要点，将安全生产责任落实情况纳入 2021 年度松原海关重点任务分工

▲2021 年 12 月 3 日，松原海关关员核查辖区企业出境饲料生产加工情况

方案。开展"安全生产月"专项活动，组织观看《生命重于泰山——习近平总书记关于安全生产重要论述》电视专题片，悬挂安全标语，广泛参与直播答题、安全知识竞赛，邀请松原市政府机关事务管理局对楼体进行全面检查，排查办公场所安全隐患。开展学习宣传和贯彻落实《安全生产法》活动，邀请有资质的培训机构，对全体干部职工进行消防培训并组织消防演练。加强安全相关制度建设，制订突发事件应急预案和地震应急预案，实施制度化、清单化管理。

【政务管理】2021年，松原海关强化基础建设和综合保障，不断完善党委会、关长办公会、形式分析及工作督查例会等会议制度、形式、流程。开展保密安全教育，在长春海关办公室指导下强化保密管理，提升保密工作能力。强化网络及数据安全，成立网络安全及信息化领导小组和领导下组办公室，印发网络安全时间应急预案，严控内外网数据交互及数据导入导出，规范移动存储介质管理，顺利通过庆祝中国共产党成立100周年网络安全保障督导评估。政务信息、值班应急、档案管理、政务公开等工作有序开展。坚持问题导向、目标导向、结果导向，开展制度机制体系建设。

【巡察审计整改】2021年，松原海关对照海关总署党委巡视和长春海关党委巡察2个清单，履行整改责任，持续推动整改工作。迎接长春海关经济责任审计及2021年度常规政治巡察，认真准备，全方位检视，持续整改提高。针对反馈问题和不足，党委班子开展专题研究，分析问题原因、明确责任人、确定整改目标、制定整改措施及工作方案，听取整改情况，针对性制修订制度机制。截至2021年年底，审计发现的问题已全部完成整改，政治巡察发现的问题已完成整改方案的制订。

【队伍建设】2021年，松原海关进一步加强执法一线科长队伍建设，组织4人参加2021年海关执法一线科长（基层党支部书记）网上专题培训班。对优秀年轻干部全方位培养、多岗位历练。利用"钉钉"平台、视频培训等载体灵活开展干部培训考核，全员完成学时学分任务。开展内务规范强化月活动，建立"日督察"制度，设立"内务规范监督员"，开展14次内务规范检查，通报问题60余项。强化关心关爱，疫情隔离期间注重关员心理健康，通过谈心谈话、微信发布、专家讲座等方式对关员进行心理疏导。

（撰稿人：王　楠）

白城海关

【概况】 白城海关由原白城出入境检验检疫局于2018年4月转隶成立，2020年11月18日正式对外办理业务，机构规格为正处级，下设5个正科级内设机构，另驻有长春海关检验检疫技术中心第三实验室（白城）。白城海关业务辖区范围为白城市全境，承担监管、征税、出入境检验检疫、统计等职责。截至2021年年底，白城海关行政编制17人。

2021年，白城海关受理进出口报关单2,318份，监管进出境货物总值20.13亿元，签发各类检验检疫证书3,691份。2021年，白城海关党委坚持以习近平新时代中国特色社会主义思想为指导，深入学习贯彻党的十九大和十九届历次全会精神，坚决落实总署、长春海关党委工作部署，扎实推进"五关"建设，深入开展党史学习教育、"我为群众办实事"实践活动和庆祝中国共产党成立100周年系列活动，统筹做好常态化新冠肺炎疫情防控和促外贸稳增长工作，各项工作任务有序有效开展。

【党的建设】 2021年，白城海关坚持"第一议题"制度，结合党史学习教育，通过党委会、理论学习中心组学习、形势分析及工作督查例会第一时间传达学习习近平总书记最新讲话和重要指示批示精神，贯彻落实总署、长春海关重要工作部署，定期督查通报，形成工作闭环。全年通过召开党委会、理论学习中心组学习会议和形势分析及工作督查例会，研究学习习近平总书记重要讲话和指示批示62件（次），引导党员干部树牢"四个意识"、坚定"四个自信"、做到"两个维护"。加强对基层党建工作的领导，持续深化"强基提质工程"，强化基础思维，抓好支部品牌创建、"四强"支部建设，严格落实"三会一课"、组织生活会、民主评议党员等组织生活制度，实行清单化、台账式管理，夯实党建工作根基。坚持问题导向，督促和指导基层党支部每季度进行"体检"，全年发现并立行立改23项问题，不断提高党建标准化规范化水平。

加强对《中国共产党党章》《关于新形势下党内政治生活的若干准则》《中国共产党党内监督条例》等党内法规理解和

执行，贯彻落实党的十九大和十九届历次全会精神，巩固深化"不忘初心、牢记使命"主题教育成果，推进反"围猎"工作长效机制建设；通过工作例会等形式对任务落实情况进行督促检查，推动47项重点任务落实落细。制定重点任务分工和主体责任清单，定期召开全面从严治党工作会议，按期向长春海关党委报告全面从严治党和意识形态工作情况。2021年，全关无一人因违纪违规问题受到党纪政纪处分。扎实开展"现场监管与外勤执法权力寻租"专项整治工作，通过多种途径排查执法工作环节存在的风险隐患问题及重点关注岗位，制定并落实纠治措施，确保整改到位、"问题清零"。常态化抓好纪法教育和廉政教育，在中心组学习议题中固定设置纪法学习和警示教育环节，及时学习党内和海关系统法纪法规，以及违纪违法案例通报；观看《党史中的清廉故事》专题片，回顾先烈廉政事迹和反腐败斗争历程，增强党员干部对"清廉之路"和"红色血脉"的认知，树牢风险意识和底线思维。

【庆祝建党百年】2021年，白城海关将学党史、悟思想融入日常，强化支部政治功能，充分发挥引导党员作用，以支部为单位开展"党史每周一课"、诵读党史故事、赏析红色影片、分享心得体会、开展志愿服务、祭扫烈士陵园、弘扬抗疫精神、传承五四精神、庆祝建党百年等特色主题活动。举办各类读书会和宣讲会，通过形式多样的"感悟式""体验式"教学，引导党员干部学史明理、学史增信、学史崇德、学史力行；紧密结合党史学习教育与海关事业发展，深入到关区进出口企业调研35人次，充分掌握一线执法关员廉政线索、企业需求意见。围绕帮扶外贸产业发展，着眼优化营商环境、企业信用管理、政务公开等企业关切，主动对接地方政数局、市场监管局、农业农村局等部门，深入研讨交流，就扶持关区重点企业和特殊产业发展提出解决对策；注重将党史学习教育成果转化成为民服务效果，扎实开展"我为群众办实事"实践活动。始终坚持问题导向，针对前期征集、排查出的问题和意见，研究解决措施，第一时间回应企业和群众关切，帮扶企业解决"急难愁盼"的者点痛点。通过谈心谈话、座谈交流等方式，听取干部职工的需求心声，认真解决问题，切实为企业和群众办实事、解难题。实践活动期间，为辖区企

▲2021年9月22日，白城海关第一联合党支部到包保小区开展"清洁城市 美丽家园"志愿服务活动

业、脱贫村、包保社区和关员等群体解决各类问题12件次。

【新冠肺炎疫情防控】2021年，白城海关严格落实"四方责任"，根据长春海关要求和属地疫情防控形势，坚持"精准、动态、从严"调整完善机关内部防控措施。做好"日报告、零报告"及疫情内部防控各项台账管理，不断优化完善人员信息，并保持动态更新。充分发挥流调溯源工作专班作用，对有染疫风险人员及时开展评估。严格落实进口货物查验个人防护要求，从严顶格防护。完善应急预案，适时组织应急演练，提升应急处置能力。定期开展疫情内部防控自查自纠，举一反三，及时发现薄弱环节，确保疫情内部防控各项措施落实落细。提高政治站位，有序推进疫苗接种工作，持续做好宣传动员，压紧压实责任。

【法治建设】2021年，白城海关积极开展国家基本法律、海关法律规范体系以及与海关工作密切相关的应知应会法律法规学习教育。重点围绕稳外贸稳外资、维护国家安全、口岸疫情防控、优化口岸营商环境等工作开展政策法规宣传。持续加强知识产权海关保护工作，按照总署及长春海关的统一部署，开展代号"龙腾行动2021"的知识产权保护专项行动。深入社区和企业开展"8·8海关法治宣传日""民法典宣传月""宪法宣传周"等主题普法宣传活动，加强互联互动，宣传相关法律知识，提高群众和企业干部职工的法治意识。参加吉林省对各市州营商环境考核评价工作，与白城市商务局联合完成白城市营商环境跨境贸易指标考核首次网上填报工作。

【税收征管】2021年，白城海关完成辖区首票进口报关单通关放行、首笔税款入库以及首笔加工贸易风险担保金征收和退还工作。2021年，合计税款入库123.5万元。其中，关税10.04万元，增值税113.46万元。签发原产地证书505份。开展RCEP政策宣传，通过微信群发布信息、重点企业一对一指导等方式向辖区企业宣传RCEP的主要内容、重要意义、对企业进出口贸易的重大影响，并指导企业掌握原产地规则和制度，用足用好原产地优惠政策。每月汇总分析当月税收征管情况，并形成税收分析报告。实施报关单通关流程日监控，明确并细化报关单全流程、各环节异常情况应急处理措施，与长春海关职能部门、兴隆海关积极联系，确保遇到报关单异常问题第一时间处置。逐一与企业报关员对接，与其明确通关时效要求，引导企业根据实际情况，采用"提前申报"模式进行报关，压缩整体通关时间，提高通关效率。指导进口企业完成网上签订三方协议、税款电子支付、自主打印电子税单等工作，解决税单版式打印、许可证核销等堵点问题。积极参加总署关税司举办的2021年海关估价业务、RCEP、税收征管等网络培训班，为白城海关税收征管、审价验估、原产地等工作打下坚实基础。

【海关统计】2021年，白城海关充分发挥"数据+研究"优势，聚焦对外经贸关系最新变化，结合关区贸易特点，积极对进出口贸易进行分析研判，共撰写监测预警信息34篇。2篇被吉林省政府采用，1篇被吉林省政府上报国办，1篇被总署采用。配合统计处编写"十三五"期间国有企业对外贸易监测报告。2021年，白城市对外贸易进出口总值为19.51亿元，同比增长26.09%。对欧盟、东盟、日本等主要贸易伙伴进出口均实现较快增长。出口商品以玉米深加工产品、绿豆、冻辣椒等产品为主。传统出口商品绿豆量值双降，赖氨酸盐酸盐、赖氨酸硫酸盐等玉米深加工产品出口量和货值均大幅增长，新增谷氨酸钠、泡菜两个出口商品品种；合金钢坯、绿豆和牛骨粒为主要进口商品，传统进口商品合金钢坯和牛骨粒均呈下降态势，绿豆进口增长。

【企业管理和核查】2021年，白城海关信用管理新政学习和宣贯工作有序推进。多措并举加强海关注册登记和备案企业信用管理办法和新版海关高级认证企业标准的学习和宣传工作，通过线上线下多渠道宣传，让企业及时了解、正确理解、切实感受信用管理制度改革为企业带来的制度红利。加大对吉林梅花氨基酸有限公司高级认证企业培育力度，对该公司各条线参与认证人员进行业务培训，对认证标准进行逐一讲解，并现场答疑解惑。组织企业学习新版海关高级认证企业标准，并按照要求对认证材料进行补充完善，建立企业认证档案。对辖区内232家企业信息进行梳理，完成218家企业信息的迁入工作。开展跨境电商进口走私"断链刨根"专项整治，对辖区已备案的2家跨境电商企业进行梳理，通过验核电商平台网站ICP与EDI证书，验核平台网址，发现均长期未开展业务。

按照核查工作要求，认真学习海关核查使用手册、总署平台核查业务知识专题系列讲座。先后与职能部门、兴隆海关等10余家核查业务相关单位部门负责人会面或电话沟通，派员赴兴隆海关跟班作业，学习借鉴核查工作实务。贯彻落实"放管服"改革要求，制作核查业务办理流程图和核查科科室业务风险点及风险防控措施，加强对执法权力、执法行为的约束。全年办理核查作业16件，办结率100%，无超期作业。创新建立常规作业与关内相关科室统筹有序开展，特殊作业邀请长春海关或隶属海关业务专家共同完成的"常规+特殊"协作模式。结合企业信用等级和风险评估情况，全面筛查前期数据，应用网上核查、微信、电子邮件等方式开展外勤作业，实现"让数据多跑路，让企业少跑腿"目标。

【监管与服务】2021年，白城海关聚焦辖区进出口重点商品，优化监管模式，强化政策引导，科学梳理监管流程，实施一次申报、一次布控、一次查验，坚持用好出口农食产品绿色通道，对系统布控查验的货物，白城海关践行承诺，安排专人提供"7×24小时"预约通关服务，第一时间下厂查验检疫，实现"即报即检、即检即放"，确保企业"零等待"。按照出口食用农产品和饲料安全风险监控计划，对饲料类、粮食类等产品开展风险监控，在规定时限内完成样品的抽采样、送样工作。对进口黄大豆进行检疫监管，确保对进境粮食安全进行实时监控、闭环管理。实验室积极参加内外部质量控制活动，顺利通过中国检验检疫科学研究院测试评价中心组织的金黄色葡萄球菌能力验证。

帮助绿豆、辣椒等具有地域优势的产品企业做大做强，培育鹤乡特色出口农产品品牌。扶持通榆县天意农产品经贸有限公司发展，针对该公司新增泡菜和酸菜出口业务，深入企业开展调研，宣讲海关政策，提供进口国技术标准查询服务，应对国外技术性贸易壁垒，支持特色农产品出口。支持吉林梅花氨基酸有限公司二期项目味精出口和三期、四期项目建设，提供全领域政策宣传和业务指导，实现企业办理业务"最多跑一次"。解决出口产品品质项目检测周期长、通关慢等问题，通过开展风险评估和监控，减少送检频次，检测周期由过去的平均5~7天缩短至1~2天。疫情期间，积极向企业推广原产地证书信用签证、自助打印政策，实现"无接触"签发原产地证书。帮助进口粮食企业白城市隆盛实业有限公司解决进口黄大豆滞港问题，主动联系入境口岸海关，建立协作机制，落实总署"先放后检""快速合格评定"等举措，在保证安全监管的前提下，帮助企业办理提前提离，调运至属地由属地海关监管，待口岸实验室检测结果合格后准许生产使用，为企业节省滞箱费10余万元。

【财务及后勤保障】2021年，白城海关全面贯彻落实"过紧日子"思想，落实"艰苦奋斗、厉行节约"要求，统筹规划资金使用，尽量节约资金，定期进行"过紧日子"评估。建立健全厉行节约长效机制，根据厉行节约要求及时调整食堂菜品品种和数量。不断完善各项制度，政府采购、基建管理等更加规范。加强财务监督作用，防范非执法领域风险。完善抗疫物资经费和物资保障，根据疫情形势变化及抗疫物资实际消耗，科学设定应急储备物资警戒线，筑牢物资储备安全底线。

【巡察审计整改】2021年，白城海关加大内部审计监督力度，充分认识巡察、审计等工作对推动机关党的建设、事业发展的重要意义，迎接长春海关开展的经济责任审计和第三轮政治巡察，结合专项整治、民主生活会以及派驻纪检组日常监督等整改内容一体推动、落实责任，扎实做好后期整改工作，切实建立起防范和化解执法腐败风险长效机制，提高迎审工作质量。巩固内控机制建设成效与平台应用，落实内控主体责任。加大问题整改力度，推进整改台账化管理，健全完善整改督办、成果应用机制,对长春海关巡察发现的问题、审计发现的问题"一盯到底",确保整改到位。

【队伍建设】2021年,白城海关人才队伍持续优化。坚持严管和厚爱相结合,用好"第一种形态",经常性开展谈心谈话,及时掌握干部职工的思想动态,加强心理疏导。积极参与长春海关与基层科长双向交流工作,长春海关1名科长在白城海关核查科交流锻炼。加强公务员分类管理,充分发挥制度激励效应,积极稳妥推进职务与职级并行制度各项工作有序开展。青年关员逐渐成为支持事业发展的中坚力量;科级领导平均年龄36周岁,科级以上领导平均年龄40周岁,干部队伍年轻化,整体素质与工作效能进一步提升。

(撰稿人:乔新国)

延吉海关

【概况】延吉海关于1996年12月26日正式对外办理业务，机构规格为正处级，2018年4月，原延边出入境检验检疫局管理职责和队伍划入延吉海关。延吉海关下设1个副处级派驻机构、21个正科级内设机构、2个事业单位，管辖业务为延边朝鲜族自治州行政区划内的属地和口岸相关海关业务（珲春市、安图县行政区划内的属地和口岸相关海关业务除外；图们市、龙井市行政区划内的口岸相关海关业务除外）。辖区有2个对朝陆路口岸（南坪口岸、古城里口岸）、1个航空口岸（延吉航空口岸）、1个海关保税监管场所（延吉国际空港经济开发区保税物流中心B型）、1个国际邮件交换局（延吉国际邮件交换局）、1个快件监管中心（延吉空港国际快件监管中心），业务呈现"点多、线长"的特点。截至2021年年底，延吉海关行政编制133人、事业编制25人。

2021年，延吉海关深入贯彻党的十九大和十九届历次全会精神，提高政治站位、强化政治担当，落实中央重大决策部署和总署、长春海关各项工作要求，全面践行"政治建关、改革强关、依法把关、科技兴关、从严治关"，取得明显成效。持续打好新冠肺炎疫情防控阻击战，做到"外防输入，内防反弹"，共检疫监管进出境航空器124架次，进出境人员1.42万人次。延吉海关口岸卫生检疫常规实验室担负延边州所有口岸入境人员新冠病毒核酸样本检测任务，共检测2.5万份。始终保持打私高压态势，严厉打击"洋垃圾"、象牙等濒危物种及其制品、涉枪涉毒走私，共立案办理行政案件10起，案值5,480.56万元。保税仓储业务从无到有，快速发展，进出口货物2,213.6吨、货值1.3亿元。坚持深化改革，创新服务理念，"两步申报""两段准入""两轮驱动"等新业务业态在延吉海关落地生根，全力促进外贸高质量发展，促进延边州进出口总值达152.2亿元，同比增长25.20%。

【党的建设】2021年，延吉海关加强政治机关建设，不断增强"四个意识"、坚定"四个自信"、做到"两个维护"，推进全面从严治党工作不断向纵深发展。以党史学习教育为主线，深入学习贯彻党的十九届六中全会精神，坚持以政治建设统领各项工作发展。理论中心组发挥"头雁效应"，党委委员带领全体副科级以上党员干部每日集中学习1小时，交流学习体会，开展38期，参会人员457人次，研讨交流66人次。为全体党员集体过政治生日，颁发"政治生日贺卡"。开展"畅享阅读 传诵红色经典"读书日活动。各党支部通过"三会一课"开展党史学习研讨210余次、活动50余次。与延边州边境管理支队开展共建活动。赴延边革命烈士陵园、陈翰章烈士陵园、"东满特委"及小汪清抗日游击根据地等爱国主义教学基地实地学习。邀请延边州委党校教授、金春燮时代楷模报告团开展专题辅导4期。强化"强基提质工程"建设，延吉海关古城里现场党支部、延吉海关驻机场办事处综合监管科党支部、延吉海关监管一科党支部、延吉海关邮局监管一科党支部被长春海关评为"四强"支部。延吉海关古城里现场党支部、延吉海关驻机场办事处综合监管科党支部、延吉海关邮局监管一科党支部被评为"四强"支部示范点，20个党支部通过合格支部验收。

【新冠肺炎疫情防控】2021年，延吉海关扎实做好新冠肺炎疫情防控工作。严格按照新冠肺炎口岸防控技术方案及总署、长春海关有关规定，切实落实"三查三排一转运""7个100%"等要求。2021年，共检疫监管进出境航空器124架次（包括货运包机24架次），进出境人员1.42万次，采样送检4,861人次。完善新冠肺炎疫情口岸防控软硬件建设。严格落实国家疫情防控第十九督导检查组在延吉航空口岸督导检查工作要求，对通关流程、卫生检疫流程和消杀处理区域设置等全面梳理完善。参与延吉机场新建进境航站楼规划，包含海关作业区域2,100平方米，分为旅客待检区、健康申报验核区、采样区、有症状旅客处置区、行李物品查验区、海关脱卸区、更衣区7个区域，以及1条专用工作人员通道，符合红黄绿区设置要求；筹建采样人员与护士完全物理隔离的采样室，建成后将实现远程电子流调、无接触采样等功能。完成南坪、古城里口岸旅客通关现场的医学排查室、洗消室等建设，为陆路口岸恢复通关做好准备。严格做好口岸个人安全防护。在延吉航空口岸和邮局现场健全完善"双人作业、互相监督"等安全防护监督制度和"岗前检查—岗中提醒—岗后通报—再次印证"的良性互动链条。开展远程视频防护监督，规范各环节作业，最大限度降低一线人员感染风险。严格实施口岸一线工作人员"14+7+7"封闭管理措施，确保"五件套"要求落实，做到各环节周密有序、衔接顺畅、不出纰漏。强化人文关怀，定期为封闭管理人员开展心理疏导，安排专人负责接送孩子放学、照顾老人及处理紧急突发情况，解决封闭管理人员后顾之忧。延吉海关口岸卫生检疫常规实验室做好入境人员新冠病毒核酸检测，共完成口岸入境人员新冠病毒核酸样本检测2.5万份。此外，延吉国际旅行卫生保健中心2021年完成出入境体检1,603人次，赴韩肺结核检查2.15万人次。持之以恒做好疫情机关内部防控工作。落实"四方责任"，健全完善疫情内部防控动态调整机制，推动各项防疫措施落实落细。严格执行健康监测"日报告、零报告""日收集、周报告"制度，严格审批因公因私出差出行，加强机关办公区域管理，每日排查延吉海关干部职工健康情况，坚决守住机关安全底线。

【法治建设】2021年，延吉海关深化法治建设，全力推进依法治关。坚持党委对法治建设的统一领导和统筹推进。制发延吉海关法治建设工作计划，关长履行推进法治建设第一责任人职责。印发延吉海关贯彻落实"三重一大"决策制度实施办法，明确关党委工作依法依规决策。健全领导干部学法用法机制，完成关区首次行政执法年报统计。组织开展涉检行政审批事项自查评估，规范行政审批管理。加强和规范执法证管理，现有持证人员129人。对业务领域制度、文件、规程等进行大梳理大排查，确保各项制度落实。加强疫情防控法治保障，及时修订完善疫情防控工作指引、应急预案7份。印发2021年法治宣传教育工作要点，制定普法责任清单。学习宣贯《宪法》《民法典》及新颁布的法律法规，开展"美好生活·民法典相伴"、国门生物安全普法宣传和"4·15""8·8""12·4"等一系列普法宣传活动。

【风险管理】2021年，延吉海关加强安全准入风险防控，精准打击"洋垃圾"走私进境和象牙等濒危物种及其制品走私，有针对性地提高对毒品、枪支弹药、爆炸物品、有毒生化物等的查控力度，上报风险参数13条，查发情事18条。多渠道推动风险信息收集、报送、转化和预警提示，充分发挥一线信息联络员作用，与7个业务现场建立联络员机制，提升一线风险信息预警参与度和覆盖面。加大对"新一代查验管理系统"的监控力度，对查验记录录入不规范报关单以联系单的形式进行核查处置，确保处置过程留痕、处置力度有效。按月制发延吉海关监管业务监控报告，从系统应用、音视频监控等6个方面对业务运行情况进行全面通报，共对69票异常数据进行联系处置。落实二级监控指挥中心值班点名、现场连线等要求，通过音视频执法记录仪、布控球等设备实现二三级监控指挥中心与业务现场的实时监控与联动。

【税收征管】2021年，延吉海关深化综合治税，引导企业合规自律申报，规范非贸税收征管。税收入库556.58万元，同比增长38.79%。其中关税273.58万元，同比增长40.93%；进口环节税283万元，同比增长36.79%。加强属地纳税人管理，完善"属地纳税企业底账"，提升纳税遵从度。帮扶企业破解国外贸易壁垒，按时保质完成16家企业技术性贸易措施问卷调查工作。强化现场验估职能，严把涉税要素后续审核关，结合总署验估指引，对相关涉税商品开展数据核查，查发配额证适用错误1票，归类错误4票。

【卫生检疫】 2021年，延吉海关认真履行岗位职责，扎实做好口岸卫生检疫工作。依法办理国境口岸卫生许可，对申请《国境口岸卫生许可证》的8家企业进行现场考核，及时办理证件。2021年，延吉海关辖区有口岸卫生检疫行政许可单位21家，包括食品生产企业1家、餐饮服务企业7家、食品流通和食品销售企业7家、饮用水供应单位1家，公共场所经营单位5家。制订2021年延吉海关口岸卫生监督抽检工作方案、2021年延吉海关口岸卫生监督抽检工作计划，明确工作范围、检查对象、抽检种类、监督内容和监督频次，围绕经营者法律责任、食品安全风险、质量管理体系等，加强口岸日常卫生监督。开展日常监督检查和节假日重点监管68次。制订2021年延吉海关输入性病媒生物监测方案、2021年延吉海关国境口岸区域病媒生物监测方案，开展鼠类监测15次，捕获47只；蚊类监测35次，捕获35只；蜱螨监测28次。完成"一带一路"重点口岸病媒生物专项监测，在南坪、古城里口岸及周边区域，捕获鼠类100只，捕获鼠体寄生虫246只。

【动植物检疫】 2021年，延吉海关检疫监管出入境货物2,720批次，主要包括加工水产品、木制品、农产品等，严格按照国家标准或行业标准抽样及时送检，样品经长春海关、延吉海关综合技术服务中心检验检疫，检测结果均符合要求。完成出境植物产品注册登记、出口食品原料种植场备案工作。受理、现场考核竹木草制品、果园、种苗花卉企业7家，其中，6家企业通过考核取得注册登记。制定延吉海关进出境食用农产品和饲料安全风险监控实施工作方案，对进出口粮食和饲料及饲料添加剂1大类共1种产品开展安全风险监控。持续加强非洲猪瘟、高致病性禽流感防控，做好"多病共防"，截获非法入境猪肉及其制品22批次、59.4千克，保障畜牧业安全。科学选点布局，在中朝边境、延吉航空口岸，开展检疫性实蝇、马铃薯甲虫、红火蚁、松材线虫等国门生物安全监测工作。2021年9月，在南坪口岸发现黑斑尖筒象，是东北地区首次监测到。

【食品检验检疫】 2021年，延吉海关认真贯彻习近平总书记对食品安全"四个最严"重要指示精神，认真贯彻落实两级海关工作会议部署，加强进出口食品检验检疫，共监管出入境食品725批次，主要包括坚果类产品、糕点类产品、蜂产品等。做好进口冷链产品查验监管和防疫工作，2021年查验放行冷冻水产品14批次。完成食品安全周宣传工作，保证进出口食品安全。严格执行总署进出口食品安全监督抽检及风险监测计划，根据长春海关出口动物源性食品安全风险监测安排，承担出口动物源性食品蜂蜜的风险监测工作，监测蜂蜜样品13个，监测项目42项，监测结果均为合格。

▲2021年5月28日，延吉海关关员在延吉航空口岸开展进口食品安全抽样及卫生监督工作

【商品检验】2021年，延吉海关认真做好进出口商品质量安全风险监测工作，发挥"周自查、月报告、季督查"机制作用，监督规范操作，加强业务指导。结合辖区实际情况，提前介入，派员深入市场调研，严格按照文件要求抽检，并将样品邮递送检。2021年，共检验检疫进口货物29批次，货值1,188.42万美元。认真贯彻落实习近平总书记关于安全生产的重要批示指示，聚焦"安全"，强化危险化学品检验监管。开展监管措施落实情况检查，全面排查风险隐患。2021年检验出口危险化学品及其包装8批次，货值993.8万美元。商品品种主要为原料药。

【监管业务】2021年，延吉海关加强监管作业场所规范管理，对监管作业场所运营人资质情况进行全面核查，注销擅自变更运营主体的监管作业场所1家；摸底监管作业场所摄像头设置情况，全面考核摄像头在线率，按月制发监控报告进行通报；强化落实监管作业场所巡查管理，设立台账，详细记录监控及巡查情况。致函各监管作业场所（场地）经营企业或主管部门，提醒其履行新冠肺炎疫情防控主体责任。推进旅客通关作业场地整改建设，多次与延边州商务局、延吉机场公司座谈，宣讲《海关监管作业场所（场地）设置规范》等文件要求，提出改造计划、改造要求和改造时限，争取改建空间和资金支持。支持重点开发开放平台发展。充分运用快件监管中心、保税物流中心（B）型平台，助力拓展保税仓储、展示交易、跨境电商、保税备货等业务，监管保税物流中心（B型）进出口货物2,213.6吨、货值1.3亿元。支持和龙（南坪）边民互市贸易区建设，召开2次政策推介座谈会，对发展模式、项目选址等规划提出具体建议，并形成课题报告。支持延吉开发开放试验区建设，对平行进口车、冰鲜指定监管场地建设等建立政策解答与协调反馈机制。

受新冠肺炎疫情影响，口岸业务量大幅下降。2021年共监管进出口货物1,885吨，同比减少66.4%，货值2,171.9万美元，同比增长13.7%。其中进口33吨、同比减少81.7%，货值541.3万美元、同比增长197.2%；出口1,852吨、同比减少65.9%，货值1,630.7万美元、同比减少5.6%。航空口岸监管进出境航班124架次

（其中货运包机24架次、客运航班100架次），同比减少87.1%；监管进出境人员1.52万人次，同比减少87.9%。邮递渠道监管进出境邮递物品25.2万件，同比减少27.8%。监管保税物流中心（B型）进出口货物1,534.4吨、货值1亿元，二线进出区货物1,523.2吨、货值1亿元。

▲2021年11月23日，延吉海关关员对进出境邮寄物品实施监管

【服务地方发展】2021年，延吉海关落实"放管服"要求，降低企业成本。巩固压缩货物整体通关时间成果，推广"自报自缴""提前申报""免于到场查验"等政策，优化进口"两步申报"通关模式，完善"两段准入"业务改革。积极推广原产地证书自助打印便利措施并在线指导申请流程，新增13家自助打印企业，自助打印规模扩大近4成。支持重点行业企业创新发展。制定个性化帮扶措施，积极推广落实相关惠企政策。支持辖区特色产业发展，共受理鲜松茸报检135吨、货值3,576.7万元，同比分别增长45.9%、144.3%。落实总署政策，退还21家企业、28本手册因加工贸易集中内销办理的风险担保金24.1万元。积极在国家、省级新闻媒体宣传辖区松茸、煎饼、木制品等特色产品出口及国际贸易营商环境，11月6—8日，中央电视台《新闻联播》《新闻三十分》《新闻直播间》连续报道延吉海关支持敦化市某煎饼企业出口。

【海关统计】2021年，延吉海关围绕中心工作持续强化数据分析和指标监测，编发各类统计月报、预警分析材料，为业务工作和科学决策提供数据支持。跟踪辖区外贸进出口动态，每月定期开展业务数据统计、分析和产业预警分析，有针对性地加大对重点商品进出口专题分析，撰写要情40篇，被总署办公厅采用1篇，被吉林省政府办公厅采用2篇。牵头长春海关关级课题"机构改革后基层海关后续监管实践中的思考"研究，形成研究报告1篇。

【企业管理和稽查】2021年，延吉海关坚持风险先行的工作理念，紧跟海关深化改革总体思路，全面提升稽、核查作业质量，打击关区违法行为，维护守法企业的根本利益。开展常规稽查作业7起，常规稽查有效率达28%，常规稽查双随机选取率达100%。开展专项稽查作业4起，专项稽查有效率达75%。查获某企业涉嫌骗取出口退税案1起，涉案货值7,500万元，涉嫌影响出口退税615万元，是延吉海关近年来货物价值、税款较大的案件；查获某企业未经海关许可擅自抵押保税货物案，涉案保税货物220万元；办结长春海关首起涉检稽查作业，查获进境大豆266.7吨，货值95.2万元。开展核查作业80起，对辖区3家企业开展固体废物专项贸易调查，对辖区7家企业开展跨境电商专项贸易调查，对辖区内进境粮食国内生产、加工、存放企业进行专项核查，发挥后续监管作用。

【查缉走私】2021年，延吉海关认真学习贯彻落实习近平总书记关于打击走私工作的重要指示批示精神，充分发挥海关行业优势和缉私警察专业优势，不断强化全员打私，始终保持高压严打态势。深入开展打击走私"国门利剑2021"行动、禁止"洋垃圾"入境"蓝天2021"专项行动。2021年，移送审查起诉走私犯罪案件2起8人，定罪不诉3人，法院依法判决3起9人，刑事罚没入库258.7万元；立案调查行政案件10起，案值5,480.56万元，行政罚没入库111.15万元。

【政务管理】2021年，延吉海关认真落实总署、长春海关工作会议和全面从严治党工作会议部署，围绕中心工作和重点任务，努力提升"三办三服务"水平。扎实做好应急值守，严格落实值班信息报告制度，加强值班工作标准化建设，下发关区值班检查常见问题，针对节假日等重要节点，开展电话抽查198次。政务信息被总署采用1条，快报采用3条，省长批示1条。扎实做好机要保密，加强微信办公保密安全教育管理，开展微信清理专项行动，组织全体关员（含工勤人员）签订微信保密承诺书，防止微信失泄密情事发生。扎实做好习近平总书记关于档案工作重要批示精神的贯彻落实工作，年内开展3次档案专项自查，积极做好新冠肺炎疫情防控档案归档工作，以"国际档案日"为抓手，制作"档案话百年"专题文章，讲述延吉海关红色档案故事，被《中国国门时报》《金钥匙》杂志等采用。提升政务公开水平，印发延吉海关政府信息公开工作规程、延吉海关政府信息公开审查规程，政务公开工作日趋规范化。新闻宣传通过建立联络员制度、明确重点选题、量化工作成果、计入绩效考核等取得良好成绩，中央电视台《新闻联播》《新闻三十分》《新闻直播间》对延吉海关监管通关、助力企业出口等工作报道3次，省级以上媒体宣传报道60篇次，被总署管理网首页刊发11篇次。学会工作保持良好水平，在大连分会2020年"推进海关制度创新与治理能力建设研究"主题征文活动中，3篇论文获得三等奖。

【知识产权海关保护】2021年，延吉海关开展"龙腾行动2021"专项行动，结合工作实际，围绕邮寄渠道案件查发技巧、执法能力提升、奥林匹克标识保护共开展3次知识产权保护培训。扎实开展"4·26知识产权宣传周"系列宣传活动，提高辖区企业维权意识，指导吉林敖东药业集团股份有限公司3项权利标识获得总署知识产权海关保护备案，提高辖区企业品牌竞争力。加大进出口环节侵犯知识产权行为打击力度，在邮递渠道共查获疑似侵犯知识产权鞋包、首饰等邮包30件、31件物品，并案处理16起。

【财务和后勤保障】 2021年，延吉海关全面统筹资源，牢固树立"过紧日子"思想，全力做好新冠肺炎疫情防控经费需求测算工作，严格做好防疫防控资金的使用，设立疫情防控支出台账。优先保障涉及关员切身利益的人员经费所需资金。压一般保重点，优化支出结构，大力压减非刚性、非重点、非急需支出，从严控制办公、差旅、培训及"三公"经费，维修项目坚持"非危不修"原则，严格把控办公成本，集约利用资源，进一步降低行政运行成本，更好地集中有限财力支持疫情防控和海关业务运行，全力保障长春海关艰苦地区边关生活保障设施建设、分局枪库改造等专项及业务技术改革等重点支出。落实总署党委支持保障艰苦地区边关22项措施和长春海关10项措施，推进艰苦地区边关生活保障设施建设项目。2021年7月，长春海关艰苦地区边关生活保障设施建设项目（延吉海关部分）顺利通过验收。该项目共改造面积1.57万平方米，其中，延吉海关"五小"工程改造面积661平方米，延吉海关保障用房改造面积1,982平方米。

【科技发展】 2021年，延吉海关加强网络安全，制定并完善网络安全管理实施细则和网络安全事件应急预案，开展节日期间和重要会议期间网络和数据安全保密工作。排查计算机、服务器杀毒软件及相关补丁安装情况。核心机房24小时轮班值守制度，将网络安全保卫工作落到实处。将业务现场摄像头与硬盘录像机进行梳理整合，新增摄像头点位和扩容硬盘录像机。延吉海关综合技术服务中心完成1项总署科技项目、2项省重点研发项目，获批1项国家自然科学基金；完成142批次、951个项目的样品检测工作。

【内控机制建设】 2021年，延吉海关始终密切关注风险易发高发的重点领域、关键环节和苗头性、倾向性问题。对照长春海关内控节点、审计发现问题清单、审计核查重点等开展业务自查，对待发现问题"一盯到底""举一反三"，将典型问题纳入控制清单，及时纠正执法行为偏差，促进规范化管理。发挥科技控权作用，做到每日监控，确保警示风险处置到位、移出率达标、风险防控有效，处置异常数据有效率96.1%，纠正业务差错1次，补齐证件3次。

【队伍建设】 2021年，延吉海关坚持全员准军事化集训、内务规范强化月制度，严格执行中央八项规定及实施细则精神，蝉联第六届"全国文明单位"荣誉称号。深入推进党风廉政建设，扎实开展"现场监管与外勤执法权力寻租"专项整治工作，制订延吉海关关于开展"现场监管与外勤执法权力寻租"专项整治工作方案，组织141人填报《个人申报表每人撰写不少于 2,000 字的心得体会；坚持开门搞整治，在 8 个办公场所设立 9 个专门举报箱，张贴海报 27 张，向企业发出《调查问卷》48 份；组织各部门开展自查，共查摆岗位风险和廉政风险 28 条，逐条逐项进行整改。与延边州边境管理支队共同赴延边州廉政教育馆参观学习，深化警示教育效果。主动邀请纪检组参与外勤执法，在专项整治以及疫情安全防护监督工作中，第八派驻纪检组全程参与，党委委员与纪检组领导共同深入各业务现场调研，并深入辖区 5 家企业开展稽核查跟班作业，提醒企业依法依规经营的同时监督海关工作人员外出执法行为。

（撰稿人：闫永娜　李　娜）

图们海关

【概况】 图们海关历史可追溯到1924年设立的下甸子分卡，1985年划归长春海关，机构规格为正处级。2018年4月，原吉林出入境检验检疫局图们办事处职责和队伍划入图们海关。图们海关下设12个正科级内设机构，管辖业务为图们铁路口岸、图们公路口岸、三合口岸、开山屯口岸相关海关业务，承担监管、征税、缉私、出入境检验检疫、统计等职责。截至2021年年底，图们海关行政编制59人。

2021年，图们海关坚持以习近平新时代中国特色社会主义思想为指导，按照总署党委和长春海关党委部署，聚焦"十四五"，立足新发展阶段，贯彻新发展理念，构建新发展格局，深入开展党史学习教育、"我为群众办实事"实践活动和庆祝建党100周年系列活动，统筹做好新冠肺炎疫情防控、安全生产和促外贸稳增长工作，深化"放管服"改革，各项工作平稳有序开展。2021年，图们海关税收入库106.01万元，其中关税入库18.71万元，进口环节税入库87.30万元。

【党的建设】 2021年，图们海关制订全面从严治党工作重点任务分工方案，深化"现场监管与外勤执法权力寻租"专项整治工作，制订"现场监管与外勤执法权力寻租"专项整治工作自查方案，排查廉政风险点2方面5条。强化基层组织体系建设，巩固深化"强基提质工程"，开展新时代吉林党支部标准体系（BTX）试点工作，开展"两优一先"评选和基层党建品牌创建工作。2个执法一线党支部被评为关区"四强"支部和示范点，三合口岸被评为"延边州青年文明号"，4名党员、1名党务工作者、1个党支部获得长春海关"两优一先"表彰。1篇论文获中国海关学会"入选论文"奖，并获中国海关学会大连分会二等奖，1篇党建论文被总署《海关监管实物与研究》党史学习教育专刊采编。扎实开展党史学习教育，开展"红色研学"等主题党日活动39次，打造"精品课堂"，依托"图关小讲堂"平台，带头讲党课4次，党委委员、支部书记带头讲党史专题党课15场次，邀请地方党校教授讲授4场专题党课。把"我为群众办实事"实践活动作为党史学习教育转化成果的重要载体，办好民生实事，制定"我为群众办实事"实践活动项目清单，列出10项重点工作任务，制定22条工作举措，组织召开涉企收费座谈会、海关政策宣介会8次。

【助力乡村振兴】2021年，图们海关探索党支部领办合作社模式，构建"党支部+基地+合作社+农户"互助合作产业发展模式，引导和鼓励村民加入村党支部领办的专业合作社。引进红果松和软枣猕猴桃项目，种植红果松10公顷、软枣猕猴桃20公顷，壮大村主导产业黄牛养殖项目。2021年，图们海关被图们市评为"图们市脱贫攻坚暨乡村振兴先进单位"，驻村第一书记被图们市评为"图们市优秀共产党员""图们市脱贫攻坚暨乡村振兴先进个人"。

【风险管理】2021年，图们海关建立排查整改和突出问题自查自纠长效机制，完善问题隐患、制度措施"两个清单"。对重点场所、重点领域、关键环节等排查问题12项，制定措施24项。优化"中心+"业务运行监控模式，每日与现场音视频连线。规范监控点位设置，加强视频设备维护管理，视频监控平台在线率保持在99.57%以上。派关员赴集安、长白口岸考察学习口岸规划建设，为图们口岸申请配发大型检查设备，并通过总署验收。持续组织开展外来有害生物监测，蚊监测12次、鼠监测4次，全年未发现外来有害生物。

【新冠肺炎疫情防控】2021年，图们海关抓硬件建设，辖区3个公路口岸共改造、新建卫生检疫用房30间（公路出境新增6间），新增监管防疫设备46台，3个公路口岸入境通道全部建成负压医学用房，图们口岸出境通道负压医学用房已完成改造。整合全关人力资源，在3个口岸各组建3支应急梯队，开展防护服穿脱、预防职业暴露感染、流调采样等专题培训、实战演练29次，一线关员参训率达100%。开展实操考评29次，整改复盘总结5次。提升安全防护监督员实战能力，选派22人次到龙嘉机场海关、珲春海关、延吉海关跟班作业，积累实战经验。按照"一口岸一方案"要求，指导辖区各口岸梳理作业流程，修订细化疫情防控工作方案和应急预案，确保开关后能够依法、精准、有效防控境外疫情输入。加强与图们市及龙井市公安局、疾病预防控制中心等有关部门沟通协作和信息共享，做好信息情报收集和分析研判，切实做到早排查、

▲2021年6月30日，图们海关开展口岸个人安全防护演示交流

早发现、早预警、早处置。落实人力资源保障，争取地方医护人员支援。落实防控主体责任，健全完善内部防控制度，进一步做好干部职工健康监测"日报告、零报告"，规范健康监测、信息收集、风险排查、环境消杀等工作，推动各项防控措施落实落细。

【优化服务】2021年，图们海关辖区实有备案企业162家。检验检疫货物207批次，出具原产地证书77份。图们海关不断完善企业问题收集机制，采取走访调研、"关企微信群+一对一指导"等方式，对辖区企业开展政策宣讲，及时收集企业困难和需求。班子成员带头深入开展企业调研，及时为企业解决问题困难。加强属地纳税人管理，构建新型关企征纳关系。持续推广"自报自缴""两步申报"等，加强"单一窗口"申报应用。推广"主动披露"制度和容错机制，鼓励、引导企业自觉守法、主动纠错。

【队伍建设】2021年，图们海关全面贯彻落实"过紧日子"要求，加强后勤及财务管理，建立健全厉行节约机制，在保质保量的前提下，保持职工食堂服务质量，满足职工多样化需求，后勤服务满意度持续提高。同时，举行庆祝中国共产党成立100周年升国旗仪式暨准军事化队列训练成果展示活动。深化新时代文明实践志愿服务，成立"边关金钥匙"志愿服务分队，开展助学助教、扶贫助困、环境整治等志愿服务16次。发挥工青妇群团和文体协会作用。开展青年干部座谈会、"巾帼展风采"等活动18次，瑜伽、球类、书画等协会活动日益丰富。关员在图们市乒乓球比赛中，取得了2项冠军、1项亚军。网球队荣获全州乙级联赛亚军，晋升甲级。全国文明单位创建成果得到巩固拓展，队伍凝聚力、向心力进一步增强。

（撰稿人：梁金龙　寇雨晴）

珲春海关

【概况】珲春海关历史可追溯到1909年设立的珲春总关，1991年10月隶属于长春海关，机构规格为正处级。2018年4月，珲春出入境检验检疫局职责和队伍划入珲春海关。珲春海关下设2个副处级派驻机构（驻圈河办事处、驻长岭办事处）、14个正科级内设机构，业务管辖范围为珲春市全境，承担监管、征税、缉私、出入境检验检疫、统计等职责。截至2021年年底，珲春海关行政编制153人。

2021年，珲春海关深入贯彻落实习近平总书记重要指示批示精神和党中央国务院重大决策部署，围绕落实总署及长春关区工作会议确定的重点目标任务开展工作，强化监管优化服务，巩固拓展口岸疫情防控和促进外贸稳增长成效，稳步推进一流边关建设。全年监管进出口货物289.91万吨，同比下降5.12%，其中，监管进口货物276.81万吨，同比下降6.32%；出口货物13.11万吨，同比增长29.12%。进出口货物总值108.86亿元，同比增长59.53%，其中，进口货值63.03亿元，同比增长49.11%；出口货值45.83亿元，同比增长76.41%。监管进出境运输工具10.04万辆/节次，同比增长6.42%，其中监管汽车1.86万辆次、同比增长5.71%，监管火车8.17万节次、同比增长7.51%。

▲2021年11月19日，珲春海关利用集装箱检查设备对进口货物实施非侵入式查验

【党的建设】2021年，珲春海关举办"党旗在基层一线高高飘扬"系列活动，扎实开展"现场监管与外勤执法权力寻租"专项整治工作，持续贯彻落实监督执纪"四种形态"特别是"第一种形态"，坚决纠治酒驾醉驾问题，重新签订杜绝酒驾醉驾承诺书140份。依托掌上廉政"微课堂"等方式每日推送纪法知识，组织开

展干部个人有关事项申报、处科级领导干部配偶、子女及其配偶从业情况报告，加强"八小时外"监督，加强与海关特约监督员联系，持续加强外部监督。新成立 8 个党支部、2 个党总支，23 个党支部全部达标合格党支部，6 个党支部被长春海关直属机关党委评为"四强"支部，2 个党支部被评为"四强"支部示范点，"擦亮关徽365"党支部品牌被评为长春关区培育品牌。2021 年珲春海关蝉联第六届全国文明单位；1 人获评全国食品安全工作先进个人；1 人获评省直机关优秀共产党员；1 人获评省政府优秀信息员；11 名同志分别被评为长春关区优秀党务工作者、优秀党员；珲春海关综合业务科获评 2019—2020 年度延边州"青年文明号"。

【新冠肺炎疫情防控】2021 年，珲春海关按照"一口岸一方案"原则，关区 4 个口岸分别制订境外输入疫情防控工作方案和应急处置预案。成立疫情防控物资保障工作小组，设置疫情防控物资库，细化出入库管理，及时采购应急防护用品，充分保障各口岸疫情防控物资需求。签署并完善出入境疫情防控工作机制，参与制订珲春市加强境外疫情防控工作预案。实施"点对点"封闭管理，开展远程流调、远程健康验核，切实减少与入境俄罗斯司机的接触，有效降低疫情经口岸输入风险。加强疫情监测评估及应对，密切关注毗邻地区疫情信息，针对口岸入境交通工具和人员流动特点，结合毗邻地区疫情形势变化，及时上报疫情的监测与预警数据，动态调整口岸检疫重点，细化防控措施。坚持"人、物、环境"同防，强化源头管控，严格实施进口冷链食品、高风险非冷链集装箱货物监测检测和预防性消毒监督工作，稳妥做好后续处置，严防疫情通过进口货物输入风险。全年共采集进口冷链新冠病毒监测样本 3.45 万份，非冷链货物新冠病毒样本 275 份。扎实做好机关内部防控，严格做好"日报告、零报告""日收集、周报告"工作，认真落实防疫"三件套"，严格外来人员管理和审批，持续做好办公场所等公共区域通风消毒等工作。印发珲春海关工作人员封闭管理工作方案，成立临时党支部，加强对封闭管理人员心理疏导，帮助封闭管理人员解决家庭困难，全年，87 名干部职工投入到防控一线，封闭管理 593 人次。

【税收征管】2021 年，珲春海关以验估工作为依托，全方位做好税收征管工作，不断夯实验估工作基础，建立验估台账，及时完成验估指令，每季度提出验估指令参数建议，不断满足业务发展需求，提升验估工作效能，全年共完成现场验估作业 2,168 笔。全力做好税款征收减免、退补税、滞报金滞纳金管理、海关事务担保、取样化验、预归类预审价等工作，全年收取税款保证金 334 笔，金额 6,855.04 万元，归类化验 62 笔。2021 年，珲春海关税收核销入库 9.89 亿元，同比增长 60.29%。其中，关税核销入库 3.78 亿元，同比增长79.90%；进口环节税核销入库6.11亿元，同比增长50.17%。

【检验检疫】2021年，珲春海关扎实开展检验检疫各项工作。制定珲春海关2021年度口岸病媒生物监测方案和输入性病媒生物监测方案，扎实完成2021年度监测工作。积极开展进出境动植物及其产品生产、加工、存放单位注册登记和备案工作，全年完成出境货物木质包装除害处理标识加施企业注册登记1家，出境种苗花卉生产企业注册登记1家，出境竹木草制品生产加工企业注册登记2家。出境新鲜水果果园注册登记1家。进境食用水生动物收货人备案企业42家，进境粮食加工备案企业2家。加强动植物疫情防控，保障国门生物安全，按照总署统一部署，开展进境食用水生动物风险监控和风险监测工作，全年完成进境水生动物疫病监测28批，风险监控20批；提高风险防范能力，牢筑口岸食品安全防线，认真实施风险监控，做好进出口食品、化妆品抽样检验及风险监测工作，全年共抽样检测进出口食品47批，检出进口不合格食品2批。开展大宗资源类商品及消费品风险监测工作，监测商品包括煤炭、液化石油气、其他消费品等。与有资质的第三方签订服务协议，规范辖区进口液化石油气取样、存储、送检等工作。组织参加2021年危险化学品岗位练兵和技能比武，全关96人参加"万人争先"线上测试；共组织参加3期危险化学品及其包装上岗资质培训考试，

年内24人具备进出口危险货物及其包装检验监管资质，其中2人具备打火机检验监管资质，1人具备烟花爆竹检验监管资质。2021年，首次监管液化天然气进口和烟花爆竹出口。

【综合业务】2021年，珲春海关积极推动"两步申报""两段准入"快速通关模式落地，持续推广"提前申报""汇总征税"等通关便利措施；优化检验检疫证书收单、缮制、审校和签发环节，压缩流程时效，实现当日受理当日办结；充分发挥原产地证书"智能审核+自助打印"作业优势，机审随报随签覆盖率达89%，签证平均时间由3小时缩减至10分钟。大力推广"预约签证""信用签证"等便捷措施；引导企业应用"互联网+海关"平台，建立"一对一"关企联络人机制并组建"疑难报关单专窗"，为企业提供"7×24"小时预约通关和政策咨询服务，着力打造便捷高效的通关环境。

【海关特殊监管区域管理】2021年，珲春海关深入贯彻落实总署及长春海关各项支持举措，在珲春综合保税区积极推广"增值税一般纳税人""分送集报""四自一简"等优惠政策，鼓励企业积极开展委托加工业务盘活剩余产能。2021年，珲春综合保税区进出口货运量33.99万吨，同比增长30.98%；货值40.40亿元，同比增长26.86%；税收总额为4,961.12万元，同比增长166.84%。全年新增备案企业17家，更改企业信息19家，注销企业11家，

现有企业87家，其中生产型企业47家，非生产型企业40家。全年物流账册备案新增12本，设备账册备案新增4本，加工备案新增4本，现有账册109本，其中，加工账册36本、设备账册26本、物流账册47本。全年签发各类检验检疫证书2,182份，其中，水产品卫生证书1,463份，入境货物检验检疫证明554份，植物检疫证书125份，熏蒸/消毒证书8份，检验检疫处理通知书3份，健康证书29份。珲春海关支持跨境电商新业态健康发展，复制推广跨境电商B2B出口监管试点，在原有"9610"一般出口和"1210"保税进口两种电商经营模式基础上，落地实施"9710""9810"两种跨境电商B2B监管模式，实现一个区域4种电商模式全覆盖；珲春综合保税区口岸作业区关区代码"1567"获批，于2021年11月15日正式启用；珲春跨境电商入驻平台包括京东、菜鸟供应链及阿里巴巴速卖通平台等10余家。

▲2021年4月29日，珲春海关关员对跨境电商出口商品进行监管

【安全生产】2021年，珲春海关结合总署关于安全生产专项整治三年行动和海关系统安全生产工作的部署要求，汲取安全生产事故的经验教训，开展各领域的安全巡察和安全生产宣传活动。通过自查和专项巡查相结合方式，围绕口岸卫生检疫、进出境动植物检疫、进出口食品安全、进出口危险品检验、监管作业安全及办公场所、涉案财物仓库、实验室安全8个重点领域，开展了2轮安全生产隐患大排查。对关区4个口岸监管区、3个监管作业场所、8家保税仓库、1个跨境电商作业现场和综合保税区内4家重点企业开展安全生产巡查，两轮巡查发现安全隐患问题28个，其中，第1轮巡查发现8个问题已全部整改到位，第2轮巡查发现问题20个，15个已经立行立改完毕，5个已经协调口岸管理部门整改落实，确保"问题清零"整改到位。

【海关统计】2021年，珲春海关充分发挥统计职能，加强统计分析和课题研究，每月定期开展业务数据统计、分析和产业预警分析，持续跟踪分析对俄贸易、水产品、矿产品等重点产业，撰写预警分析报告34篇，其中被长春海关和吉林省政府采用22篇。牵头关级禁限管理之进口药品通关单管理研究，形成课题报告1篇。参与撰写署级课题2篇。加强统计监督管理，定期开展数据检控，编写业务统计简况12篇，强化业务统计数据的分析力度，为开展业务统计研究奠定基础。

【企业管理与核查】2021年，珲春海

关以辖区重要行业和特色产业为重点，开展分类管理与服务。加大与"一带一路"沿线国家和地区有贸易往来企业的认证培育力度，注重对AEO企业的认证培育，设立"认证企业优先办理"窗口，推动落实相关优惠政策；贯彻落实信用管理制度改革，大力推广政务服务"好差评"制度，建立知识产权海关保护关企合作机制，量身定制"一企一策"培塑方案，为国产自主品牌"走出去"保驾护航。2021年，珲春海关受理收发货人注册91家，注销21家；报关企业注册8家；各类企业信息变更25家。辖区共有公用型保税仓库9家，其中办理保税仓库延期1笔，保税仓库注销2家，保税仓库信息变更10笔，保税仓库验收业务6笔，保税仓库仓储货物延期业务18笔。开展核查作业72起，按时办结率100%；查发总数34起，查发率47.22%。

【查缉走私】2021年，珲春海关认真贯彻习近平总书记关于打击走私工作的重要指示批示精神，统筹战"疫"、打私两个战场，高站位谋划，高标准推动，各部门强化使命担当，忠诚履职尽责，密切联系配合，始终保持高压严打态势，开展打击走私"国门利剑2021"行动，严厉打击"洋垃圾"走私，象牙等濒危物种及其制品走私，防疫物资、新冠病毒疫苗非法出境，"水客"走私，重点涉税商品、涉枪涉毒、农产品等走私行为，"国门利剑2021"系列专项行动取得重大战果，全年共立案侦办刑事案件5起，案值4,496.50万元，刑事罚没收入64.60万元；立案办理行政案件3起，案值197.60万元，行政罚没入库105.50万元；办理"两简"案件17起，案值919.11万元，罚款金额1.35万元。

【政务管理】2021年，珲春海关围绕海关中心工作挖选题、设议题，聚焦总署决策部署和长春海关具体工作要求，突出宣传常态化口岸疫情防控工作，讲述关区强化监管优化服务故事，反映促进外贸稳增长的具体实践，积极弘扬海关文化，传导海关正能量。全年，信息宣传得分均位列长春关区隶属海关第1名。其中，政务信息获得长春海关领导批示2条，省领导批示4条，总署相关信息载体采用5条。新闻稿件获央视报道8篇，吉林电视台《新闻联播》、《吉林日报》、《中国国门时报》、"海关发布""学习强国"等省部级媒体发布新闻20余篇。

【财务管理】2021年，珲春海关优化预算执行管理，及时掌握、理清预算执行重点难点，实行动态预算安排机制，稳妥有序推动年度预算执行。严格落实"过紧日子"的工作要求，强化支出审批管理，压减各类非刚性、非重点、非急需支出，确保各项支出合法合规合理；及时完成所有财务档案的整理、归档工作，进一步加强财务档案和票据的收、管、存、用各环节安全管理；着力强化固定资产管理，组织固定资产全面盘点、摸底工作，推动固定资产的合理配置有效使用；建立定期清库长效机制，对库存时间超过 2 年的涉案财物确立预警通报，强化实施落地，减少滞库 70% 以上。严格落实走私冻品由地方归口处置政策，向市场监督管理局移交走私冻品 1.94 吨，确保实现"零增量、去库存"。

【队伍管理】2021 年，珲春海关深入落实中央人才工作会议精神，严格按照"十四五"领导班子建设、人才发展、干部教育培训等"三个规划"，健全完善珲春海关队伍建设规划体系。深化"内涵学军"，印发"内务规范强化月"活动实施方案，扎实开展"内务规范强化月"活动。坚持严管厚爱，从严管理、从严要求，着力培养队伍过硬作风，不断提高执行力和战斗力，全年共开展日常纪律作风检查 21 次；全年招录 4 人，调出 5 人，退休 5 人；成立珲春海关"海帆"青年理论学习小组，加强青年干部培育工作。扩充珲春海关"戍愿"志愿服务队，开展"送法律、送政策、送温暖""志愿放流""清洁家园""情暖童心"等志愿服务活动。

（撰稿人：王光玮　冯绘静　乔建广
　　　　　刘宇涵　刘　寅　刘英博
　　　　　杨圣一　陈明辉　周湘立
　　　　　赵　妍　潘　播　潘津泳）

长白山海关

【概况】长白山海关于2020年8月17日正式对外办理业务，机构规格为正处级，下设7个正科级内设机构，业务管辖范围为长白山自然保护开发区和安图县全境，承担监管、征税、出入境检验检疫、统计等职责。截至2021年年底，长白山海关行政编制25人。

2021年，长白山海关全面统筹各项工作，同步推进加强政治建设、提高抓落实质量、提升规范管理水平、探索有效管理模式四方面工作，使长白山海关步入稳定发展轨道。2021年，长白山海关检验检疫进出口货物555批次，货值3.4亿元，同比增长183.3%，签发检疫证书358份。签发原产地证书400份，签证金额4,465万美元，同比增长150%，享惠货值3,983.1万美元。新注册进出口货物收发货人7家、报关企业1家。在原有业务的基础上拓展了原产地企业备案、原产地产品信息备案、原产地调查、报关企业备案、出口退货进口目的地检查、出境种苗花卉生产企业注册登记、出境竹木草制品生产加工企业注册登记、出境水生动物养殖场企业注册登记、跨境电商企业信息核查、种苗花卉退货核查等业务。

【党的建设】2021年，长白山海关坚决贯彻落实习近平总书记重要指示批示精神，强化政治机关建设，以上率下坚决做到两个维护，认真执行"第一议题"制度，推动学习贯彻习近平新时代中国特色社会主义思想不断深入。全年通过召开党委会、党委理论学习中心组学习会议学习习近平总书记重要讲话和重要论述131篇，60人次发表学习心得体会。通过形势分析及工作督查例会跟进学习习近平总书记重要讲话和重要论述24篇。始终把意识形态工作作为一项政治任务，召开专题会议分析研究意识形态工作，对外掌握舆情对内管好阵地和关员思想。

以政治建设为统领，全面加强党的各方面建设。研究制定加强党建工作三方面措施，分别由党委书记、党总支书记和党支部书记负责落实。成立长白山海关党总支部，增设党支部1个，形成完整的基层党组织体系，党总支侧重培养业务精通的党务人员，党支部负责管理和发展合格党员。不断强化思想建设，打造以习近平新时代中国特色社会主义思想为主题的党建活动室和党史学习教育墙体文化，扎实开展党支部"三会一课"学习，精心组织主题党日活动，在党员范围内同步开展学习党史、学习思想、学习制度活动。注重学习并落实党的制度和纪律，通过常态化警示教育和检查促进养成过硬纪律作风，党的纪律建设、作风建设和制度建设不断强化。

党史学习教育走深走实。推进党史学习教育三个阶段的活动，以"三个结合"为抓手，注重学习领悟习近平新时代中国特色社会主义思想，突出赓续共产党人精神血脉为教育主线，以学史力行，办实事开新局为检验标准，推进党史学习教育不断走深走实。打造"五个一"学习模式，全面系统地学习党史、习近平总书记在庆祝中国共产党成立100周年大会上的讲话精神、十九届六中全会精神，推动党史学习教育持续升温。聚焦"三个走进"，扎实推进"我为群众办实事"实践活动。从支持地方政府、扶持辖区企业、帮助困难群众三个方面列出"我为群众办实事"项目清单，清单4方面10项具体内容已全部落实。

【"12360"工作法】2021年，长白山海关深入学习习近平总书记关于推进党风廉政建设和反腐败斗争的重要论述，以"12360"工作法为具体抓手推进党风廉政建设和反腐败斗争向纵深发展。"1"是突出落实党风廉政建设主体责任1条主线，定期督办，与派驻纪检组联合召开专题会议分析形势，查摆问题，制定改进措施。"2"是通过实施规范管理三方面措施，采取常态化警示教育、"三会一课"和组织观看廉政教育展等，确保制度刚性执行和丰富廉政教育模式2项措施落地见效。"3"是持续构建"3不"体系，党委书记开展提醒谈话，党委书记和委员开展谈心谈话，有效运用中共中央纪律检查委员会、中共吉林省纪律检查委员会发布的警示案例和海关系统、长春海关警示案例，及时开展警示教育活动，持续强化"不敢腐"震慑；开展专项整治工作纠正部分关员错误认识，通过定岗定责、加强业务学习、强化制度执行等措施扎牢"不能腐"的笼子；通过党委会、理论学习中心组学习会议、"三会一课"等加强理想信念教育并学习党规党纪，提高"不想腐"的自觉。"6"是党委带头学习并落实党的政治、组织、廉洁、群众、工作、生活"六大纪律"，不该做的坚决不做。"0"是党委句全关表态，对贪污腐败、违法乱纪、违反八项规定事项持"零容忍"态度。

【新冠肺炎疫情防控】2021年，长白山海关配合吉林省长白山保护开发区管理委员会共同落实联防联控责任及各项防控措施，119人次参加长白山管委会疫情防控领导小组（信息宣传组、物资保障组、物防组）的各项工作。严格按照海关系统和新冠肺炎属地疫情防控要求，6次调整完善新冠肺炎疫情防控措施，制定4项制度规范，建立9方面30项工作责任清单，将责任落实到人。设立2名安全防护监督员分别对内部疫情防控和外勤执法安全防护实行常态化监督检查。坚持做好"日监测、周报告"、出行人员及共同居住人管理、办公场所管理和通风消毒工作。

【安全生产】2021年，长白山海关制定安全生产工作要点、安全生产月活动方案、包括21项具体内容的安全生产月活动计划。严密部署安全生产工作，每月1次全面排查，发现问题立行立改。开展消防、抗灾、穿脱防护服、突发疫情应对预案演练等活动，组织全体干部职工开展安全生产知识培训、观看安全生产警示教育片，有效提高安全生产意识、提升安全生产能力。建立定期自查调整机制，完善问题台账及整改落实台账。

【检验检疫】2021年，长白山海关全面开展企业调研，形成企业底数清单，掌握辖区企业经营状况和需求。按照布控指令要求，依据各项表单规范操作，认真填写执法监督廉政告知单，使用执法记录仪全程记录，全年开展监管作业29次，核查作业2次。建立业务联合研判机制，及时处置查检监管中发现企业报检不规范、注册登记证书过期、证书长期未核销、企业备案地址变化等问题，有效管控风险隐患。规范出口申报前监管工作流程，研究制定出口申报前监管工作流程及操作规范。

【查缉走私】2021年，长白山海关打私工作保持高压态势。坚决贯彻落实习近平总书记关于打击走私的重要指示批示精神。根据总署、长春海关统一部署，组织开展打击走私"国门利剑2021"行动，开展高压严打、强化监管防控、深化全员打私、推进综合治理，全力以赴完成好常态化疫情防控形势下打击走私各项工作。密切关地联系配合，为口岸开通后构建"打、防、管、控"反走私工作体系做好前期准备。与延吉海关缉私分局共同确定案件线索移交方式。协助解决长白山市场监督管理局肉制品标签问题和长白山公安局关于走私肉类冻品处置问题。

【政务和综合保障】2021年，长白山海关夯实基础，提升规范管理水平。完善修订各类制度规范45个，建立"三项机制"。强化内控管理和内务规范管理，将规范管理覆盖全部领域，通过运用"三室一站"和"长白山海关小讲堂"进行党史学习教育、业务学习、精神文明创建、警示教育等多方面教育培训。开展常态化监督，确保不断提升规范管理水平。各科室每月轮值同步开展纪律作风、内部疫情防控及安全生产等各项工作检查。

探索新设海关有效管理模式，实行政务业务统一调度、分类管理，分析每一名同志的特点和岗位适配程度，努力做到人岗相适。常规工作按照定岗定责履职，阶段性工作成立专班推进，临时性工作指派专人负责，现场监管与外勤执法在全部业务人员中实行人工随机派员。

【巡察审计整改】2021年，长白山海关巡察审计问题全部整改完成。认真学习贯彻习近平总书记重要讲话精神，提高政治站位，不折不扣把党中央决策部署以及总署、长春海关党委各项要求落到实处，全面落实从严治党主体责任，加强基层党组织领导班子和干部队伍建设，推动党建工作全面进步全面过硬。充分运用巡察成果，对准目标找差距，针对存在的问题，深入分析原因，制定反馈问题整改工作清单，逐条逐项制定整改措施并建立长效机制。

【队伍管理】2021年，长白山海关建立"三室一站"，常态化推进政治机关建设、准军事化建设、精神文明建设和业务建设。推进干部"五大体系"建设，树立"忠诚、干净、担当"的选人用人导向。关党委认真研究总署党委关于加强执法一线科长队伍建设的部署要求，内部挖潜培养业务"排头兵"，注重能力培养，锻造过硬素质，树立正确导向，科学选拔任用。关科两级强化日常监督、日常教育、日常管理，党委把握严格要求与容错管理平衡点，在政治、业务、用人方面，树立重实干、重实绩、重担当的鲜明导向。

【优化营商环境】2021年，长白山海关积极支持长白山打造世界级生态旅游目的地，向长白山管委会提出五方面建议。为安图县申请设立双目峰口岸边境旅游试验区提供海关政策性支持意见。支持辖区内重点企业发展，及时解决企业异地报检问题，开始培育首家AEO认证企业。开展2次边境地区国门生物安全监测，为长白山和安图地区生态保护贡献海关力量。

双目峰口岸监管区域规划设计已经完成。提前介入双目峰口岸海关监管区域的规划设计工作，组织双目峰口岸规划建设专题会议，6次调整完善口岸监管区域布局设计，2次征求上级职能部门意见，形成设计理念先进、布局合理、配套完善的双目峰口岸监管区域及海关监管作业场所（场地）设计定稿。

▲2021年10月11日，辖区企业向长白山海关赠送锦旗

【精神文明创建】2021年，长白山海关精神文明创建工作实现预定目标。坚持党委、党支部、青年小组同步学习研讨的模式，持续完善"逢会必学"机制，开展"文化润边关"活动和新时代全民阅读活动，深入开展精神文明创建工作，培育边关文化精神，弘扬新时代海关文化。注重

准军事化建设与精神文明创建同步推进，注重党建引领创建，创建促进党建，推进精神文明创建工作常态化、制度化。设立新时代文明实践站，为开展精神文明实践活动奠定基础。

（撰稿人：王风帆　郑清旭）

第七篇

直属事业单位

中国电子口岸数据中心长春分中心

【概况】中国电子口岸数据中心长春分中心（以下简称"数据分中心"）成立于2003年，是中国电子口岸数据中心设立在吉林省内唯一分支机构，为总署委托长春海关管理的总署所属事业单位，具有独立法人资格，经费独立核算。数据分中心设2个内设机构，数据分中心事业编制人员7名，聘用人员15名。

数据分中心主要承担吉林省内电子口岸应用项目及联网企业的技术支持、操作培训、咨询回复、电子口岸专网分中心节点的网络系统和信息安全保障工作；承办吉林省内电子口岸政务卡、企业卡入网的身份鉴别、录入、制作等项工作；协助做好中国国际贸易单一窗口标准版推广运维工作；协助承担海关信息系统项目开发、运行维护职责。

2021年，数据分中心坚持以习近平新时代中国特色社会主义思想为指导，深入贯彻党的十九大和十九届历次全会精神，持续推进"五关"建设，落实总署和长春海关各项工作部署要求。围绕"强政治、夯基础、优服务、促发展"工作目标，强化政治建设，弘扬伟大建党精神，深入开展党史学习教育和庆祝中国共产党成立100周年系列活动，扎实推进"我为群众办实事"实践活动落地见效；夯实基础建设，推进制度建设，提升安全意识，杜绝安全事件发生，做好机关内部新冠肺炎疫情防控工作，保持"零感染"；优化服务，多措并举，为海关科技服务保障和地方外贸经济发展提供高质优效服务；促进发展，发挥数据分中心优势，探索发展之路。

【党建工作】2021年，数据分中心坚持把党的政治建设放在首位，深入学习贯彻习近平新时代中国特色社会主义思想和党的十九届六中全会精神，以党史学习教育为主线，紧紧围绕数据分中心工作，不断加强支部党的思想、组织、作风、廉政和制度建设，不断提升党建工作水平，为数据分中心工作顺利开展提供了坚强的政治和思想保证。2021年，组织学习习近平总书记重要讲话和重要指示批示精神48次，不断提高党员的政治判断力、政治领悟力、政治执行力，引导党员不断增强

"四个意识"、坚定"四个自信"、坚决做到"两个维护"。

2021年，数据分中心党支部严肃党内政治生活，落实党内制度。开展支部书记补选1次，按照规定程序完成党员组织关系转出1人次，开展"三会一课"51次，主题党日活动13次，处级领导班子民主生活会1次，年度组织生活会1次、民主评议党员1次，党史学习教育专题组织生活会1次。

2021年，数据分中心党支部按照党史学习教育安排，第一时间制订学习、研讨计划，以习近平总书记在党史学习教育动员大会上的重要讲话精神、在庆祝中国共产党成立100周年大会上的重要讲话精神、十九届六中全会精神以及指定的学习书目为学习重点，组织开展集中学习46次，交流心得22次，收听"七一"重要讲话精神宣讲7次，红色观影活动2次。推进"我为群众办实事"实践活动，通过交流座谈，业务现场收集问题等方式，收集整理问题4个，制定相应解决问题措施5条，4个问题已经全部解决。

2021年，数据分中心党支部落实全面从严治党责任，结合党史学习教育，通过"三会一课"、观看警示教育宣传片、学习党内法规、学习"现场监管与外勤执法权力寻租"通报的违法违纪案例、学习《廉政教育专刊》等。教育党员将党的纪律意识、规矩意识内化于心、外化于行，重点围绕习近平总书记"七一"重要讲话精神、关于全面从严治党重要论述、关于注重家庭家教家风建设重要论述以及党规党纪等，积极开展廉政警示教育各项活动，在节假日前及时开展廉政提醒工作，使党员认清违纪违法危害，树牢风险意识和底线思维。

2021年，数据分中心党支部完善党员活动阵地建设。为党员安排固定的学习、活动场所，配置书柜及学习书籍，配备影像、视频的观看设备，加强党员的教育和管理，增强党支部的凝聚力和战斗力。加强宣传教育，2021年数据分中心党支部积极筹措资金，完善走廊文化墙建设，将党史学习教育、习近平总书记"七一"重要讲话精神等内容做成宣传展板张贴上墙，不断拓展宣传教育途径。

【巡察整改】2021年8月16日至9月5日，根据长春海关党委巡察工作统一部署，长春海关党委第四巡察组围绕被巡察领导班子（党支部）职责任务，对数据分中心领导班子（党组织）开展常规巡察。2021年11月24日长春海关党委第四巡察组向数据分中心领导班子（党支部）反馈了巡察意见。针对巡察发现的数据分中心领导班子（党组织）在"三个聚焦"方面存在6个主要问题，制定整改方案，提出13条整改措施，明确整改时限、责任领导、责任人，并按照整改计划开展整改。截至2021年年底，13条整改措施中已有8条措施落实，完成整改要求。

【新冠肺炎疫情防控】2021年，数据

分中心严格落实"四方责任""五有要求",坚持"谁使用谁负责"原则,把疫情防控作为首要头等大事,坚决守住"零感染"底线。主要负责人严格履行疫情防控第一责任人职责和安全防护主体责任,统筹抓好疫情防控和队伍管理、业务工作,把防疫安全教育纳入经常性思想教育范畴,落实总署、长春海关及属地各项疫情防控措施;迅速完成各项排查工作,将排查落实到每一个人,确保排查不遗漏,信息准确。发挥安全监督员作用,坚持每天对干部职工进行扫码登记,凭"绿码"进入工作岗位,及时督促干部职工严格执行疫情防护"三件套"要求。2021年9月,成立数据分中心流调溯源工作专班,对数据分中心出行人员开展风险评估,经评估风险较低后方可返岗工作;坚持每天上班前对数据分中心办公场所进行消毒、通风,并为全体干部职工配备必要的防疫物资,确保安全;认真做好疫情防控各类台账登记工作,确保疫情防控相关信息有据可查;动态调整"在岗、预备、应急"3支梯队,制定内部工作人员感染新冠肺炎事件应急处置预案,结合实际开展应急演练。

【电子口岸业务】2021年,办理电子口岸新企业注册641家,同比下降29.41%;变更电子口岸企业信息267家,同比下降18.25%,注销电子口岸企业40家,同比增长18.12%。接听企业咨询电话3,710个,制发共享盾1,254个,补发IC卡506张,解锁更新IC卡1,075张。疫情期间,通过快递方式收发IC卡等相关材料1,438个,便利企业及时办理海关业务。

2021年,处理国际贸易"单一窗口"、"互联网+海关"各类问题102个,解决加工贸易手(账)册问题11个,完成国际贸易"单一窗口"标准版升级更新维护72次,为20家跨境电商企业申请数据交换平台ID 42个,申请服务器密码机数字证书6个。

▲2021年10月15日,数据分中心工作人员向企业人员发放电子口岸IC卡

【网络安全】2021年,数据分中心按照总署、长春海关的统一部署,组织参加网络安全攻防演练,全面梳理数据分中心互联网应用情况,提前关闭互联网出入口,及时下线、关停老旧系统,加强账号和口令管理,加强网络安全监控,确保数据分中心网络信息系统安全。在重大活动、重要节日等特殊的时间节点前全面开展网络安全自查,确保在重大活动、重要节日期间数据分中心的网络、信息系统及数据安全。开展网络安全应急演练,提高

应急能力。2021年数据分中心未发生网络安全事件。

【政务和科技服务保障】2021年，数据分中心不断完善制度建设，强化制度约束力，先后制定、修订数据分中心"三重一大"事项议事规则、固定资产管理办法、财务管理办法等14项管理制度，遵照制度开展相关工作。

2021年，处理长春邮局海关服务请求39台/次；处理长春绿园海关服务请求198台/次；处理长春龙嘉机场海关服务请求361台/次，完成健康申报、远程流调、远程验核等系统安装调试保障工作39次，紧急处理突发网络故障4次，保障顺利完成当日进境航班监管任务，对网络运行状况进行全面摸查，对航站楼入境通道业务现场的网络架构、网络设备、布线以及办公楼机房配套UPS不间断电源进行改造。自长春龙嘉机场海关全面开展远程流调以来，数据分中心抽调24人次赴现场开展保障工作，确保第一时间解决正常作业遇到的技术问题。

【志愿服务】2021年10月13日，数据分中心组织全体党员和群众开展"心系灾区　情暖山西"爱心捐赠活动，共筹集到急需的御寒衣物44件，急需的抗灾雨靴30双、雨衣20件。并通过中国电子口岸数据中心太原分中心将筹集到的物资向山西灾区红十字部门进行捐赠。

【"关银一KEY通"项目】2021年，数据分中心根据中国电子口岸数据中心统一安排部署，与建设银行吉林省分行合作。利用建设银行营业网点推广"关银一KEY通"项目，选取建设银行一汽支行作为合作制卡代理试点支行，5次为建设银行员工进行电子口岸业务培训，建设银行员工累计15人次参加培训，2次现场指导建设银行电子口岸业务硬件设施建设。经过双方共同努力，2021年3月23日该合作制卡代理试点通过验收并开始试运行。先后有16家企业在该制卡点完成电子口岸制卡工作，制发共享盾32个。

【队伍建设】2021年，数据分中心组织开展"内务规范月"活动，通过观看内务规范宣传片、开展队列训练等方式，不断加强内务规范建设。根据《海关内务规范》，结合实际情况重新规划并调整办公区布局，使办公区布局符合相关要求。开展技能培训，持续提升人员素质能力。落实考勤制度，加强人员管理，利用企业版微信开展人员考勤、外出请销假管理，时时掌握人员动态。为全体人员制作统一样式和带有数据分中心标识的工装，要求工作时间规范着装，不定期开展检查，保持数据分中心良好形象。

（撰稿人：张　瑜　赵晓东）

长春海关后勤管理中心

【概况】 长春海关后勤管理中心（以下简称"后勤管理中心"）为长春海关直属事业单位，具有事业法人资格，主要职责是保障机关办公和为职工生活提供各项劳务和技术服务。内设机构12个，核定事业编制74人。

2021年，后勤管理中心提供房屋日常养护维修、给排水及供电设备维护、办公楼环境卫生保洁服务等14项服务。保障284名合同制员工的日常管理；完成日常维修800余次，大中型维修20余次；全年保障市内用车1.29万余次，长途出车150余次；接待来访车3,586辆，来访人员3,824人，立体停车场全年保障停放车辆2.7万余车次；保障各项工作会议2,200余次；准军事化训练馆全年保障职工训练1.32万余人次；全年完成20万元以下一般采购项目178项，对外签订合同340份。进行长春海关本级及后勤管理中心自有家具用具类固定资产清查工作，盘点2,121项，报废电梯3部、中央空调机组9组；涉案财物保管接收入库5笔1,849项，出库26笔1,514项。

【党的建设】 2021年，后勤管理中心对习近平总书记重要讲话和重要指示批示精神及发表的重要文章，建立第一时间学习研讨并督办落实的常态化工作机制。坚持以习近平新时代中国特色社会主义思想为指导，始终把严格党内政治生活准则，严守政治纪律和政治规矩摆在首位，严格落实中央八项规定，高质量召开好民主生活会，着力解决自身存在的突出问题，加强对执行党章、贯彻党的路线方针政策及意识形态工作、党内政治生活状况的监督检查，持续净化政治生态。研究制定后勤管理中心全面从严治党重点任务分工方案，把上级党组织关于思想政治建设的部署要求一贯到底，落到实处；及时组织召开党委会，学习领会最新指示要求，顺利完成各项党建工作任务。

结合后勤管理中心工作实际，创建有特色、可传承的支部党建品牌，设计主题突出、特色鲜明、形式多样的组织活动。开展庆祝建党百年系列活动，如"周课月影"，为党员干部精选并集中观看党史教育题材短片及红色电影；开展"内务规范强化月"活动,通过庄严的仪式和严格的训练等多种形式,培育优良纪律作风;参加长春海关2020年度基层党建品牌评选、2021年度长春海关"四强"支部评选,以及合格支部建设评估工作,树起先进典型标杆,树立党员先锋形象,进一步教育引导广大党员干部主动对标先进,查找不足,使政治文化氛围更加浓厚,组织力不断增强;设计打造党史学习教育墙、建党百年文化墙、支部党建品牌展板等宣传平台,为深入推进党史学习教育打下坚实基础,引导广大党员干部从不同角度重温党史,切实提高政治站位,将学习教育成果转化为后勤工作实效。

研究制定党史学习教育实施方案并组织开展,后勤管理中心党委每月组织召开2次理论中心组学习会议,各支部每月开展不少于4次的党史学习教育活动,重点学习贯彻习近平总书记在党史学习教育动员大会、中国共产党成立100周年大会、党史学习教育总结大会上的重要讲话精神,党中央指定的"四史"材料,以及党的十九届六中全会精神。通过领导干部带头学、党员干部普遍学、线上线下结合学、形式多样灵活学、党史百年天天学等形式,不断夯实思想根基,围绕活动开展情况上报党史学习教育活动简报,加强对外宣传,增强党员干部的责任心和使命感。

【新冠肺炎疫情防控】2021年,后勤管理中心保障疫情防控,做好后勤支持。加强公共服务人员管理,积极宣传教育,做好个人防护,食堂错峰就餐,提倡上下班减少乘坐公共交通工具,做好职工及家属健康状况及行程动态监督,建立行程档案,有效降低感染风险。各办公区测温18.05万余人次,实施公共区域消毒1.82余次,根据职能管理部门的采购需求,全力确保各项防疫设备物资采购需求落实到位;防护物资应急储备仓库完成入库20.90万件,出库11.48万件;协同人事处招聘符合条件的派遣人员,满足机场一线用工需求;落实"日收集、周报告"要求,并随时按照总署要求进行人员行程排查。按照总署疫情防控要求,一线职工严

▲2021年9月18日,后勤管理中心员工在中秋节加班加点为长春龙嘉机场海关工作人员和隔离人员制作月饼和熟食

格遵守"14+7+7"隔离制度。后勤管理中心用实际行动将"我为群众办实事"的服务理念落到实处,从实际出发,充分考虑职工需求。在一线职工隔离期间,在做好日常用餐保障的基础上,丰富营养搭配,调整间食种类,搭配应季水果,严格按照疫情防控要求对隔离房间进行清洁、消毒,并要求所有保障人员严格执行个人防护要求,采取无接触配送方式提供日常保障,有效避免感染风险。

【服务保障】2021年,后勤管理中心坚持把安全工作放在首位,分级抓好安全保卫、食品安全、物业服务、交通出行、设备设施运行维护和涉案仓库安全防范等关键环节,确定各办公室安全责任人,把安全责任制落实到每一级每一个人,确保职责明晰、任务明确、责任到人、工作到位;成立后勤管理中心安全工作小组,建立节日期间安全工作信息畅通和突发事故联动机制,对职责范围内的安全生产情况保持高度关注,特别是节假日前,对各办公区进行安全检查,发现问题立即报告并采取相应措施;通过驾驶员安全教育、邀请消防专家开展消防培训等形式,加强安保、物业及驾驶人员职业培训,提高职工安全责任意识和自我防护技能。

后勤管理中心坚持以优质服务为宗旨,强化公共服务人员的服务意识,加强员工道德教育,提高员工业务素养。加强停车场管理,定期清理立体停车场长期停放车辆,提高使用效率。在办公区院内,新建自行车车棚,进一步规范关区日常自行车的停放,提升关区整体环境,在满足职工需求的同时提倡绿色出行、低碳生活的理念。

【所属企业脱钩及人员安置】2021年,后勤管理中心根据总署相关文件要求,立即停止吉林省业兴卫生处理有限公司、延吉兴检公司和珲春金兴公司正在执行的进出境检疫处理业务合同。迅速成立清算组,制定吉林省业兴卫生处理有限公司资产清算工作方案,聘请律师事务所、会计师事务所等专业机构,完成业兴公司及其2家子公司的审计工作,并出具资产清算专项审计报告及资产评估报告,根据3家公司企业资产评估情况研究资产转让事宜,根据债务债权情况制定资产分配方案。

通过多次走访、调研,了解企业员工的再就业困境,在确保职工队伍稳定的同时,协调延吉海关和珲春海关,尽最大努力解决员工实际困难,确保人员安置工作有序进行。完成业兴公司及两家子公司的人员安置工作,在保证所属企业脱钩工作有序进行的同时,充分尊重职工个人意愿,解决职工的就业需求。

【队伍建设】2021年,后勤管理中心根据长春海关人事处提出的启动干部选拔任用工作意见,结合中心领导班子建设需要和业务工作实际,进一步优化事业单位岗位人员的选拔任用工作,通过民主推荐、谈话、考察及监督等环节完善干部考核任用工作的组织实施，综合考虑干部任职条件、任职资格、工作能力、工作业绩及政治历史等方面的考核维度，全方位优化干部考核任用机制，为优化后勤保障队伍建设提供新鲜血液。

结合工作实际，制定后勤管理中心党委全面从严治党主体责任清单，明确党委班子及委员落实全面从严治党主体责任的任务和要求，开展廉政警示教育，打牢党员干部守纪律、讲规矩的基础，专题学习违反中央八项规定的典型案例，筑牢党员干部知敬畏、存戒惧、守底线的思想防线；坚持严管和厚爱相结合，用好"第一种形态"，经常性开展谈心谈话，及时掌握干部职工的思想动态，加强心理疏导，发现苗头问题，及时扯袖提醒，抓早抓小，防微杜渐；开展严禁酒驾、醉驾宣传教育活动，开展日常内务规范检查及队列训练。

（撰稿人：王　尧　张艺馨）

长春海关技术中心

【概况】长春海关技术中心（以下简称"技术中心"）于2019年5月6日正式批复更名，为长春海关所属独立法人事业单位，主要承担关区内行政执法技术保障、社会委托检测服务及科研项目、标准方法的科学研究与技术开发等工作。内设15个正科级部门，包括11个在长春的部门及分布在不同隶属海关的4个综合实验室。2015年，经原总局批准成立全资子公司——吉林省检验检疫科学技术研究院有限公司。

在实验室建设上，先后在动物及其制品、农产品和物种资源检疫鉴定领域设立5个国家级检测重点实验室。拥有实验场地1.2万余平方米，仪器设备2,299台（套）。

在人员队伍建设上，有博士12人，高级职称27人，享受国务院政府特殊津贴人员2人，吉林省拔尖创新人才5人，总署各专业技术专家9人，吉林大学校外合作导师5人，是一支高学历、高专业素质的技术团队。获省部级奖项142项；发表科技论文569篇，编著专著18部。参加国家自然科学基金、海关总署、省科技厅科研项目等80余项；研制起草国际标准、国家标准、行业标准、省地方标准200余项；获得国家发明专利和实用新型专利50余项；获总署"科技成果奖"、原质检总局"科技兴检奖"、吉林省"科技进步奖""中国标准创新贡献奖"等140余项。

2021年，技术中心全年检测12,910批次，完成检测66,925个结果，出具检测报告8,427份。其中，完成海关执法保障任务7,288批次，出具29,018个结果；完成委托经营服务性业务5,622批次，出具37,907个结果。2021年法检自检率为98.42%（批次）、98.82%（结果）。

2021年，全年检出异常结果674批次（不合格率为5.22%），异常结果721个（不合格率为1.08%）。其中，食品检验实验室异常结果批次435批次，植物检疫异常结果229批次，动物疫病异常结果10批次。

表6-1　2021年度检验类别统计表

业务类型	报检批次	所占比率
法定监管检验检疫	2,234	17.30%
化验鉴定	100	0.77%
其他法定入境	4,272	33.09%
法定出境	682	5.28%
社会委托	5,545	42.95%
质量控制（包括比对试验、现场评审目击试验）	77	0.60%

表6-2　2021年度各样品类别占检份额统计表

样品种类	检测批次	所占比例
食品类（农产品、酒类、糕点、调味品等）	11,423	73%
动物检疫（非洲猪瘟、禽流感病毒）	3,305	21.12%
植物检疫（昆虫鉴定等）	758	4.84%
工业品（金属板材）	96	0.61%
属性鉴定（化验鉴定、固体废物鉴别）	67	0.43%

【党的建设】2021年，技术中心以"党员专列"品牌为载体，开创"一列两轮三化三度"（"一列"，即党员专列；"两轮"，即党建与业务双轮驱动；"三化三度"，即提升党建品牌化的高度、拓宽思想多元化的广度、探索专业化的深度）的党建模式。

推进"强基提质工程"，开展3个基层党支部星级达标创建工作，以"1+3+n"模式推动党建各项工作，创新打造"技术号""奋进号""服务号"基层党支部党建品牌。在党史学习教育中，创建"红色书屋"和青年理论学习小组，举办开展"学党史、颂党恩、跟党走"主题演讲比赛、党的十九届六中全会精神知识竞赛暨生物安全业务大比武等系列主题活动，创新开展情景式党课新模式，依托"党史学习文化长廊和品牌建设长廊"进行浸入式学习。

志愿服务办实事。为吉林大学公共卫生学院大一新生做职业规划网络直播课；针对预包装食品企业在进出口贸易中有关标签的要点、难点进行培训；创建"四通"文明窗口，提升业务服务水平。

【廉政建设】2021年，技术中心学习贯彻两级党委全面从严治党工作会议精神，落实长春海关党委全面从严治党主体责任清单。发布相关"工作提示"，组织"模拟考试"，结合"现场监管与外勤执法权力寻租"专项整治持续开展廉政纪法教育。学习文件精神及讲话内容80余项，组织61名相关人员开展个人违规事项申报，进行廉政风险谈心谈话85次，撰写心得体会60份，建立一个机制（与相关隶属海关和派驻纪检组探索建立协调配合机制，实现专项整治、党风廉政建设和反腐败工作对四个综合实验室的"无缝衔接"）、完善两个体系（完善监督体系，降低廉政风险；完善质量管理体系，使质量管理体系符合专项整治要求，符合党风廉政和反腐败工作要求）、做好四个结合（与党史学习教育相结合，提高纪法教育的覆盖面；与质量控制活动相结合，建立"一误双查"制度；与检测工作质量整顿等专项工作相结合，堵塞管理漏洞；与岗前培训和考核相结合，建立长效机制）等措施。

【生物安全】2021年，技术中心加强实验室生物安全防护能力。2021年度持续补充和加强生物安全防护所需设备、器材和物资，完成生物安全相关的实验室资质备案。完成物表新冠病毒核酸检测在长春市卫计委备案工作，取得人员检测资质；完成动物检疫领域在吉林省牧业管理局的备案工作。以《中华人民共和国生物安全法》和《中华人民共和国安全生产法》的颁布宣贯为契机，开展贯穿全年的相关培训，从2021年年初《中华人民共和国生物安全法》的全员宣贯培训，到12月28日完成的"党的十九届六中全会精神知识竞赛暨生物安全业务大比武"，培训及参加大比武人次达100人次，核心科室年度完成日常生物安全培训、演练及考核280人次，上述培训活动达到全员覆盖。

【动植物检疫】2021年，技术中心承担长春关区非洲猪瘟、高致病性禽流感、松材线虫等重大动植物疫病疫情防控任务。2021年进境动物疫病检测较往年呈现检测项目增加、检测难度增大的特点，全年完成检测任务3,305批次。其中，非洲猪瘟样品130批次；进境种猪检测样品1,486批次；进境种鸡检测样品360批次。2021年植物检疫法检样品显著增多，全年完成检测任务758批次。其中，松材线虫检疫578批次；实蝇监测样品62批次；其他常规病害及物种鉴别118批次。

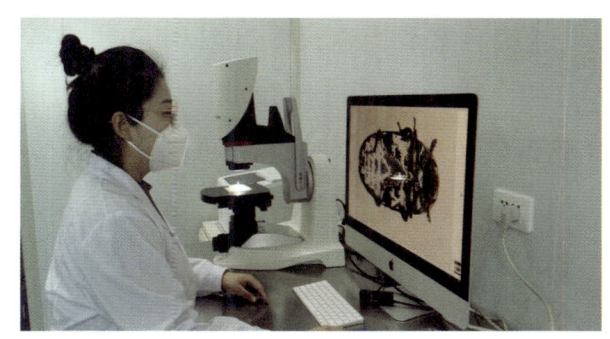

▲2021年9月，技术中心植物检疫实验室检出储藏物害虫——白腹皮蠹

【商品检验和固体废物属性鉴别】2021年，技术中心实现长春关区矿产品涉税归类化验、高分子聚合物鉴定工作零的突破，完成硅铁样品、属性成分检测等领域的独立自检。2021年接检涉税化验66批次，固体废物属性鉴别（丙烯聚合物）1批次，出具归类化验报告61份，自检品种3种，完成固体废物属性鉴定1批次，出具固体废物鉴定报告1份。

【食品检验检疫】2021年，技术中心食品检验检疫业务主要集中在国家市场监督管理总局食品安全抽检，吉林省、长春市市场监督管理局食品安全抽检及中储粮等专项工作。全年检测样品11,423批次，出具检测数据40,991个，其中法定检验（e-Lab）1,338批次，检测数据5,888个；委托检验（LIMS）10,085批次，检测数据35,103个。异常结果481个，分别来自兽药残留领域1个，农药残留领域1个，非法添加物39个，生物毒素领域225个，添加剂领域 23 个，污染物领域 27 个，重金属领域 13 个，常规理化领域 104 个，微生物领域 48 个。

【实验室能力建设】2021 年 3 月末至 6 月初，技术中心以告知承诺的方式向国家认证认可监督管理委员会提交检测能力资质认定（CMA）扩项申请。2021 年 6 月下旬至 7 月初，进行标准方法查新工作，核查出失效作废/变更的标准方法 90 个。根据标准方法查新的结果，分别向 CNAS 和 CMA 提交方法变更申请，变更涉及 CNAS 检测能力的 11 个产品类别，检测方法 21 个；涉及 CMA 检测能力的 45 个产品类别，检测方法 46 个。

【安全生产】2021 年，技术中心将安全生产的关口前移，从事后分析转移到全过程监督管理。组织全员学习《中华人员共和国安全生产法》等相关法律法规视频。根据长春海关开展 2021 年"安全生产月"活动的通知和科技处开展实验室安全检查的通知要求，组织技术中心本部五个实验室及四个综合实验室开展实验室化学领域及病原微生物领域全方面安全自查工作 3 次。做好机关运行应急保障，制定应急预案；强化值班应急，落实全年 7×24 小时值班工作要求，执行节假日领导值（带）班制度。

【市场经营】2021 年，技术中心持续与中储粮、国家市场监管部门等现有客户资源积极保持业务联系。全年完成社会委托检测业务 5,622 批次，承接复检样品 26 批次，实现委托检测业务收入 601.73 万元，2021 年委托业务对接承揽订单、订单金额均大幅增加。重点开发海关内源性涉案财物的检验鉴定及价值评估，与各隶属关接洽表外抽检相关业务，以及截获遗留物鉴定评估销毁工作和关区内卫生监督抽采样任务。

【政务管理】2021 年，技术中心抓好"第一议题"制度的落实，全年组织召开党委会 31 次、理论中心组（扩大）学习会 12 次、形势分析及工作督查例会 12 次，传达学习习近平总书记重要讲话和重要指示批示精神 124 项。加强信息基础工作，围绕总署、长春海关党委工作要求，立足关情挖掘信息选题，推送综合信息呈报 2 篇、信息快报 60 篇；修订印刷长春海关技术中心宣传手册。加强外部交流，与总署海科中心进行业务交流研讨。

【科技发展】2021 年，技术中心初步完成新冠病毒核酸检测弱阳性（灰区）复核技术方案的研发，为病原体核酸检测实验室复核验证提供技术方案。"芬太尼类物质筛查——拉曼光谱法"课题通过海关总署验收，完成"口岸入境冷链食品包装物新冠病毒 2019-nCoV 应急快速检测及溯源的应用研究"立项和"保健食品中涉毒及违禁物质快速检测技术和应用研究"开发。发表的《反刍动物主要疫病检测与防控技术及其标准化应用研究》《样品前处理装备的制备及其在检测样品中有机污染物的应用》分别获得总署科研成果二等奖和吉林省科技厅科技进步三等奖。

【队伍建设】2021年,技术中心拓展准军事化纪律部队内涵,组织开展"内务规范强化月"活动。学习新修订的《海关内务规范》,通过观看视频和集中训练等多种形式,培育优良纪律作风。开展严禁酒驾、醉驾宣传教育活动。开展日常内务规范检查及队列训练。

(撰稿人:于　涛　吴连鹏　宋远航　葛蔓萱)

吉林国际旅行卫生保健中心（长春海关口岸门诊部）

【概况】吉林国际旅行卫生保健中心（长春海关口岸门诊部）（以下简称"保健中心"）前身为长春国际旅行卫生保健中心，隶属于原吉林出入境检验检疫局，成立于1999年10月，位于长春市绿园区皓月大路902号。2019年纳入长春海关管理，为国境卫生检疫提供技术保障和技术支持。保健中心设置6个部门及3个下设门诊部，现有9个内设机构，在编人员42人，其中管理岗15人、专技岗27人；聘用人员88人，其中长春本部54人、吉林市门诊部20人、珲春门诊部12人、通化门诊部2人。

保健中心事业单位类别为"公益二类"。承担长春关区内出入境人员传染病监测、健康检查、预防接种、国际旅行咨询及健康宣教工作。承担长春关区内国境口岸卫生检疫查验、传染病监测、卫生监督、卫生处理、突发公共卫生事件应对等技术支撑工作。承担长春关区内出入境传染病和公共卫生有害因子风险监测、评估、处置工作，参与境外疫情监测工作。承担卫生检疫实验室运维和日常管理工作。承担开展口岸公共卫生安全科研、制标、技术开发和应用服务工作。参与卫生检疫和旅行医学国际交流与合作工作。承担自身组织建设和队伍建设，承担本单位管理七级岗位以下干部的选拔任用及内设部门人员的岗位聘任和日常管理考核工作。承担长春关区与本业务领域相关的技术服务工作。

2021年，保健中心开展出入境人员体检及韩签业务2.30万人次，开展社会体检1.27万人次；开展入境航班核酸检测1.92万人次，开展物表检测3.45万例。完成长春关区关警员新冠病毒检测保障任务1.91万人次。

【党建工作】2021年，保健中心积极构建"党建引领、多元参与、强化职能、优化服务"党建管理格局，以"保卫国门，守护健康"为理念创新党建工作，打造"关保先锋"党建品牌，并建立"冲锋之矛、保障之盾、服务之窗"三支敢打硬仗、能打胜仗的党支部。坚持正确政治方向,将学习习近平总书记重要指示批示精神作为"第一议题",落实党的十九大和十九届历次全会精神,坚定不移贯彻新发展理念、全面深化"五关"建设。加强政治理论学习,开展党的十九届六中全会精神学习贯彻活动4次,理论中心组学习24次,支部学习69次,"学史·铸魂"红色讲坛83次,召开"三会一课"96次,主题党日活动30次,营造了良好的学习氛围。2021年,保健中心第三党支部被评为"长春海关基层党建培育品牌"、长春海关"四强"支部、先进基层党组织;2人获得"长春海关优秀共产党员"称号,1人获得"长春海关优秀党务工作者"称号。

▲2021年8月,保健中心第一党支部深入开展学习交流活动

【新冠肺炎疫情防控】2021年,保健中心筑牢疫情防线,提供新冠检测技术支撑。持续做好"人物同防"新冠肺炎疫情防控保障工作,开展入境航班核酸检测19,234人次;开展物表检测34,545例;完成长春关区关警员新冠病毒检测保障任务19,079人次。随着国际疫情形势的变化、病毒毒株变异速度的加快,保健中心实验室检出阳性样本数量增加,检出阳性数据更加准确可靠。在内部疫情防控工作方面,保健中心成立疫情防控工作专班及疫情防控领导小组,建立实验室检测工作条线、医护人员业务条线、后勤服务保障条线三条疫情防控工作条线,明确相关责任,强化责任意识,按照长春海关及地方卫生管理部门关于疫情防控要求,建立健全完善的防控制度,包括保健中心新冠肺炎内部防控措施、新冠肺炎疫情防控个人安全防护工作专班实施方案以及新冠肺炎疫情防控医护人员工作预案、实验室工作预案等制度,进一步确立业务流程,避免工作疏漏。与此同时,保健中心坚持落实"多病共防"职责,持续做好出入境体检工作,开展出入境人员体检及韩签业务2.30万人次,为赴韩人员进行核酸检测5,104人次,为防范疫病疫情通过长春关区传入传出起到积极的技术支撑作用。全年开展社会体检1.27万人次、开展对外核酸检测1.38万人次。

【提升检测能力水平】2021年,保健中心进一步加强实验室基础建设。在长春海关党委的大力支持下,保健中心完成了P2实验室和病媒生物实验室改造,制订移动P2+实验室应用方案及体系文件。在北京冬奥会和冬残奥会期间,与职能部门、长春龙嘉机场海关等部门协同配合,以移动P2+实验室为依托,保健中心作为技术支撑,完成冬奥会和冬残奥会备降机场的新冠病毒检测保障任务。同时开展专业技能培训和应急演练工作，打造"水平高，技术强，设备优"的长春海关实验室品牌。进一步推进与地方的联动，加强学术交流。与吉林大学公共卫生学院、社会团体搭建交流学习平台，提升保健中心科研水平，提高保健中心国境公共卫生疫病疫情防控能力。2021年，保健中心1人被评为"长白山青年拔尖人才"，2人获省级职业病中毒医师诊断资质；保健中心在研科技部项目1项、省部级项目4项、行业标准5项、地方标准4项。通过多项举措并行的方式，进一步提升保健中心技术队伍素质水平，提高实验室检测硬实力。

【队伍建设】 2021年，保健中心深入贯彻落实"政治坚定、业务精通、令行禁止、担当奉献"的准军事化纪律部队建设要求，强化日常纪律作风养成，定期开展内务检查，并设立内务规范示范岗，形成互相督促、比照提升的管理新局面。坚持正确的"育人、选人、用人"导向，开展管理岗位及技术岗位的聘用工作，完成长春海关事业单位定岗定编、"事业单位聘用合同"的签订，完成42人医保、社保的办理工作。认真对待各项巡视巡察工作，完善、制定各项业务制度30余项、财务制度8项。按照长春海关要求，保健中心建立"问题清零"工作机制，压实领导小组及各部门、门诊部工作责任，梳理机制工作流程，建立督办机制，在保健中心月度例会上反馈落实情况，做到"不贰过"。通过各项举措，全面提升保健中心的凝聚力和战斗力，打造一支忠诚、干净、担当的高素质人才队伍。

（撰稿人：吴　剑　张　洋）

第八篇

人物荣誉

2021年获评省部级及以上表彰集体、人员名录

第20届全国青年文明号

龙嘉机场海关旅检一科

全国海关党建示范品牌

长春兴隆海关综保现场党支部"开放前沿　海关先行"、延吉海关机场办事处党支部"空港金达莱"

全国海关党建培育品牌

通化海关老虎哨口岸监管科党支部"渡口守初心、坚守保国门"、长春龙嘉机场海关旅检一科党支部"旅检放大镜"

吉林省先进基层党组织

长春兴隆海关综保现场党支部

2019—2021年吉林省文明单位

辽源海关、松原海关

2016—2020年全国普法工作先进个人

法规和综合业务处　张健

2021年全国食品安全工作先进个人

珲春海关　王文超

全国海关机要保密工作劳动模范

吉林海关　王会奇

2021年全国海关优秀公职律师

法规和综合业务处　任准

全国巾帼建功标兵

延吉海关　耿立敏

长春海关首次荣获"光荣在党50年"纪念章名单

黄仕儒	徐永泉	李春玲	古凤鸣	金云凤	蔡明龙	苗树元	张向东
杨培惕	秦保和	吕维栋	张玉清	金龙洙	王　成	金松吉	徐福寿
李文国	于永清	郭长春	李　斌	崔道教	刘振彬	金东海	李德峰
梁洪仕	袁成忠	韩惠庆	宋熙茂	董　成	董敬昌	颜家厚	王　祺
刘培森	邱学智	王开义	王　瑛	马春云	朴相周	牛福山	金龙云
薛瑞民	王　野	蔡尚群	王佐英	李成林	隋志义	吴振学	赵尚义
段永志	李　贵	王世好	张春学	蔡贞锡	崔钟仑	尹正和	赵本初
王希才	韩玉华	姜成葆	宦立才	于　贵	崔恒利	李学忠	李德有
马承祯	金学根	权在寿	朱英玉				

2021年国务院"授衔令"（二级关务监督及以上）

李晋生　陶传良　孙晓东　李忠平　　邢　刚　金云弘　杨　光　邵丽筠
都兴盛　王可明　孙　岩　贾　睿　　董玉辉　王　旭　陈玉春
路　非　朱　星　李　剑　韩　冰

2021年获得海关扎根艰苦地区边关工作金质荣誉章人员名录

于福奎　董凌志　刘　伟　沈恩斌　　　尹朝晖　席家文　车永杰　臧运红
朱赞华　张志远　刘　著　金永哲

第九篇

大事记

2021年长春海关大事记

1月

▲6日 珲春海关对通过边民互市贸易方式进口的非冷链商品进行口岸环节新冠病毒检测。这是长春关区首次对边民互市方式进口非冷链商品进行口岸环节新冠病毒检测。长春海关监管处通过监控指挥平台全程远程监控并记录。

▲9日 副关长石建平参加省政府2021年第一次常务会议暨2021年省政府重点工作交流会第一次会议。

▲11日 印发《长春海关党委2020年度民主生活会工作方案》《长春海关处级领导班子2020年度民主生活会督导工作方案》《长春海关处级领导班子2020年度民主生活会工作方案》《2020年度长春海关基层党组织书记抓基层党建述职评议考核工作方案》。

政治部主任张赞会见吉林省绩效考评组组长雷向春一行。

副关长张君会见吉林省林业与草原局副局长王伟。就长春海关罚没陆生濒危植物及其制品移交、保管、后续处置等工作进行座谈，对签署合作备忘录事宜达成共识。

▲13日 副关长石建平参加省疫情防控领导小组会议。

纪检组组长李晋生拜访吉林省纪委常委兼巡视组组长马志，介绍长春海关2020年纪检监察工作情况。

▲19日 印发《长春海关新冠肺炎疫情内部防控暂行规定》《长春海关职能部门与隶属海关单位查发走私绩效测评办法（试行）》（长关办〔2021〕21号）。

关长董岩主持召开2021年第二次党委理论学习中心组（扩大）学习会议。集体学习习近平总书记在中共中央政治局民主生活会上的重要讲话和《关于巩固深化"不忘初心、牢记使命"主题教育成果的意见》。副关长谢兵、缉私局局长裴宏林、副关长石建平、纪检组组长李晋生作重点发言。关党委委员，总工程师，各隶属海关、各部门、事业单位主要负责人参加学习。

副关长谢兵参加吉林省政府十三届七次全体会议。

▲20日　副关长谢兵参加吉林省政府2021年第三次常务会议。

▲21日　缉私局局长裴宏林参加省公安厅2021年第五次厅党委（扩大）会议。

▲26日　松原海关辖区中粮家佳康（吉林）有限公司进境种猪隔离场通过海关总署验收。

▲29日　关长董岩参加吉林省第四次省委常委会议暨省疫情防控领导小组第四十一次会议。

纪检组组长李晋生参加2021年全国海关纪检监察工作会议。

2月

▲2日　副关长石建平参加省疫情防控领导小组物防组对白城地区相关工作疫情防控措施落实情况监督检查。

▲3日　长春海关与中国海关出版社有限公司视频签署合作备忘录和合作协议。

▲4日　2021年长春海关关区工作会议召开。关长、党委书记董岩作主题报告。

2021年长春海关全面从严治党工作会议召开。

▲5日　长春海关举办"迎春送福写春联，翰墨飘香添年味"活动，关长董岩、政治部主任张赟、副关长谢兵、石建平、张君、纪检组长李晋生参加活动。

▲7日　关长董岩、缉私局局长裴宏林参加2021年全国海关缉私工作会议暨全国打私办主任会议。吉林省政府副秘书长徐亮参加会议。

▲20日　印发《2021年全国海关工作会议及长春海关关区工作会议重点任务分工方案》。

副关长谢兵主持召开长春海关加强知识产权保护暨"龙腾行动2021"动员部署会议。

3月

▲3日　印发《长春海关关于开展"现场监管与外勤执法权力寻租"专项整治工作方案》。

▲10日　白城海关完成建关以来首次税款入库。

▲11日　通化海关首次销毁处理涉案走私丰田汽车，所得残值590元入缴国库。

▲16日　副关长谢兵参加吉林省政府2021年度第八次常务会议。

缉私局查获关区首起走私新型LSD"邮票"毒品进境案。

▲17日　白城海关签发首份含有非原产成分的中国—东盟原产地证书。

▲18日　副关长谢兵参加吉林省政府珲春海洋经济发展示范区建设工作调度会议并作交流发言。

▲19日　长春海关召开"RCEP政策解读及前景展望"新闻发布会，副关长谢兵做主旨发布并答记者问。

副关长石建平会见通化市政府常务副市长经希军，就通化市保税物流中心（B

型）申建事宜进行沟通。

▲22日　印发《长春海关进出口商品检验鉴定机构"双随机、一公开"监管工作细则》《长春海关信息化应用项目管理实施细则（试行）》和《长春海关移动P2+实验室管理办法（试行）》。

副关长谢兵参加全国新冠病毒疫苗接种电视电话会议。翌日，主持召开长春关区新冠病毒疫苗接种视频会议。

▲24日　关长董岩、政治部主任张赞、缉私局局长裴宏林拜访吉林省直机关工委常务副书记刘曼抒。

▲26日　通化海关首次移交涉案走私药品，将罚没涉案走私药品阿普唑仑、唑吡坦移交至集安市市场监督管理局作销毁处理。

▲29日　关长董岩、副关长张君会见珲春市委书记陈胜，就申请增加指定监管场地、提升珲春各口岸通关能力、推进互市贸易发展等进行交流并达成初步共识。

▲30日　副关长石建平参加中央宣讲团报告会暨省委理论学习中心组党史学习教育读书班开班式。

▲31日　兴隆海关完成首票跨境电商保税货物非冷链食品新冠病毒采样。

4月

▲2日　长春海关6项科研课题通过总署科研项目集中验收，涉及食品化学、动物检疫、植物检疫、卫生检疫4个专业。

▲6日　第三实验室（白城）完成对白城海关监管首批出口韩国泡菜中"大肠埃希氏菌计数"检测工作，检测结果为"未检出"，符合出口国家相关要求。

▲15日　长春海关与吉林省农业农村厅开展水生动物管理相关业务研讨，学习政策法规，为下一步办理林蛙养殖场备案等相关工作奠定基础。

▲19日　印发《长春海关行政执法资格和执法证管理实施细则》《长春海关2021年度关级课题》《长春海关干部人事信息管理办法（试行）》《长春海关事业单位人员聘用管理办法（试行）》《长春海关编外聘用人员管理办法（试行）》。

▲20日　长春海关会同大连、沈阳、哈尔滨海关联合举办知识产权海关保护线上培训。

▲23日　副关长谢兵出席长春海关保密办"庆祝中国共产党成立100周年保密宣传教育"专题讲座，邀请省委保密办、省国家保密局办公室主任富原现场授课。

长春海关参加16省（区、市）侵权假冒伪劣商品统一销毁活动，对近年查获的部分侵犯知识产权货物实施环保销毁，并在活动现场通过展板、现场讲解等形式宣传知识产权海关保护政策及成果。

▲26日　政治部主任张赞陪同天津特派办主任乔惠同到珲春海关调研。

副关长谢兵参加2021年吉林省知识产权新闻通报会。

▲27日　总署物资装备采购中心副主任蹇志惠到长春海关调研，张君副关长主

持召开调研座谈会，就采购规模、采购体制、履约验收管理、采购风险防范等进行交流。

▲29日　政治部主任张赞主持召开中共长春海关直属机关第二次代表大会。关党委委员、省直机关工委相关负责同志及关区党员代表参会。

通化海关助力辖区新冠病毒抗原检测试剂盒首次出口日本。

▲30日　长春海关监管首列出境"长珲欧"班列，该票货物自长春始发，经珲春出境至俄罗斯，途经波兰最终抵达德国杜伊斯堡。

5月

▲12日　印发《中共长春海关直属机关委员会工作规则》。

副关长张君陪同总署总工程师韩森、商品检验司司长林建田到吉林海关调研。

▲17日　印发《长春海关处级以上领导干部外出请假管理办法》。

副关长谢兵参加全国新冠肺炎疫情防控和新冠病毒疫苗接种工作视频会议。

▲21日　缉私局局长裴宏林参加吉林省公安厅2021年第19次厅党委（扩大）会议暨第六次厅党委理论学习中心组集体学习。同日，参加吉林省平安吉林办召开的建党百年安保维稳工作推进会。

▲26日　长春海关首次在寄递渠道查获液化气罐。

▲27日　关长董岩拜访吉林省委副书记、省长韩俊，汇报长春海关2021年以来重点工作情况。

▲28日　副关长谢兵参加总署政法司"美好生活·民法典相伴"线上主题宣讲活动。

副关长谢兵参加长春海关民法典合同编、劳动法专题讲座。

▲31日　副关长谢兵在吉林省疫情防控指挥部参加全国新冠肺炎和夏季重点传染病疫情防控工作视频会议。

6月

▲1日　缉私局长裴宏林参加全国政法队伍教育整顿中央第五督导组吉林小组下沉长春海关缉私局督导调研。

▲4日　纪检组长李晋生走访吉林省纪委监委。

副关长谢兵出席保健中心与吉林大学公共卫生学院合作协议签约仪式，签署《合作共建学生实践教育基地协议书》，并授牌"吉林大学公共卫生学院实践教育基地"。

▲6日　副关长谢兵参加吉林省委省政府支持中国一汽创建世界一流企业大会。

▲10日　关长董岩陪同吉林省省长韩俊到北京拜会总署署长倪岳峰，署省双方就支持吉林口岸临时开放、拓展口岸功能及进境种牛项目建设、增设汽车类暂定税率等交换意见。

▲16日　印发《长春海关关级课题研

究管理办法（试行）》《长春海关公务用车使用管理规定（试行）》《长春海关公有住房管理办法（试行）》《长春海关收费管理办法》。

关长董岩主持召开"我为群众办实事"实践活动推进会议。

长春海关3项吉林省地方标准制修订项目获批立项。

▲17日　副关长谢兵主持召开2021年长春海关统筹口岸新冠肺炎疫情防控和促进外贸稳增长工作指挥部办公室第十三次会议，审议通过《长春海关关于进一步落实安全防护责任防止职业暴露感染的任务分工表》。

▲21日　延吉海关首次监测发现东北地区新纪录种昆虫——黑斑尖筒象（$Myllocerus\ illitus\ Reitter$）。该虫为长春关区首次发现，也是首次在东北地区发现。

▲24日　印发《贯彻落实〈中共海关总署委员会关于加强巡视巡察上下联动的实施意见〉的方案》。

关长董岩以《深化党史教育　凝聚发展动力　奋力开创长春海关工作新局面》为题讲党史学习教育专题党课。

长春海关首次作为牵头单位组织开展汽车制造行业税政调研。

▲28日　关长董岩主持召开长春海关统筹口岸新冠肺炎疫情防控和促进外贸稳增长工作指挥部第三十二次（扩大）视频会议，审议《长春海关入境人员卫生检疫岗位工作人员封闭管理工作方案》《长春海关入境人员卫生检疫岗位工作人员集中封闭管理场所工作制度》。

关长董岩、政治部主任张赞慰问离休干部，为老党员佩戴"光荣在党50年"纪念章。

▲29日　吉林省委副书记、省长韩俊到长春海关调研。

关党委委员及关区党员干部集中观看"七一勋章"颁授仪式现场直播，学习领会习近平总书记在颁授仪式上的重要讲话。

7月

▲5日　关长董岩陪同总署副署长王令浚在长春海关调研，结合"我为群众办实事"实践活动，到松原海关实地调研办公楼基建项目。

▲6日　副关长石建平陪同吉林省副省长李伟到兴隆综合保税区、珲春调研。

▲8日　关党委委员参加总署办公厅加强新冠肺炎疫情安全防护工作视频会议。

副关长谢兵参加"国家发展改革委与美在华跨国企业高层圆桌会——地方对接会·吉林站"活动。

关长董岩陪同驻署纪检监察组组长陶治国在长春海关调研，会见吉林省委常委、纪委书记张忠，并到一汽红旗展馆开展党史学习教育活动。

▲9日　副关长谢兵组织召开2021年长春海关统筹口岸新冠肺炎疫情防控和促

进外贸稳增长工作指挥部办公室第十四次会议，审议通过《长春海关关于进一步加强疫情防控人力资源保障工作的任务分工表》。

▲14日 长春海关首次采取线上线下结合方式对基建项目开展竣工财务决算验收。

▲16日 副关长谢兵参加2021年长春海关统筹口岸新冠肺炎疫情防控和促进外贸稳增长工作指挥部办公室第十五次会议，审议通过《长春海关新冠肺炎疫情防控个人安全防护工作专班实施方案（3.0版）》。

▲19日 关长董岩主持召开党史学习教育推进会。

关长董岩主持召开2021年党的建设暨全面从严治党工作会议。

珲春海关完成长春关区首笔监管作业场所无纸化审批。

▲22日 长春海关在杨靖宇干部学院举办"重走抗联路，学史铸关魂"党史学习教育专题读书班，重温入党誓词，到杨靖宇烈士陵园祭奠革命先烈并敬献花圈。

▲30日 缉私局局长裴宏林参加缉私局庆祝建军94周年"情系最可爱的人 向退役军人报告"主题座谈会。

8月

▲5日 印发《贯彻落实〈中共海关总署委员会关于深入治理违反中央八项规定精神突出问题 进一步推进清廉海关建设的若干措施〉任务分工方案》。

副关长谢兵陪同吉林省副省长安立佳到龙嘉机场调研新冠肺炎疫情防控工作。

▲6日 总署总工程师韩森及关党委委员在长春海关分会场参加全国海关疫情防控工作视频会议。

副关长谢兵参加国务院联防联控机制口岸疫情防控吉林工作指导组对接会。

▲9日 印发《中共长春海关委员会关于加强对"一把手"和领导班子监督的落实方案》。

▲10日 兴隆海关保障东北地区首列"一单制"海铁联运班列开行。

▲16日 副关长谢兵组织召开2021年长春海关统筹口岸疫情防控和促进外贸稳增长工作指挥部办公室第十八次会议，审议通过《长春海关关于进一步明确疫情防控专项考核实施部门及完善调整评分标准的通知》《长春海关关于落实倪署长在全国海关疫情防控工作视频会上的讲话任务分工表》。

▲19日 关长董岩、政治部主任张赞参加总署办公厅事业单位所属企业脱钩工作视频会议。

副关长石建平参加省政府专题会议发言。

▲24日 关长董岩、副关长张君会见中国邮政集团有限公司寄递事业部副总经理郑双印、吉林省分公司总经理李革平、副总经理常雨昌，就进一步加强邮递渠道监管、密切沟通联系机制进行会谈。

▲25 日　印发《长春海关贯彻落实"三重一大"决策制度实施办法》。

长春海关与俄罗斯远东海关局召开2021年统计工作组远程视频会晤。

长春海关助力吉林市朝亮长白山林蛙养殖场成为全国首个获得出口水产品养殖场资质的林蛙养殖场。

▲26 日　长春海关完成首批走私冻品移交处置工作。

▲27 日　副关长谢兵参加国务院新冠病毒疫苗接种工作视频调度会，同日参加吉林省新冠病毒疫苗接种工作视频推进会。

9 月

▲10 日　政治部主任张赞参加总署2021年海关新录用公务员初任培训结业式。

▲14 日　印发《长春海关关于加强海关史研究工作方案》《长春海关党委"现场监管与外勤执法权力寻租"专项整治整改工作方案》。

▲15 日　印发《长春海关落实"十四五"海关法治建设规划工作方案》《长春海关项目支出绩效评价管理办法》《长春海关预算绩效运行监控管理办法》《长春海关节约能源资源管理办法（试行）》《长春海关经费支出管理办法》。

副关长谢兵作为督导组成员到延吉参加吉林省政府组织的口岸疫情防控督导工作。

▲16 日　关长董岩、纪检组长李晋生参加长春海关"现场监管与外勤执法权力寻租"专项整治整改工作推进会议。纪检组长李晋生通报《长春海关党委"现场监管与外勤执法权力寻租"专项整治整改工作方案》。关长董岩对专项整治整改工作提出要求。

▲17 日　长春关区查获首起涉检稽查案件。

▲23 日　关长董岩陪同总署总检验师孙文康在长春参加第十三届中国—东北亚博览会开幕式暨第十一届东北亚合作高层论坛主论坛。

▲24 日　副关长张君陪同总署总检验师孙文康在延吉海关调研。

长春关区首次平行进口汽车，2辆平行进口汽车经大连口岸顺利运抵长春兴隆综合保税区。

▲28 日　关长董岩主持召开长春海关保密委会议、国家安全会议、科技数据安全会议。

副关长谢兵到长春市政府参加"法兰克福—长春"国际航线疫情防控工作调度会议。

▲29 日　关长董岩参加2021年红旗E-HS9出口欧洲发车仪式。

副关长张君参加长春海关出口危险化学品突发事件暨反恐应急演练。

▲30 日　副关长谢兵参加长春—法兰克福客运航线开航仪式。

10月

▲1日 副关长谢兵到长春龙嘉机场口岸卫生检疫监管现场带班并慰问一线干部职工。

▲9日 政治部主任张赞参加吉林省省直（中直）部门（单位）包保帮扶重点边境村动员部署会议。

副关长谢兵参加吉林省政府口岸疫情防控督导工作，与吉林省政府副秘书长苏衡一起到长春龙嘉机场口岸检查工作。

缉私局局长裴宏林参加吉林省公安厅2021年第三十九次厅党委（扩大）会议暨第15次厅党委理论学习中心组集体（扩大）学习会议。同日参加吉林省公安厅边境管控工作领导小组2021年第三次全体会议。

▲11日 关长董岩等会见国家税务总局驻沈阳特派员办事处特派员刘晓东、副特派员眭立军。

▲12日 通化海关办理首笔本地留学生异地购车业务。

▲20日 副关长谢兵主持召开2021年长春海关统筹口岸疫情防控和促进外贸稳增长工作指挥部办公室第二十一次会议，审议通过《长春海关口岸新冠肺炎疫情常态化防控培训工作方案》等4项议题。

▲21日 印发《长春海关实验室管理实施细则（试行）》《长春海关仪器设备管理实施细则（试行）》。

关长董岩、副关长谢兵会见中国海关科学技术研究中心宋悦谦主任一行，就推进海关系统"1+x"实验室建设等工作进行交流。

总署缉私局党组纪检组组长侯凤莲带队到长春海关缉私局督导检查第二批教育整顿工作。

▲25日 印发《长春海关基层党组织书记抓基层党建工作述职评议考核办法（试行）》。

长春海关首次开展政府预算支出经济分类对账工作。

▲26日 副关长谢兵主持召开长春海关关史研究工作推进会。

▲28日 长春海关12360服务热线与吉林省12345政务服务便民热线实现话务对接。

11月

▲3日 长春海关与吉林省生态环境厅、财政厅联合制发《吉林省非法入境固体废物移交处理联系配合办法》。

▲8日 副关长谢兵主持召开2021年长春海关统筹口岸疫情防控和促进外贸稳增长工作指挥部办公室第二十二次（扩大）会议，审议通过《长春海关关于全面加强今冬明春新冠肺炎疫情防控工作任务分解表》等6项议题。

▲12日 副关长石建平参加吉林省推进综合保税区高质量发展工作领导小组专题会议。

▲15 日　关长董岩、缉私局局长裴宏林、纪检组长李晋生会见总署缉私局第三批政治督察第二政治督察组组长赵建忠、副组长陈春。

▲17 日　印发《长春海关落实〈"十四五"海关科技发展规划〉工作方案》。

▲18 日　长春海关首次通过地方公共资源交易平台处置资产。

▲19 日　绿园海关联合兴隆海关办理关区首笔加工贸易副产品内销业务。

长春海关党建课题研究报告《聚焦机关党建职能定位　推动长春海关党建和业务工作深度融合》获评吉林省直机关2021年度机关党建优秀调研成果一等奖。

▲24 日　副关长谢兵陪同副省长安立佳到延吉、珲春调研。

▲26 日　珲春海关监管吉林省首列进口俄煤集装箱专列，搭载标箱56个，煤炭1,562.1吨，货值120.1万元。

▲30 日　兴隆海关首次监管出口以色列特拉维夫轻轨红线项目城铁机车。此批货物包括机车4列，货值4,678.5万元。

12 月

▲1 日　副关长谢兵到保健中心参加"世界艾滋病日"主题宣传活动。

副关长张君参加吉林省商务厅对俄铁路口岸相关事宜协调会。

长春海关科研项目《样品前处理装备的制备及其在检测样品中有机污染物的应用》荣获2021年吉林省科学技术进步三等奖。

▲3 日　在吉林省直机关学习贯彻《中国共产党组织工作条例》知识竞赛决赛中，长春海关代表队在省直机关45支参赛队伍中取得第4名，长春海关荣获最佳组织奖。

▲6 日　副关长谢兵等在监控指挥中心观摩总署口岸新冠疫情防控突发事件应急处置汇报演练。

▲7 日　印发《长春海关学习宣传贯彻党的十九届六中全会精神工作方案》。

▲9 日　石建平副关长主持开展长春兴隆综合保税区（二期）建设项目验收工作，以联合验收组组长身份主持召开验收工作会议，经验收组联合评审，一致同意该项目通过验收。其间，石建平副关长与省商务厅副厅长迟闯签署《长春兴隆综合保税区（二期）验收纪要》。长春海关、省商务厅、省发改委等8家联合验收组成员单位有关人员参加。

长春海关与俄罗斯远东海关局举行2021年监管合作组远程视频会晤，双方交流口岸基础设施建设情况、中俄海关监管结果互认、口岸交通工具放行不均和2022年合作计划等议题，达成一致意见。

▲15 日　印发《长春海关贯彻落实〈"十四五"海关发展规划〉任务分工及细化举措》。

国务院关税税则委员会采纳长春海关税则调整建议，将松子仁进口关税税率由25%降至10%、松子进口关税税率由24%

降至10%、汽油机颗粒捕集器进口关税税率由5%降至3%。自2022年1月1日起执行。

▲16日　关长董岩、政治部主任张赞、副关长张君会见审计署驻长春特派办特派员赵萍及副特派员。

▲18日　副关长张君在通化市参加第六届吉林国际冰雪产业博览会开幕式，其间会见通化市常务副市长李东友。

▲28日　关党委委员参加直属海关单位党委书记述责述廉述党建视频会议。

邮局海关首次查发放射性超标进境邮件。经检测，该邮件含有放射性物质钍232。这是长春海关首次在进境邮件中查发放射性超标情事。

▲30日　珲春海关监管关区首笔跨境电商B2B出口货物，该票货物采用"跨境电商出口海外仓（9810）"模式，主要商品为鞋面，货重11吨、货值44万元。

▲31日　关党委全体委员参加全国海关党史学习教育总结视频会议。

第十篇 海关统计资料

2021年吉林省各地区进出口总值表

项目	进出口		出口		进口	
	金额（万元）	同比（±%）	金额（万元）	同比（±%）	金额（万元）	同比（±%）
进出口贸易总值	15,037,735	17.3	3,535,387	21.5	11,502,349	16.0
长春市	11,797,706	14.8	1,659,338	22.4	10,138,367	13.6
其中：长春经济技术开发区	1,286,526	16.4	383,584	43.2	902,942	7.8
长春高新技术产业开发区	485,257	27.9	199,599	24.4	285,658	30.6
长春兴隆综合保税区	175,765	41.4	52,913	60.0	122,852	34.6
九台市	22,615	55.6	16,027	36.2	6,588	137.6
公主岭市	28,063	229.2	4,560	52.8	23,504	324.3
吉林市	825,517	50.1	518,083	39.1	307,434	73.2
其中：吉林高新技术开发区	52,673	6.1	39,080	3.0	13,593	15.8
吉林市保税物流中心（B型）	5,857	20.6	1,540	-68.3	4,317	—
桦甸市	9,964	-28.3	9,739	-28.8	226	1.9
蛟河市	32,168	65.4	15,966	19.3	16,203	166.6
延边朝鲜族自治州	1,521,641	25.2	710,384	22.9	811,257	27.3
其中：延吉市	63,091	6.1	48,774	7.1	14,317	3.0
图们市	52,610	21.9	18,677	-12.4	33,933	55.3
珲春市	1,060,413	28.6	332,629	32.3	727,784	26.9
其中：珲春综合保税区	212,287	38.9	141,409	25.0	70,878	78.7
其中：延边其他	345,527	20.0	310,304	19.5	35,223	24.9
通化市	288,650	68.5	140,484	55.1	148,167	83.7
其中：集安市	5,942	3.2	4,162	-2.7	1,780	20.2
其中：梅河口市	147,867	103.0	74,589	39.0	73,279	281.9
四平市	41,311	-12.9	23,752	-11.3	17,559	-15.0
辽源市	158,249	-16.4	124,596	-21.7	33,653	12.1

续表

项目	进出口		出口		进口	
	金额(万元)	同比(±%)	金额(万元)	同比(±%)	金额(万元)	同比(±%)
白山市	113,939	10.4	83,527	7.2	30,412	20.2
白城市	195,058	26.1	179,722	30.1	15,336	-7.5
松原市	95,664	-14.6	95,500	-13.5	165	-89.7
其他	0	—	0	—	0	—

2021年吉林省对主要国家（地区）进出口总值表

项目	进出口 金额（万元）	进出口 同比（±%）	出口 金额（万元）	出口 同比（±%）	进口 金额（万元）	进口 同比（±%）
进出口贸易总值	15,037,735	17.3	3,535,387	21.5	11,502,349	16.0
亚洲	3,304,072	3.7	1,457,065	15.0	1,847,007	-3.8
中国香港	24,897	-11.6	24,740	-10.8	156	-64.5
印度	253,497	49.0	221,980	47.8	31,517	57.5
印度尼西亚	202,418	71.5	69,192	-16.5	133,226	278.6
伊朗	5,984	-74.3	5,984	-74.3	0	-100.0
以色列	90,759	34.0	75,220	37.2	15,538	20.4
日本	1,069,760	-17.9	247,828	12.5	821,932	-24.1
马来西亚	84,915	18.1	24,105	-12.5	60,810	37.0
巴基斯坦	34,969	0.3	32,093	-3.1	2,875	64.6
菲律宾	97,655	15.4	65,906	26.4	31,749	-2.3
沙特阿拉伯	51,607	70.8	50,282	76.0	1,325	-19.3
新加坡	48,363	-1.8	33,694	15.5	14,669	-26.9
韩国	567,599	11.1	314,959	8.7	252,640	14.3
泰国	158,494	-39.1	55,899	-24.0	102,595	-45.1
土耳其	65,777	62.7	43,956	86.4	21,821	29.5
阿联酋	27,344	103.1	25,274	104.1	2,069	91.8
越南	75,412	51.0	68,697	61.1	6,715	-8.0
中国台湾	122,408	-0.3	36,074	2.8	86,333	-1.5
非洲	214,226	45.4	145,424	43.6	68,802	49.2
肯尼亚	17,447	19.6	17,447	19.6	0	-100.0
南非	66,662	67.2	52,259	34.3	14,402	1,437.0

续表1

项目	进出口 金额(万元)	进出口 同比(±%)	出口 金额(万元)	出口 同比(±%)	进口 金额(万元)	进口 同比(±%)
坦桑尼亚	25,443	95.0	25,443	95.0	0	—
赞比亚	18,526	59.3	1,745	304.8	16,781	49.9
厄立特里亚	21,859	-7.2	0	—	21,859	-7.2
欧洲	9,425,478	25.0	1,347,839	39.1	8,077,639	22.9
比利时	145,962	-13.1	79,059	15.6	66,903	-32.7
丹麦	19,737	32.5	5,081	-9.7	14,655	58.1
英国	91,516	-23.4	70,254	-28.2	21,262	-2.2
德国	3,751,131	23.0	339,177	34.9	3,411,954	21.9
法国	312,173	12.8	43,225	-3.3	268,948	15.9
爱尔兰	111,520	274.8	101,967	274.4	9,553	279.4
意大利	176,891	1.1	62,541	-9.1	114,351	7.7
荷兰	132,346	10.8	103,659	16.8	28,688	-6.5
葡萄牙	625,906	20.2	3,800	-20.0	622,106	20.5
西班牙	180,542	32.9	80,571	64.9	99,971	15.0
奥地利	78,872	13.8	5,377	57.6	73,496	11.5
保加利亚	31,729	39.2	1,532	70.7	30,197	38.0
匈牙利	488,708	-12.4	6,737	49.4	481,971	-12.9
挪威	56,681	347.0	38,346	2,319.6	18,335	65.3
波兰	294,661	48.7	24,126	5.2	270,535	54.4
罗马尼亚	218,492	33.7	3,276	20.7	215,216	34.0
瑞典	44,396	19.1	9,292	10.4	35,103	21.6
瑞士	53,000	9.4	8,111	146.3	44,888	-0.6
俄罗斯联邦	1,043,717	80.6	294,474	73.6	749,244	83.5
乌克兰	26,153	10.5	7,710	92.1	18,443	-6.1
斯洛文尼亚	33,149	1.2	5,704	75.7	27,445	-7.0
捷克	566,037	13.6	17,094	89.3	548,942	12.2
斯洛伐克	815,234	33.8	4,696	116.2	810,538	33.5
北马其顿共和国	15,936	14.3	35	795.3	15,901	14.1
塞尔维亚	47,641	374.0	4,252	61.2	43,389	485.3
拉丁美洲	1,305,561	8.1	155,349	24.6	1,150,212	6.2
巴西	321,876	-1.8	19,148	3.6	302,728	-2.2
智利	39,650	-55.0	13,657	69.8	25,993	-67.5
墨西哥	778,178	18.8	88,812	19.5	689,365	18.7

续表2

项目	进出口		出口		进口	
	金额(万元)	同比(±%)	金额(万元)	同比(±%)	金额(万元)	同比(±%)
秘鲁	132,752	19.3	5,928	1.1	126,824	20.3
北美洲	653,681	27.2	336,231	25.3	317,451	29.3
加拿大	89,289	35.3	55,237	18.6	34,051	75.7
美国	564,393	26.0	280,993	26.7	283,400	25.3
大洋洲	126,622	-41.2	93,479	-47.5	33,143	-10.6
澳大利亚	101,825	-50.4	86,669	-49.7	15,156	-54.0
国别不详的或联合国组织	8,095	-29.4	0	—	8,095	-29.4
东盟组织	689,365	6.6	324,570	1.4	364,795	11.8
欧盟组织	8,062,685	20.1	916,332	33.8	7,145,853	18.5
"一带一路"沿线国家（地区）	4,997,587	31.0	1,228,974	32.7	3,768,613	30.4

2021年吉林省各贸易方式进出口总值表

项目	进出口 金额（万元）	进出口 同比（±%）	出口 金额（万元）	出口 同比（±%）	进口 金额（万元）	进口 同比（±%）
进出口贸易总值	15,037,735	17.3	3,535,387	21.5	11,502,349	16.0
一般贸易	13,731,032	18.8	2,731,085	30.6	10,999,947	16.1
国家间、国际组织无偿援助和赠送的物资	0	—	0	—	0	—
其他捐赠物资	31	-97.5	0	-100.0	31	-97.3
补偿贸易	0	—	0	—	0	—
来料加工贸易	54,056	-23.6	28,336	-18.5	25,720	-28.6
进料加工贸易	955,525	6.4	713,189	-1.0	242,337	36.3
寄售代销贸易	0	—	0	—	0	—
边境小额贸易	13,054	-14.1	631	-75.8	12,423	-1.3
加工贸易进口设备	0	—	0	—	0	—
对外承包工程出口货物	83	-97.9	83	-97.9	0	—
租赁贸易	0	—	0	—	0	—
外商投资企业作为投资进口的设备、物品	6,981	162.3	0	—	6,981	162.3
出料加工贸易	0	-100.0	0	-100.0	0	-100.0
易货贸易	0	—	0	—	0	—
免税外汇商品	0	—	0	—	0	—
免税品	0	—	0	—	0	—
保税监管场所进出境货物	47,797	-10.2	11,254	2.8	36,543	-13.5
海关特殊监管区域物流货物	181,920	48.3	34,692	72.3	147,227	43.6
海关特殊监管区域进口设备	88	-58.9	0	—	88	-58.9
其他	47,168	-40.2	16,117	-5.1	31,052	-49.8

2021年吉林省出口主要商品量值表

项目	计量单位	数量	同比（±%）	金额（万元）	同比（±%）
出口贸易总值	—	—	—	3,535,387	21.5
农产品*	—	—	—	612,218	-6.7
肉类（包含杂碎）	吨	1,116	37.0	2,990	17.8
水产品	吨	34,320	13.3	89,501	2.8
食用水产品	吨	34,320	13.3	89,501	2.8
蔬菜及食用菌	吨	31,381	-5.3	25,962	7.7
鲜或冷藏蔬菜	吨	8,877	43.7	5,937	25.7
干鲜瓜果及坚果	吨	11,489	15.4	131,707	6.8
苹果	吨	0	-100.0	0	-100.0
茶叶	千克	0	—	0	—
粮食	吨	42,122	-41.8	46,184	-15.6
稻谷及大米	吨	940	-96.0	446	-96.2
罐头	千克	0	-100.0	0	-100.0
蔬菜罐头	千克	0	-100.0	0	-100.0
酒类及饮料	—	—	—	24,189	-26.6
果蔬汁	吨	53	-40.0	283	-45.0
啤酒	万升	13	-93.9	44	-91.4
烟草及其制品	千克	0	—	0	—
烤烟	千克	0	—	0	—
卷烟	万条	0	—	0	—
制盐	千克	825	-84.3	1	-78.2
水泥及水泥熟料	吨	0	-100.0	0	-100.0
钨品	千克	179	21.8	12	37.6
煤及褐煤	吨	0	-100.0	0	-100.0

续表1

项目	计量单位	数量	同比（±%）	金额（万元）	同比（±%）
焦炭及半焦炭	吨	0	—	0	—
成品油	吨	1	-96.6	9	-79.7
汽油	吨	0	—	0	—
航空煤油	吨	0	—	0	—
柴油	吨	0	—	0	—
氧化铝	吨	145	-64.2	97	-68.7
稀土及其制品	千克	2,293	6.8	4,207	76.8
稀土	千克	557	92.7	4,169	77.9
基本有机化学品	—	—	—	276,669	121.0
柠檬酸	吨	41,783	23.7	27,936	99.6
医药材及药品	吨	14,216	-14.0	152,590	8.7
中药材	吨	2,178	7.1	15,265	15.4
中式成药	吨	22	-9.6	642	64.3
人用疫苗	吨	13	16.9	2,235	17.1
抗菌素（制剂除外）	吨	4,196	12.5	76,398	21.8
医用敷料	吨	4	-35.9	249	377.0
肥料	吨	2,412	-83.6	815	-71.9
尿素	吨	0	-100.0	0	-100.0
硫酸铵	吨	0	—	0	—
磷酸氢二铵	吨	0	—	0	—
磷酸二氢铵	吨	0	—	0	—
合成有机染料	千克	0	-100.0	0	-100.0
美容化妆品及洗护用品	千克	2,475	-80.3	95	-25.2
烟花、爆竹	吨	0	—	0	—
塑料制品	—	—	—	40,409	30.4
橡胶轮胎	吨	4,891	31.1	13,363	16.1
新的充气橡胶轮胎	吨	4,891	31.5	13,362	16.6
皮革、毛皮及其制品	—	—	—	3,639	35.2
裘皮服装	千克	2,028	-43.2	369	-68.4
箱包及类似容器	吨	251	8.2	3,766	-30.0
皮革箱包及类似容器	吨	62	58.6	1,728	56.5
木及其制品	吨	143,824	11.6	271,394	10.6
家用或装饰用木制品	吨	6,456	-25.9	15,068	0.1
胶合板及类似多层板	万立方米	12,025	18.4	230,990	14.5

续表2

项目	计量单位	数量	同比（±%）	金额（万元）	同比（±%）
植物材料编结品	吨	1,188	53.2	1,383	36.4
纸浆、纸及其制品	吨	2,106	-23.4	3,946	4.7
纺织原料	吨	19,724	-27.7	31,994	9.7
化学纤维纺织原料	吨	19,722	-27.7	31,991	9.7
纺织纱线、织物及其制品	—	—	—	132,292	-3.0
纺织纱线	—	—	—	118,121	39.5
纺织织物	—	—	—	1,547	-75.1
纺织制品	—	—	—	12,624	-72.2
服装及衣着附件	—	—	—	86,221	8.7
服装	—	—	—	54,103	-7.4
鞋靴	双	1,644,238	204.4	16,621	417.7
帽类	个	41,428	-60.9	210	-42.5
伞	把	4,349	-4.9	46	-57.8
花岗岩石材及其制品	千克	161,051	561.7	40	250.5
陶瓷产品	吨	2,334	-71.8	678	-63.4
日用陶瓷	吨	24	-45.2	416	-52.0
建筑用陶瓷	吨	2,309	-72.0	243	-75.1
玻璃及其制品	—	—	—	29,475	24.2
珍珠、宝石及半宝石	—	—	—	1	—
贵金属或包贵金属的首饰	克	25	—	0	—
铁合金	吨	10	-91.5	3	-91.7
钢材	吨	116,784	244.1	59,679	341.0
钢铁棒材	吨	1	-99.9	4	-98.6
角钢及型钢	吨	55	18.2	64	78.8
钢铁板材	吨	114,775	265.4	55,689	423.1
钢铁线材	吨	34	100.3	156	275.7
未锻轧铜及铜材	吨	1	-97.2	25	-90.8
未锻轧铝及铝材	吨	290	-94.7	1,905	-88.8
家具及其零件	—	—	—	29,293	2.5
玩具	—	—	—	2,598	31.5
体育用品及设备	—	—	—	1,497	28.3
笔及其零件	—	—	—	547	-49.5
机电产品*	—	—	—	1,537,933	33.6
机械基础件	—	—	—	18,320	-0.9

续表3

项目	计量单位	数量	同比（±%）	金额（万元）	同比（±%）
紧固件	吨	1,460	95.9	3,435	31.8
轴承	吨	487	61.7	923	16.8
手用或机用工具	吨	6,680	0.3	22,050	-1.6
农业机械	—	—	—	641	-32.0
拖拉机	辆	1	—	9	—
食品加工机械	台	3,169	939.0	4,801	454.0
包装机械	台	711	72.2	405	85.0
印刷、装订机械及其零件	—	—	—	308	514.3
打印机、复印机及一体机	台	1,142	704.2	166	1,162.6
通用机械设备	—	—	—	116,959	80.9
泵	万台	26	61.0	3,988	140.9
压缩机	万台	66	46.4	92,820	72.7
分离设备	—	—	—	6,074	72.1
阀门及类似装置	万套	160	69.5	12,587	143.8
纺织机械及其零件	—	—	—	411	-81.6
缝制机械及其零件	—	—	—	72	2,025.2
机床	台	3,096	224.2	1,951	135.3
自动数据处理设备及其零部件	—	—	—	10,801	1,147.2
自动数据处理设备	台	19,425	1,050.8	6,177	2,027.9
平板电脑	台	248	-62.7	17	-84.3
笔记本电脑	台	16,923	1,602.5	5,614	3,046.5
中央处理部件	台	2,571	724.0	681	2,251.2
存储部件	台	627	231.7	75	146.0
自动数据处理设备的零件、附件	千克	60,556	1,144.5	1,818	3,869.0
液晶监视器	台	74	-64.4	6	-81.0
电工器材	—	—	—	150,883	52.3
变压器	个	111,221	4.7	2,623	308.1
原电池	个	8,220	-74.1	80	-35.7
蓄电池	个	61,129	57.5	1,879	22.2
锂离子蓄电池	个	41,087	32.9	1,331	-4.4
电线及电缆	吨	510	178.6	7,222	96.9
电气控制装置	—	—	—	58,026	31.5
高压开关及控制装置	—	—	—	28	-70.0
低压开关及控制装置	—	—	—	57,998	31.7

续表4

项目	计量单位	数量	同比（±%）	金额（万元）	同比（±%）
手机	台	6,495	666.8	424	146.1
家用电器	台	225,291	1.8	13,298	96.2
电扇	台	10,546	165.4	342	313.4
空调	台	57	781.8	11	-62.9
冰箱	台	588	1,100.0	58	774.2
洗衣机	台	47	62.1	5	347.0
吸尘器	台	20,870	93.7	3,761	420.2
微波炉	个	81	8,000.0	10	6,701.6
电视机	台	350	1,118.8	90	1,566.0
液晶电视机	台	121	278.1	29	427.2
音视频设备及其零件	—	—	—	14,842	26.4
电视摄像机，数字照相机及视频摄录一体机	台	56,481	-33.5	3,517	-35.8
数字照相机	台	7	—	0	—
无线电广播接收设备	台	351	-98.4	12	-98.8
音视频设备的零件	—	—	—	2,698	42.0
有机发光二极管显示屏	块	0	—	0	—
电子元件	—	—	—	48,512	46.4
印刷电路	万块	32	11.3	233	-6.7
二极管及类似半导体器件	百万个	222	-29.6	13,447	18.5
太阳能电池	个	695	235.7	22	87.5
集成电路	百万个	1,512	100.3	25,694	94.2
集装箱	个	0	—	0	—
摩托车	辆	73,925	33.7	19,087	38.6
内燃机摩托车	辆	71,495	39.2	18,327	43.3
电动摩托车及脚踏车	辆	2,430	-37.8	761	-23.0
自行车	辆	3,649	25.9	176	-20.5
摩托车及自行车的零配件	—	—	—	3,495	-51.4
汽车（包含底盘）	辆	21,051	80.2	322,904	126.9
乘用车	辆	9,993	78.7	129,829	189.9
商用车	辆	11,058	81.5	193,076	98.0
客车（十座及以上）	辆	7	—	14	—
货车	辆	7,346	89.2	111,035	138.8
专用汽车	辆	92	33.3	2,854	46.6
汽车零配件	—	—	—	229,293	28.3

续表5

项目	计量单位	数量	同比（±%）	金额（万元）	同比（±%）
车用发动机	台	3,532	11.9	7,048	25.1
汽车轮胎	吨	4,890	31.5	13,329	16.1
婴孩车及其零件	吨	0	455.7	6	418.1
船舶	艘	0	-100.0	0	-100.0
液货船	艘	0	—	0	—
集装箱船	艘	0	—	0	—
散货船	艘	0	—	0	—
眼镜及其零件	—	—	—	22	-96.9
液晶显示板	万个	3	31.4	191	390.8
计量检测分析自控仪器及器具	—	—	—	126,790	54.6
分析仪器	台	731,928	65.5	44,069	57.5
医疗仪器及器械	—	—	—	3,513	4.7
钟表及其零件	—	—	—	839	-85.6
手表	只	11,954	-6.6	455	141.0
灯具、照明装置及其零件	—	—	—	24,901	922.0
游戏机及其零附件	吨	2	-85.2	46	-95.4
电动载人汽车*	辆	1,423	1,095.8	39,367	1,265.9
混合动力客车（10座及以上）	辆	0	—	0	—
纯电动客车（10座及以上）	辆	0	—	0	—
非插电式混合动力乘用车	辆	2	—	62	—
插电式混合动力乘用车	辆	13	-40.9	289	-39.8
纯电动乘用车	辆	1,408	1,351.5	39,016	1,524.4
文化产品*	—	—	—	28,511	5.8
高新技术产品*	—	—	—	397,410	68.2
生物技术	—	—	—	11,506	44.0
生命科学技术	—	—	—	161,663	83.6
光电技术	—	—	—	11,422	61.4
计算机与通信技术	—	—	—	59,685	146.5
电子技术	—	—	—	97,534	42.6
计算机集成制造技术	—	—	—	27,848	6.2
材料技术	—	—	—	20,707	57.0
航空航天技术	—	—	—	4,762	337.4
其他技术	—	—	—	2,284	14,833.7
食品*	—	—	—	473,588	-9.0

2021年吉林省进口主要商品量值表

项目	计量单位	数量	同比（±%）	金额（万元）	同比（±%）
进口贸易总值	—	—	—	11,502,349	16.0
农产品*	—	—	—	917,402	62.4
肉类（包含杂碎）	吨	13,579	7.5	48,042	16.7
水产品	吨	115,675	136.4	406,412	171.1
食用水产品	吨	115,675	136.4	406,412	171.1
干鲜瓜果及坚果	吨	17,441	70.5	117,197	137.2
粮食	吨	925,265	-16.7	310,386	7.2
稻谷及大米	吨	0	—	0	—
酒类及饮料	—	—	—	11,141	8.6
葡萄酒	万升	34	-42.7	1,784	-40.8
制盐	吨	565	-57.0	119	-72.1
煤及褐煤	万吨	688	52.6	390,354	123.0
成品油	吨	2,071	-41.3	3,564	-35.0
航空煤油	吨	0	—	0	—
基本有机化学品	—	—	—	87,847	98.1
医药材及药品	吨	47	97.7	877	47.3
中药材	吨	37	270.0	445	74.1
人用疫苗	千克	0	—	0	—
肥料	吨	0	—	0	—
美容化妆品及洗护用品	吨	222	193.0	1,189	192.9
塑料制品	—	—	—	79,248	-3.2
皮革、毛皮及其制品	—	—	—	1,450	39.3
木及其制品	吨	204,153	50.7	41,829	24.2
纸浆、纸及其制品	吨	120,629	-3.3	76,409	25.7
纺织原料	吨	1,918	53.8	3,165	67.2

续表1

项目	计量单位	数量	同比（±%）	金额（万元）	同比（±%）
纺织纱线、织物及其制品	—	—	—	44,642	-5.8
纺织纱线	—	—	—	9,144	69.6
服装及衣着附件	—	—	—	443	-68.5
玻璃及其制品	—	—	—	27,343	20.4
珍珠、宝石及半宝石	—	—	—	1	-99.2
钢材	吨	103,472	-3.7	78,606	-2.5
未锻轧铜及铜材	吨	322	116.1	2,535	45.1
未锻轧铝及铝材	吨	5,300	16.4	12,206	26.7
机电产品*	—	—	—	9,107,584	12.2
机械基础件	—	—	—	156,799	-8.9
农业机械	—	—	—	2,450	755.9
拖拉机	辆	0	—	0	—
食品加工机械	台	14	-76.3	838	-0.1
包装机械	台	2,378	21,518.2	8,711	20.8
印刷、装订机械及其零件	—	—	—	124	25.1
打印机、复印机及一体机	台	26	44.4	122	26.0
通用机械设备	—	—	—	153,460	27.9
泵	万台	74	40.9	7,672	59.3
压缩机	万台	12	-20.6	12,083	-5.6
分离设备	—	—	—	75,297	108.0
阀门及类似装置	万套	1,162	19.3	21,980	-1.4
机床	台	204	23.6	25,493	-27.0
自动数据处理设备及其零部件	—	—	—	4,141	4.3
自动数据处理设备	台	800	45.7	1,200	-13.4
中央处理部件	台	169	-28.4	1,389	-15.5
存储部件	台	37	-92.8	256	-40.8
自动数据处理设备的零件、附件	千克	14	-84.9	11	-89.0
电工器材	—	—	—	746,815	0.0
变压器	个	111,308	-2.6	275	-4.7
蓄电池	万个	48	11.4	73,626	-3.9
锂离子蓄电池	万个	47	13.2	71,800	-3.7
电气控制装置	—	—	—	402,664	-4.7
电线及电缆	吨	1,875	-2.3	22,026	-27.4
家用电器	万台	25	35.2	18,942	26.3
电视机	台	0	—	0	—

续表2

项目	计量单位	数量	同比（±%）	金额（万元）	同比（±%）
液晶电视机	台	0	—	0	—
音视频设备及其零件	—	—	—	96,545	-59.4
电视摄像机，数字照相机及视频摄录一体机	万台	70	-12.5	67,652	-11.6
音视频设备的零件	—	—	—	10,960	2.6
有机发光二极管显示屏	块	0	—	0	—
电子元件	—	—	—	300,934	33.1
印刷电路	万块	679	6.8	6,219	9.4
二极管及类似半导体器件	百万个	1,734	11.7	31,291	16.1
集成电路	百万个	441	23.0	170,285	39.0
汽车（包含底盘）	辆	73,864	50.4	2,199,663	48.0
乘用车	辆	73,858	50.4	2,199,281	47.9
商用车	辆	6	—	382	—
货车	辆	2	—	16	—
专用汽车	辆	0	—	0	—
汽车零配件	—	—	—	3,433,120	7.7
车用发动机	台	68,061	-50.2	108,736	-42.0
汽车轮胎	吨	285	-32.6	1,415	-42.2
船舶	艘	0	-100.0	0	-100.0
液晶显示板	个	2,000	199.9	52	3,241.0
计量检测分析自控仪器及器具	—	—	—	611,242	7.3
医疗仪器及器械	—	—	—	11,738	5.4
钟表及其零件	—	—	—	945	-81.7
手表	只	10,874	95.3	556	59.6
高新技术产品*	—	—	—	1,771,343	5.9
生物技术	—	—	—	0	-41.9
生命科学技术	—	—	—	96,910	13.3
光电技术	—	—	—	91,956	19.5
计算机与通信技术	—	—	—	766,040	6.2
电子技术	—	—	—	495,330	5.3
计算机集成制造技术	—	—	—	284,588	-0.8
材料技术	—	—	—	14,294	16.1
航空航天技术	—	—	—	21,837	13.4
其他技术	—	—	—	388	119.5
电动载人汽车*	辆	1,107	389.8	46,448	494.8
混合动力客车（10座及以上）	辆	0	—	0	—

续表3

项目	计量单位	数量	同比（±%）	金额（万元）	同比（±%）
纯电动客车（10座及以上）	辆	0	—	0	—
非插电式混合动力乘用车	辆	0	-100.0	0	-100.0
插电式混合动力乘用车	辆	448	7,366.7	22,661	11,816.6
纯电动乘用车	辆	659	203.7	23,788	215.6
文化产品*	—	—	—	68,838	-12.5
食品*	—	—	—	906,610	63.4

2021年吉林省贸易方式和企业性质出口总值表

项目	金额（万元）	同比（±%）
出口贸易总值	3,535,387	21.5
国有企业	926,582	22.8
外商投资企业	889,499	22.4
集体企业	11,794	32.0
其他	1,707,511	20.4
一般贸易	2,731,085	30.6
国有企业	762,349	52.9
外商投资企业	544,811	18.2
集体企业	11,790	34.1
其他	1,412,135	25.7
国家间、国际组织无偿援助和赠送的物资	0	—
国有企业	0	—
外商投资企业	0	—
集体企业	0	—
其他	0	—
补偿贸易	0	—
国有企业	0	—
外商投资企业	0	—
集体企业	0	—
其他	0	—
来料加工贸易	28,336	-18.5
国有企业	1,768	1,710.5
外商投资企业	18,188	-11.6
集体企业	0	—

续表1

项目	金额（万元）	同比（±%）
其他	8,379	-40.5
进料加工贸易	713,189	-1.0
国有企业	160,538	-36.2
外商投资企业	322,742	35.5
集体企业	0	-100.0
其他	229,909	-0.2
寄售代销贸易	0	—
国有企业	0	—
外商投资企业	0	—
集体企业	0	—
其他	0	—
边境小额贸易	631	-75.8
国有企业	0	-100.0
外商投资企业	0	—
集体企业	0	—
其他	631	-75.7
对外承包工程出口货物	83	-97.9
国有企业	83	-97.9
外商投资企业	0	—
集体企业	0	—
其他	0	—
租赁贸易	0	—
国有企业	0	—
外商投资企业	0	—
集体企业	0	—
其他	0	—
出料加工贸易	0	-100.0
国有企业	0	—
外商投资企业	0	—
集体企业	0	—
其他	0	-100.0
易货贸易	0	—
国有企业	0	—
外商投资企业	0	—
集体企业	0	—

续表2

项目	金额（万元）	同比（±%）
其他	0	—
保税监管场所进出境货物	11,254	2.8
国有企业	0	-100.0
外商投资企业	564	-88.4
集体企业	0	—
其他	10,690	77.4
海关特殊监管区域物流货物	34,692	72.3
国有企业	0	—
外商投资企业	114	32.0
集体企业	0	—
其他	34,579	72.4
其他	16,117	-5.6
国有企业	1,845	281.1
外商投资企业	3,080	50.7
集体企业	4	85.0
其他	11,188	-23.1

2021年吉林省贸易方式和企业性质进口总值表

项目	金额（万元）	同比（±%）
进口贸易总值	11,502,349	16.0
国有企业	3,398,903	10.4
外商投资企业	6,171,466	9.3
集体企业	28,322	38.9
其他	1,903,658	62.7
一般贸易	10,999,947	16.1
国有企业	3,380,531	12.6
外商投资企业	6,078,755	8.9
集体企业	27,932	37.5
其他	1,512,729	75.2
国家间、国际组织无偿援助和赠送的物资	0	—
国有企业	0	—
外商投资企业	0	—
集体企业	0	—
其他	0	—
其他捐赠物资	31	-97.3
国有企业	31	-80.8
外商投资企业	0	—
集体企业	0	—
其他	0	-100.0
补偿贸易	0	—
国有企业	0	—
外商投资企业	0	—
集体企业	0	—

续表1

项目	金额（万元）	同比（±%）
其他	0	—
来料加工贸易	25,720	-28.6
国有企业	3,478	-53.6
外商投资企业	14,826	-18.7
集体企业	0	—
其他	7,416	-28.1
进料加工贸易	242,337	36.3
国有企业	9,565	-80.1
外商投资企业	68,574	77.7
集体企业	0	—
其他	164,198	80.1
寄售代销贸易	0	—
国有企业	0	—
外商投资企业	0	—
集体企业	0	—
其他	0	—
边境小额贸易	12,423	-1.3
国有企业	3,490	285.7
外商投资企业	0	—
集体企业	0	—
其他	8,933	-23.6
加工贸易进口设备	0	—
国有企业	0	—
外商投资企业	0	—
集体企业	0	—
其他	0	—
租赁贸易	0	—
国有企业	0	—
外商投资企业	0	—
集体企业	0	—
其他	0	—
外商投资企业作为投资进口的设备、物品	6,981	162.3
国有企业	0	—
外商投资企业	6,981	162.3
集体企业	0	—

续表2

项目	金额（万元）	同比（±%）
其他	0	—
出料加工贸易	0	-100.0
国有企业	0	—
外商投资企业	0	—
集体企业	0	—
其他	0	-100.0
易货贸易	0	—
国有企业	0	—
外商投资企业	0	—
集体企业	0	—
其他	0	—
免税外汇商品	0	—
国有企业	0	—
外商投资企业	0	—
集体企业	0	—
其他	0	—
免税品	0	—
国有企业	0	—
外商投资企业	0	—
集体企业	0	—
其他	0	—
保税监管场所进出境货物	36,543	-13.5
国有企业	9	-99.9
外商投资企业	99	-76.4
集体企业	0	—
其他	36,435	46.9
海关特殊监管区域物流货物	147,227	43.6
国有企业	0	—
外商投资企业	1,080	—
集体企业	0	—
其他	146,147	42.5
海关特殊监管区域进口设备	88	-58.9
国有企业	0	—
外商投资企业	0	-100.0
集体企业	0	—

续表3

项目	金额（万元）	同比（±%）
其他	88	24.2
其他	31,052	-49.8
国有企业	1,800	-11.4
外商投资企业	1,151	-14.1
集体企业	390	418.2
其他	27,712	-52.6

2021年吉林省运输方式进出口总值表

项目	金额(万元)	同比(±%)	金额(万元)	同比(±%)	金额(万元)	同比(±%)
进出口贸易总值	15,037,735	17.3	3,535,387	21.5	11,502,349	16.0
非保税区	0	—	0	—	0	—
监管仓库	0	—	0	—	0	—
水路运输	11,182,913	6.0	2,687,526	14.6	8,495,387	3.6
铁路运输	648,796	43.8	148,580	63.0	500,216	38.9
公路运输	540,104	53.4	139,312	-18.4	400,792	121.1
航空运输	2,482,700	81.5	416,924	44.4	2,065,776	91.4
邮件运输	44,341	-21.7	10,373	-22.0	33,967	-21.6
保税区	0	—	0	—	0	—
保税仓库	0	—	0	—	0	—
其它运输	138,880	189.2	132,670	37,912.5	6,210	-87.0
固定设施	0	—	0	—	0	—
边境特殊海关作业区	0	—	0	—	0	—
旅客携带	0	—	0	—	0	—
洋浦保税港区	0	—	0	—	0	—
特殊综合保税区	0	—	0	—	0	—
综合实验区	0	—	0	—	0	—
物流中心	0	—	0	—	0	—
物流园区	0	—	0	—	0	—
保税港区、综合保税区	0	—	0	—	0	—
出口加工区	0	—	0	—	0	—

"中国海关史料丛书" 编委会

主 任 委 员　　胡　伟

副主任委员　　黄冠胜　杨振庆

编委会委员　　刘学透　赵燕敏　吴瑞祥　刘书臣　黄秀生
　　　　　　　李海勇　王晓刚　田　壮　王　虹　刘先中

执 行 主 编　　谢　放　詹庆华　郭志华

编　　　　辑　　房　季　王　虎　解　飞　范嘉蕾　李　多
　　　　　　　刘金玲　贺　红